KB268395

주식, 코인, 원자재
차트분석에 바로 써먹는

차트투자 처음공부

차트투자
처음공부
김정환 지음
주식, 코인, 원자재 차트분석에 바로 써먹는

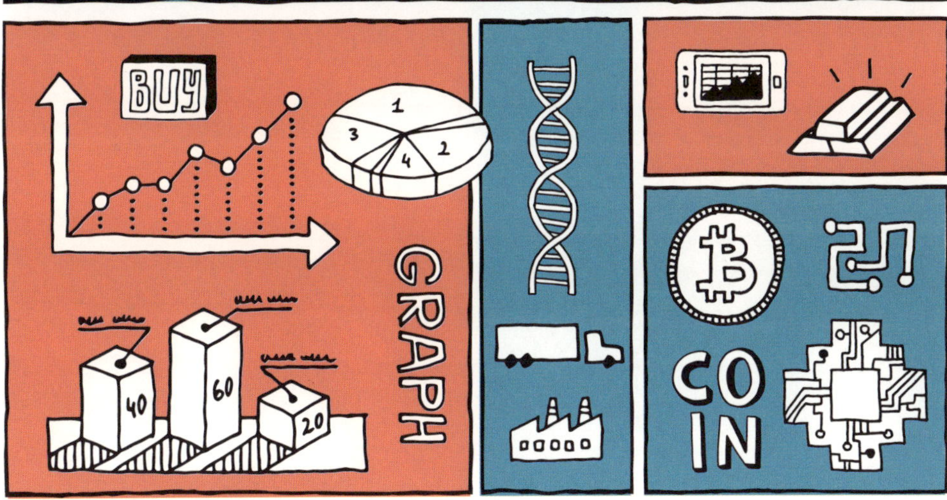
BUY
1
2
3
4
GRAPH
40
60
20
COIN

이레미디어

나는 연구하고 준비하고 있을 것이다. 그러면 기회가 올 것이다.

- 에이브러햄 링컨 Abraham Lincoln

들어가는 말

주식투자를 하다 보면 경제침체나 경기과열에 대한 이야기를 듣습니다. 경제침체나 경기과열에 대한 이야기는 주식시장에서 반복적으로 나오는 말 가운데 하나입니다. 경기후퇴recession와 불황depression은 구분하기 모호합니다. 그 누구도 1980년 로널드 레이건Ronald reagan만큼 명쾌하게 비유하지 못했습니다. "이웃 사람이 일자리를 잃으면 경기후퇴고, 내가 직장에서 잘리면 불황"이라고요. 경제가 불황이건 호황이건 주식시장에 투자하려는 투자자들은 늘어갑니다. 투기 목적의 수요가 늘어서라기보다는 재테크를 통한 자산증식에 대한 관심이 증가하고 있기 때문입니다.

저는 대학 시절에도 투자동아리를 만들어서 학생 투자회사를 운영했고, 1994년 대우증권에 입사, 25년간 근무한 후 2019년부터는 투자자문사를 만들어 고객들의 자산을 관리 및 투자하였습니다. 증권업계에 들어온 지 오랜 시간이 지났습니다. 일이나 기술을 배우는 경우 그 분야의 경력이 쌓일수록 실력 또한 향상됩니다. 그래서 한 분야에서 오랜 기간 종사한 사람들을 베테랑이라 부르며 존경하고 사회적인 대우를 해 줍니다. 그러나 투자에 있어서는 이야기가 달라질 수 있습니다.

투자는 일단 잘못된 길로 들어서면 아무리 오랜 세월 동안 한길을 걷는다 해도 처음에 형성된 잘못된 투자습관에서 벗어나기 어렵습니다. 반대로 처음부터 철저히 공부하고 연구하며 바른길로 들어서게 되면 경력이 부족하더라도 성공적인 투자를 할 수 있습니다. 처음 투자에 나설 때 좋은 습관을 들이는 게 무엇보다 중요하다고 생각합니다.

줄탁동시啐啄同時라는 단어는 새가 알에서 부화할 때 새끼가 안에서 톡톡 쪼는 행위와 어미가 밖에서 탁탁 쪼는 행위가 동시에 일어날 때 비로소 단단한 알이 깨진다는 말입니다. 안에서 새끼만 알을 쪼면 알이 깨지지 않고, 어미만 밖에서 알을 쪼면 새끼가 죽을 수도 있기 때문입니다. 중국 송대宋代의 선종禪宗을 대표하는 《벽암록(碧巖錄)》에 나온 이 말은 서로서로가 적기에 힘을 합쳐야 일이 이뤄진다는 뜻입니다. 이처럼 좋은 안내서와 올바른 투자습관이 만나면 건실한 열매가 맺어지리라 생각됩니다.

주식시장은 살아있는 생명체와 같습니다. 노자는 일찍이 '인지생야유약 기사야견강人之生也柔弱 其死也堅强' 즉 "사람이 살아있다는 것 자체가 부드러움이요, 죽음이 바로 굳어짐"이라고 했습니다. 주식시장도 마찬가지입니다. 물결치는 파도처럼 언제나 움직임이 있습니다. 《맹자(孟子)》에 '관수유술 필관기란觀水有術 必觀其瀾'이라는 말이 나옵니다. 이는 "물을 바라보는 데는 방법이 있으니, 반드시 그 물결치는 지점을 보아야 한다."로 해석할 수 있습니다. 물결치는 것을 인생살이에 비유했던 것으로 보아, 옛날 사람들은 물이 흘러가는 것을 보고 여러 가지 생각을 했던 모양입니다.

우리 인생이나 주식투자도 평탄하게만 흘러가는 것이 아니라, 때로는 바위를 만나 부딪치면서 급류急流를 만들기도 하고, 여울목을 만나 파란波瀾을 일으키기도 합니다. 문제는 이와 같은 파도가 칠 때입니다. 투자의 급류에 올라타고 말았을 때 어떻게 평정심을 유지할 수 있는가, 어떻게 대처하고 행동해야 하는가를 여러분과 함께 고민해 보고자 합니다.

십여 년 전 발간한 졸저《차트의 기술》이 독자들의 과분한 사랑을 받아 늘 감사하고 송구스러운 마음이었습니다. 그런데 이 책이 처음 주식을 접하는 분들에겐 다소 어려운 부분이 있었나 봅니다. 이따금 들여다보는 독자들의 서평이 그랬습니다. 처음 투자를 시작한 분들도 기술적 분석을 쉽게 이해할 수 있는 책을 써야겠다는 오랜 생각을 마침내 실현하게 되었습니다. 전작인《차트의 기술》이 교과서적인 책이었다면 이번 책은 누구나 쉽게 읽고 차트를 기술적으로 분석할 수 있는 입문서가 되도록 노력했습니다.

모든 인간은 미래를 알고자 하는 미래욕未來慾에서 결코 자유로울 수 없습니다. 투자에서도 이러한 미래예측이 절대적입니다. 역사적으로 미래예측未來豫測을 위해 동원하는 방법은 크게 세 가지로 압축됩니다. 첫째는 다양한 정보 수집입니다. 강태공은 주막을 전전하며 정보를 모았고, 장량은 건달들의 가랑이 밑을 기어가는 수모를 겪으며 민심을 읽었습니다. 제갈공명은 강호에서 와룡선생으로 묻혀 있을 때 정보를 수집했습니다. 이들이 정보를 모으는 시간과 과정이 없었더라면 천하 패권을 쟁취하는 전략 수립은 불가능했을 거라고 봅니다. 둘째는 규칙적으로 반복되는 원리를 알아야 합니다. 밤과 낮은 규칙적으로 반복됩니다. 사계절도 규칙적으로 반복됩니다. 겨울이 지나면 봄이 오고, 해가 지면 반드시 밤이 온다는 사실을 예측할 수 있습니다. 기술적 분석은 바로 이렇게 규칙적으로 반복되는 원리를 이해하고 예측하는 분석방법입니다. 투자에 있어서 중요한 것은 어떤 것이 반복되는 법칙인가를 잡아내는 능력이 있어야 합니다. 셋째는 직관력입니다. 직관력은 머리가 맑고 감각이 예민해져야 나옵니다. 규칙적인 생활습관을 통해서 나올 수 있습니다. 이 책을 보면서 미래의 실마리는 언제나 현재에 꼬리를 감추고 있다는 것을 한 번쯤 상기할 필요가 있을 것입니다. 이 책을 통해 독자 여러분들이 자기만의 투자원칙을 정립하기를 소망합니다.

미국의 주식투자 월간지 〈머니매거진(Money Magazine)〉은 최근호에서 뇌의 특성을 연구하는 신경과학의 최근 연구결과를 주식투자에 응용해 본 결과, '맞춤 투자원칙'을 정해 놓는 게 바람직하다고 보도했습니다. 저도 이 말에 적극적으로 동의하는 편입니다. 자기만의 투자원칙이 없다면 주식시장에서는 결코 성공하기 어렵습니다.

투자의 세계에 들어서는 것은 곧 고행의 시작입니다. "투자에서 얻은 돈은 고통의 대가로 받은 돈, 즉 고통 자금이다."라는 앙드레 코스톨라니André Kostolany의 말을 인용하지 않더라도 여러분들은 이내 그 말의 의미를 깨닫게 될 것입니다. "투자자들은 제정신이 아닐 정도의 근성과 인내심을 결합시킬 필요가 있다. 그리고 기회가 눈앞에 나타나면 덥석 낚아챌 준비가 되어 있어야 한다. 이 세상에서 기회라는 것은 그리 오래 머물러 있지 않기 때문이다." 라는 찰스 토머스 멍거Charles Thomas Munher의 말을 기억하면서 힘든 시간을 이겨내시길 바랍니다.

이 책을 발간해 주신 이레미디어 이형도 대표님과 관계자 여러분께 감사의 말씀을 전합니다. 아울러 이 책을 통해 주식시장에 입문하신 여러분의 계좌에도 풍년이 들기를 기원합니다.

잠실 후소문방(後素文房)에서
김정환

목차

Chapter 7 투자에 있어서 중요한 것은 심리를 이해하는 것이라고 하던데요?

Chapter 8 추세를 파악하는 일이 중요하다고 하던데요?

Chapter 9 조정이 시작되면 얼마나 빠지나요?

Chapter 10 주가의 움직임에서 거래량도 중요하다고 하던데요?

Chapter

1

처음 시작하는 투자, 어떻게 해야 하죠?

"

모든 변화는 저항을 받는다. 특히 시작할 때는 더욱더 그렇다.

- 앤드류 매튜스 Andrew Matthews

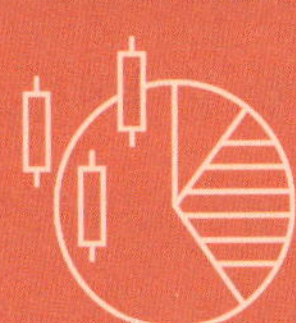

01

어떻게 시작할 것인가?

CHART ANALYSIS

"투자는 IQ와 통찰력 혹은 기법이 아니라 원칙과 태도의 문제다." 증권분석의 아버지로 불리는 벤저민 그레이엄Benjamin Graham이 한 말입니다. 그레이엄은 투자에 앞서 "마음을 다스리라."고 말했습니다. 안정적이고 합리적인 행동은 우리가 모르는 것을 인정하는 겸손한 마음에서 나온다는 게 그의 생각이었죠. "시장은 주식을 너무 비싸게 몰고 가는 일시적인 낙관과 가격을 급락시키는 부적절한 비관 사이에서 흔들리는 시계추와 같다. 현명한 투자자는 비관주의자로부터 사서 낙관주의자에게 파는 현실주의자다."라는 그의 격언은 지금 읽어봐도 빛이 납니다.

이 책을 펼친 분들은 예외 없이 투자를 시작하는 분들일 것이라고 믿습니다. 오늘날 투자는 주식시장뿐만 아니라 채권, 가상화폐, 원자재 시장 등 다양한 분야에서 이루어집니다. 또한 국내 주식뿐만 아니라 해외주식이나 ETF 등으로 투자 범위를 넓혀가는 분들도 많습니다.

투자를 처음 시작하는 분들이라면 단 한 번도 시도해 본 적 없는 분야에 도전하는 행위가 어렵게 느껴질 것입니다. "시작이 반이다."라는 격언이 있습니다. 같은 뜻의 한자 성어 '작시성반作始成半'도 있고, 영어 속담 'Well begun is half done'도 있습니다. 또 "천 리 길도 한 걸음부터"라는 비슷한 의미의 속담도 있습니다.

주역에서는 시작의 어려움을 '둔屯'으로 나타냅니다. 여기서 '屯'자는 땅속에 있던 씨앗이 발아해서 머리를 삐죽 내미는 형상으로 시작의 어려움을 상징하는 글자입니다. 일단 시작하는 것이 얼마나 어려우면 시작만 해도 절반은 한 것이나 다름없다는 말이 나왔을까요? 시작하기로 결심한 뒤 실제 행동으로 옮기는 것은 정말 어려운 일임이 틀림없습니다.

시작의 어려움은 두려움을 극복하는 것에 근본을 두고 있습니다. 시작하려는 대상에 대해서 잘 모르고 어떤 결과를 얻게 될지 불확실하므로 생기는 공포가 시작을 어렵게 만듭니다. 과연 할 수 있을지에 대한 고민, 실패할지도 모른다는 불안, 어디서부터 어떻게 해야 할지 갈피를 잡을 수 없는 막막함 등으로 무언가를 시작하는 게 어려운 것입니다. 그래서 시작만 해도 일단 절반은 왔다는 말이 생긴 게 아닐까요.

그리고 시작한 일에 있어 그 완성의 어려움은 지속력에 기반하고 있습니다. 한번 시작한 일을 끝까지 잘 마무리하려면 끈질긴 인내심과 굳은 의지가 필요하고, 또 끊임없이 변하는 상황에 기민하게 대처할 수 있는 능력이 필요합니다. 그래서 유종의 미를 거두는 것은 쉽지가 않습니다. 처음에 마음을 굳게 먹고 시작했어도 꾸준히 지속하기 어렵고, 쉬지 않고 흘러가는 시간과 변해가는 내 상태를 잘 지켜보고 현재에 반영하는 것은 더더욱 어렵기 때문입니다. 무언가를 완성하고 끝을 맺는 것이 시작만큼 어려운 까닭은 여기에 있습니다.

《습관의 재발견(Mini Habits: Smaller Habits, Bigger Results)》의 저자 스티븐 기즈Stephen Guise에 따르면 시작이 어려운 이유는 실행과 약속이라는 어마어마한 무게가 실려 있기 때문이라고 합니다. 어떤 일을 시작하려고 할 때마다 우리는 일을 꼭 성공시켜야 한다고 생각합니다. 이런 생각이 일을 마무리하는 데에는 도움이 될지 모르겠지만, 새로운 일에 도전하고자 하는 사람에게는 가장 큰 장애물이 되기도 합니다. 일을 마무리하는 것에 부담을 느낀 뇌가 애초에 시작 자체를 안 하려고 하기 때문입니다.

그렇다면 이러한 뇌를 설득하여 새로운 일에 도전하도록 만들 수는 없을까요? 가장 좋은 방법은 달성하기 쉬운 목표를 세우는 것입니다. "시작하는 비결은 복잡하고 어려운 일들을 관리하기 쉬운 작은 조각들로 나눈 다음, 가장 첫 번째 조각에 덤벼드는 것"이라고 말한 미국의 소설가 마크 트웨인Mark Twain의 말처럼, 달성하기 쉬운 목표는 뇌의 부담감을 줄여 우리가 보다 쉽게 어떤 일에 도전할 수 있도록 도와줍니다. 투자에 있어서 공부한 시간에 비해 효과적으로 목표에 도달할 수 있는 도구가 차트분석으로 대표되는 기술적 분석입니다.

투자라는 행위는 고도의 지적 노동에 가깝다고 합니다. 단순히 사고파는 행위를 넘어선 통찰이 있어야 한다는 의미죠. 통찰력을 얻기 위해서는 분석에 못지않게 깊은 사색이 따라야 합니다. 불확실성이 가득한 투자의 세계에서 때로는 신념을 고수해야 하고, 반대로 그 신념을 벗어 던지고 유연하게 새로운 변화를 받아들여야 할 때도 있습니다. 과거의 지적 축적을 살펴보고 사색의 깊이를 더하는 한 가지 방법은 정통의 이론(기술적 분석)을 들여다보는 것입니다.

02

차트를 통해 무엇을 보아야 할 것인가?

CHART ANALYSIS

그리스 로마 신화에는 테이레시아스Tiresias라는 탁월한 예언자 이야기가 나옵니다. 그는 제우스와 헤라 사이에 말다툼이 벌어졌을 때 제우스 편을 든 탓에 헤라에 의해 눈이 머는 형벌을 받게 됩니다. 이를 불쌍히 여긴 제우스는 테이레시아스에게 예언의 능력을 주었습니다. 요약하면 눈이 머는 값비싼 대가를 치르고 나서야, 예언과 예측이라는 능력을 가지게 되었다는 신화입니다. 투자자로서 가장 겸비하고 싶은 것이 바로 이러한 미래를 보는 능력 아닐까요.

《예측지능(Make your own luck)》이라는 책에서, 미래를 보는 능력은 신이 내린 선물이거나 타고난 재능이 아니라 훈련을 통해 개발할 수 있는 기술이라고 설명합니다. 이 책은 뛰어난 예측 능력을 가진 사람이 최고의 기회를 포착하고 신속하게 행동하여 더 쉽게 성공을 거머쥘 수 있다는 내용을 담고 있습니다. 이러한 예측지능은 철저한 훈련을 통해 획득할 수 있다는 것이 이 책의 핵심 내용입니다. 마찬가지로 주식시장이나 주식에 대한 예측도 차트

분석을 통해서 가능합니다.

일찍이 공자는 "나면서부터 아는 자는 최고 상급이고, 배워서 아는 사람이 다음이고, 곤경에 처해서 배우는 사람이 그다음이고, 곤경에 처해도 배우지 않는 사람은 최고 하급"이라고 말했습니다. 어떤 상황에서든 무엇이든지 배우고자 하는 정신을 가져야 한다는 이야기입니다. 우리가 투자를 하려면 적어도 차트 정도는 볼 수 있어야 합니다. 이 책에서 이야기하고자 하는 기술적 분석을 가장 쉽게 설명해 줄 수 있는 말은 무엇일까요?

《The Technical Analysis of Stocks, Options and Futures》의 저자 윌리엄 엥William F. Eng은 "초승달은 저평가를, 보름달은 주가의 고평가를 유발하므로 초승달일 때 사서 보름달일 때 팔라."고 주장한 바 있습니다. 따라서 제아무리 좋은 주식이라도 보름달 국면에서 사서 기울기 시작하면 손해 볼 수밖에 없다는 의미입니다.

차트는 주식시장 또는 개별기업의 정보를 녹여낸 것입니다. 차트를 통해 모든 데이터를 볼 수 있다는 말이기도 합니다. 단순히 가격에 대한 정보뿐만이 아닙니다. "데이터가 중요하다."는 말은 누구나 한 번쯤 들어봤을 이야기입니다. 데이터의 중요성에 대한 사회적 인식은 물론이고, 분야 상관없이 데이터 활용에 대한 관심 역시 매우 높습니다. 핵심은 데이터의 양이 아니라, 그 데이터를 어떻게 활용하여 가치를 만들어낼 수 있는지에 대한 명확한 전략을 가지고 있는지에 달려 있습니다. 이는 차트 분석에서도 마찬가지입니다. 수많은 차트가 있지만 '그것을 어떻게 효율적으로 이용할 수 있는가'가 관건입니다.

그렇다면, 차트를 어떻게 해야 잘 활용할 수 있을까요? '차트 활용 역량'이라 하면 크게 두 가지를 떠올릴 수 있습니다. '차트분석'과 '시각적 스토리텔

링'입니다. 전자는 기술적으로 차트 자료를 수집하고 정제하는 차트 가공 단계부터 분석 기법을 활용해 다양한 차트분석에 이르는 과정에 필요한 능력을 말합니다. 후자는 차트분석 결과를 시각적으로 표현하여 스토리텔링을 하는 능력입니다.

차트는 많은 양의 데이터를 요약하여 시각적 요소로 표현합니다. 한눈에 볼 수 없는 많은 양의 데이터를 한번에 볼 수 있도록 합니다. 앞으로 설명할 각종 차트에는 다양한 형태가 있습니다. 이 책에서는 이들 차트가 의미하는 바를 쉽게 이해할 수 있도록 돕고자 합니다. 즉 차트 안에 숨겨진 유의미한 이야기, 차트의 인사이트를 발견하고자 합니다.

인간은 자연적으로 시각적 입력을 다른 어떤 방법보다도 빠르게 인지합니다. 그만큼 우리에게 시각이 중요하다는 의미인데, 보통 사람이 감각기관을 통해 획득하는 정보의 80% 이상이 시각을 통해 얻어진다고 합니다. 우리에게 왜 데이터 시각화를 통한 차트가 효과적인지 이해할 수 있습니다. 최근엔 인공 지능AI, Artificial Intelligence 분야에서도 차트를 활용한 시각적 분석을 시도하고, 인공지능 학습 결과를 차트 등으로 보여주는 방법을 활용하고 있습니다.

정확한 기술적 분석을 위해 사용하는 차트 중 어떤 유형이 적합한지에 대한 이해도 필요합니다. 시각화된 차트는 데이터를 어떤 목적으로 보여줄 것이냐를 기준으로 나눌 수 있습니다. 기술적 분석에서 시간 흐름에 따른 데이터의 변화를 보기 위해서는 선차트를 사용합니다. 한편, 우리가 시각화를 바탕으로 차트의 의미를 해석하면서 시각에 의해 오류를 범할 수 있다는 사실도 미리 알아둘 필요가 있습니다.

견월망지見月望指는 '달을 보라고 손가락으로 가리켰는데 달은 보지 않고 손가락만 본다'는 뜻으로, 정작 보아야 할 것은 보지 않고 본질에서 벗어난 것을 볼 때 사용하는 말입니다. 불교의 경전인《능엄경(楞嚴經)》에서 유래한 것으로 전해집니다. '견월망지'가 투자자에게 주는 교훈은 진실을 흐리게 하는 것들과 잘 구별하여 투자해야 함을 말합니다. 즉 본질인 것만 보고 판단은 내가 해야 한다는 이야기입니다.

03

차트분석이란 무엇인가?

C H A R T A N A L Y S I S

미국의 경제학자 에런 레벤슈타인Aaron Levenstein은 "통계는 비키니와 같다. 그것이 보여주는 것은 암시적이지만, 숨기고 있는 것은 너무나 중요한 것이다."라고 했습니다. 우리가 증시에서 매일 접하게 되는 차트도 마찬가지입니다. 차트는 지나간 시간의 기록입니다. 증시의 역사인 차트를 찾고 뒤지고 곱씹으면 주가의 과거와 현재를 이해하게 되고, 미래가 어떻게 흘러갈지까지 예측할 수 있습니다(혹은 예측할 수 있을 것처럼 보입니다). 그래서 주식시장의 투자자들에게 차트는 복잡할수록 매력적입니다.

기술적 분석에서 사용되는 전통적인 도구는 특정 기간의 가격 변동을 보여주는 그래프나 차트입니다. 기술적 분석가들은 흔히 차트에 나타나는 형태나 패턴을 진단하여 결론을 얻게 되는데, 이러한 이유로 차트분석이라고도 부릅니다.

실제로 차트분석chart analysis의 목적은 매수와 매도세력의 상대적 강도를 측정하는 것입니다. 예를 들어, 현재 가격에서 매수세력이 매도세력보다 더 강력하다면 가격이 상승하는 것으로 가정해야 합니다. 다르게 말해서 매도세력을 공급으로, 매수세력을 수요로 표현한다면 차트분석은 수요와 공급을 측정하는 형식이 될 것입니다. 결론적으로 차트분석의 목적은 어떤 시점에서 수요(혹은 공급)가 공급(혹은 수요)을 초과하는지 또는 어떤 시점에서 수요와 공급이 거의 일치할 것인지를 규명하는 것입니다.

차트분석을 이용한 실제 예측 과정은 시장가격이 추세를 유지하거나 반전함에 따라 나타나는 각종 패턴을 규명하게 됩니다. 이러한 패턴들은 수요와 공급요인들의 상대적 강도(개별 주식의 가격이 주식시장 전체의 흐름이나 변동에 반응하는 정도)를 나타냅니다. 차트분석은 거래자들의 가격예측에 대해 이론적 지침보다는 실증적 지침을 제공해 줍니다. 이러한 분석을 군중심리 crowd psychology 평가방식이라고 합니다.

기술적 분석의 사용이 정당화되기 위해서는 과거를 기초로 미래를 예측할 수 있도록 '과거는 그대로 반복된다history repeats itself'라는 가정이 성립해야 합니다. 이는 차트분석이 '강형 효율적 시장가설'에 따라 매일의 가격 변화에 어떤 랜덤워크random walk, 즉 예측 불능의 불규칙적 진행도 나타나지 않는다는 것을 의미합니다. 여기서 강형 효율적 시장가설이란, 시장가격에 공개정보와 내부자 정보가 모두 반영되는 시장이며, 어떤 정보를 이용하더라도 비정상이윤을 얻을 수 없는 시장을 의미합니다.

기술적 분석가들은 가격추세를 평가하기 위해 가격 이외의 정보들도 검토하며, 평가된 추세를 추가로 확인하기 위해 시장의 특성을 규명하려고 합니다. 시장특성분석character-of-market analysis은 시장가격과는 독립적인 매도량과 매수량 자료를 사용하거나 가격추세 예측을 위해 가격정보를 보다 더 세밀하게 사용합니다.

시장특성분석은 가격, 거래량, 시간 요인들을 이용하여 별도의 공식에 따라 도출한 각종 지표와 그 지표를 차트형식으로 표시한 오실레이터oscillators를 사용합니다. 오실레이터란 넓은 의미로는 가격의 움직임을 나타내는 모든 지수를 일컫는 말이고 좁은 의미로는 최근의 가격에서 과거 일정시점의 가격을 빼서 산출된 결과로 나타난 플러스(+), 마이너스(-) 값을 현재 시점에서 그래프로 나타내어 분석하는 방법입니다.

시장특성분석으로 차트를 볼 때, 주어진 정보에 영향을 미치는 요소로써 주의해야 할 몇 가지 사항이 있습니다.

시간 척도

시간 척도The time scale는 차트 아래의 날짜 범위를 말합니다. 이는 몇십 년부터 몇 초까지 다양합니다. 가장 자주 사용되는 시간 척도는 일중intraday, 일간daily, 주간weekly, 월간monthly, 계간quarterly 그리고 연간annually입니다. 시간 프레임이 짧을수록 차트가 좀 더 상세해집니다. 각 데이터 지점은 그 기간의 종가나 차트의 쓰임에 따라 시가open, 고가high, 저가low 그리고 종가close를 보여줄 수 있습니다.

일중 차트는 하루 동안의 가격 변동을 표시합니다. 이는 시간 척도가 5분 정도로 짧거나 시작가격opening bell부터 종가가격closing bell까지의 전체 거래일을 나타냅니다. 일간 차트는 종일의 거래가 한 점으로 요약된 각 점들의 가격 변동의 연속으로 이루어집니다. 다시 말하면, 그래프의 각 지점은 간단히 종가나 하루 동안 주식의 시가, 고가, 저가 그리고 종가를 표시합니다. 이 데이터 지점들은 주간, 월간 그리고 연간 시간 척도까지 늘어나서 가격 변동의 단기나 중기 추세를 관찰할 수 있습니다.

주간, 월간, 분기 그리고 연간 차트는 주식 가격 변동의 장기적인 추세를 분석하는 데 쓰입니다. 이 그래프들의 각 데이터 지점은 특정 기간 동안 어떤 일이 일어났는지를 알 수 있는 함축적인 자료가 됩니다.

그림 1-1. 삼성전자 일간차트

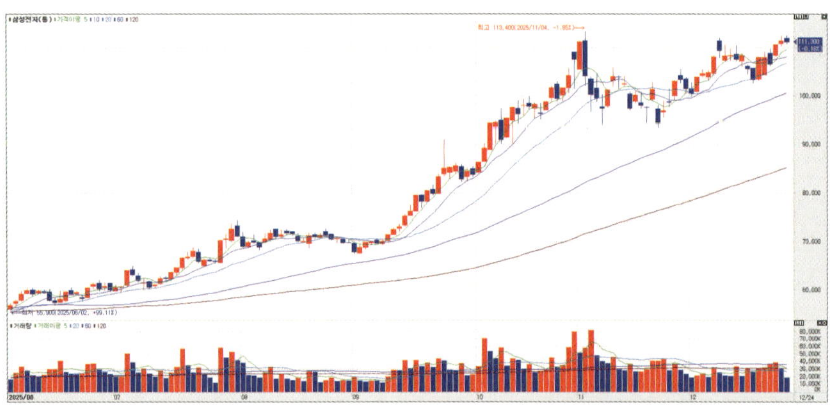

출처: 국내 증권사 HTS

[그림 1-1]은 삼성전자의 일간차트입니다. 이 차트는 대략 7개월 동안의 주식 가격 변동을 보여주고 있습니다. 그래프 하단의 수평축(x축)은 날짜이며, 시간 척도입니다. 오른쪽 수직축(y축)은 주식의 가격을 보여줍니다. 캔들차트로 알려진 이러한 차트는 각 막대의 길이가 주식 가격 변동의 범위를 보여주고 있습니다.

차트분석은 기본적으로 '평균으로의 회귀Regression toward the mean'라는 개념이 있습니다. 프랜시스 골턴Francis Galton이 처음 주장한 이론으로 극단적이거나 이례적인 결과는 평균 방향으로 되돌아오는 경향을 가진다는 개념입니다. 자본시장에서도 평균회귀라는 힘이 존재합니다. 이 힘은 자본시장을 한시도 떠나지 않고 시장가격과 수량 그리고 모든 변수가 중간값에 가까워지도록 작용합니다. 따라서 투자자가 평균회귀이론을 인정하고 투자에 이를 활용한다면 안정적 투자에 한 걸음 다가서는 효과가 있습니다.

차트분석의 주요 지표와 이동평균선의 개념이 이 '평균으로의 회귀' 개념을 염두하고 있습니다. 평균회귀이론은 개인투자자들의 투자심리에 직접 작용합니다. 특정한 종목에 투자할 때 주가가 상승하면 곧 떨어질 것이란 생각이 들고, 하락하면 다시 오를 거라는 확신이 있다면 투자할 때 불안하지 않고 이성적 투자를 하게 될 것입니다. 모든 법칙에는 예외가 있듯이 평균회귀이론에 근거한 투자가 무조건 옳고 성공할 거라는 이야기가 아닙니다. 만일 주식이나 기타 다양한 금융상품의 가격이 지속적으로 하락해서 파산이나 복구하기 어려운 지경에 이른 경우, 평균으로 회귀를 기대하는 것은 불가능합니다. 이러한 점이 평균회귀라는 통계학적 개념을 투자세계에 모두 적용하기 어렵고 혼란스러운 부분이기도 합니다.

04

차트분석만으로도 충분할까?

CHART ANALYSIS

금융시장에서의 차트는 바닥과 천장을 족집게처럼 알아내는 도구가 아닙니다. 오히려 차트는 '사회적 진실social reality'을 이야기하고 있다는 점에서 의의가 있습니다. '사회적 진실'이란, 사실 여부와 관계없이 사람들이 그렇게 믿고 있는 것을 의미합니다.

대단한 각오로 투자 공부에 임하는 분들은 알 것입니다. 결코 왕도王道가 있지 않고, 그 길이 쉽지 않음을요. 앞에서 이야기한 대로 꾸준히 그리고 실전을 통해서 시장을 이해하고 종목을 경험해야 합니다. 특히 체계적인 학습방식이 중요합니다. 오랜 시간 시장에 참여해도 실패만 하는 분들에겐 분명 이유가 있을 것입니다. 지나치게 자신의 감각을 믿거나 혹은 남들 말에 휩쓸렸을 수도 있습니다.

투자수익률의 극대화를 목적으로 하는 증권이나 상품의 시장가격 예측을 위한 방법으로는 기술적 분석technical analysis뿐만 아니라 기본적 분석fundamental analysis이 있습니다. 기업의 내재적 가치를 평가하여 투자하는 것이 기본적 분석이라면, 오직 주식의 변동가격 움직임 자체만을 연구하는 것이 기술적 분석입니다. 이 책은 기술적 분석, 그중에서도 차트분석에 한정해서 이야기하고 있지만, 기본적 분석도 매우 중요합니다. 주식 격언 가운데 "오른손에는 재무제표, 왼손에는 차트"라는 말이 있습니다. 새가 좌우의 날개로 하늘을 날 듯, 주식시장에서 꾸준한 수익을 내기 위해서는 기술적 분석과 더불어 기본적 분석을 숙지해야 합니다.

이 두 가지 분석법은 투자자들을 위험으로부터 보호해주는 안전망입니다. 어느 하나가 다른 것보다 덜 중요하다고 말할 수 없습니다. 기본적 분석은 기술적 분석에 비해 살펴봐야 할 것이 많습니다. 기본적 분석은 어떤 종목에 투자할 당시 투자할 기업의 내재적 가치를 구하여 현재의 시장가격과 비교, 향후 그 종목의 가격 움직임을 예측합니다. 즉 현재 투자할 종목의 가격이 내가 분석한 내재가치보다 낮다면 그 종목은 그 이상 상승한다고 믿으며 일정액을 투자하는 방법입니다.

물론 내재가치를 판단하는 방법은 투자자의 재량이라고 할 수 있습니다. 그 회사의 재무제표를 보거나 여러 사회적, 경제적 요인 이를테면 수출입, 국제수지, 통화량, 경기 등 전체적인 여건의 영향이 있을 수 있고 그 기업이 만드는 상품의 시장성 등을 참고하여 기업의 내재적 가치를 나름대로 판단할 수 있습니다.

기본적 분석과 기술적 분석의 차이는 시간의 범위time horizon에서도 찾아볼 수 있습니다. 기본적 분석은 기술적 분석에 비해 상대적으로 긴 기간 동안 시장을 분석합니다. 기술적 분석이 주 단위, 일 또는 분 단위로 이루어지기도 하는 반면에, 기본적 분석은 데이터를 몇 년 동안 주시합니다.

이 두 가지 접근이 사용하는 다른 시간의 틀은 각자가 고집하는 투자 방식의 자연적인 결과입니다. 회사의 가치가 시장에 반영될 때까지 시간이 오래 걸릴 수 있어서, 기본적 분석자가 내재가치를 추정할 때 주식의 시장 가격이 적정한 가치로 상승할 때까지 이익을 실현하지 않습니다. 이 투자의 유형은 가치 투자value investing라 불리고, 짧은 기간의 시장은 틀릴 수 있지만, 특정 주식의 가격은 긴 시간 후에 스스로 올바른 가격이 된다고 가정합니다. 여기에서 긴 시간이란 경우에 따라서는 몇 년까지 포함되는 개념입니다.

이제까지 오랫동안 대두되었던 이 두 가지 이론 중 어느 방법이 우위에 있다는 결론은 현재까지 뚜렷하지 않습니다. 하지만 IT 기술의 발달에 힘입어 또 다른 새로운 투자기법이 생겨나기 시작했는데 그것이 바로 기계적 매수, 매도 신호에 의해 투자하는 시스템 트레이딩이라는 방법입니다. 하지만 시스템 트레이딩을 만드는 대부분의 방법은 기술적 분석 지표에 의존하고 있습니다. 상대적으로 신속한 의사결정을 내려야만 하는 트레이더들에게는 기업의 내재가치 위주의 정보들은 정확한 타이밍을 잡아내는 데 한계가 있기 때문입니다.

기본적 분석을 위해서는 경제지표에 민감해야 하고, 투자하려는 업종에 대한 깊은 이해가 있어야 하며, 해당기업의 재무제표 흐름을 읽을 수 있어야 합니다. 또한 경쟁업체와의 관계라든지 다양한 변수를 염두에 두어야 합니다. 기본적 분석을 하다 보면, 처음 시작하는 투자자들에게는 요구되는 사항이 너무 많다는 생각이 들 것입니다.

어부가 바다에 있는 물고기를 다 잡을 수 없듯이, 우리도 모든 종목을 분석할 필요는 없습니다. 코스피나 코스닥에 상장되어 거래되는 모든 종목을 대상으로 기술적 분석을 한다면 굉장히 힘든 작업일 것입니다. 또한 그 모든 종목을 대상으로 기본적 분석까지 병행한다는 것은 불가능한 일입니다.

초보투자자라서 기본적 분석을 전혀 모른다면 일단 각 증권사에서 제시한 투자의견 중 매수나 단기매수의 투자의견을 가진 종목으로 기술적 분석의 범위를 좁힐 것을 권합니다. 매수나 단기매수의 의견을 가진 종목들은 이미 각 분야(업종)의 애널리스트들이 6~12개월 이내에 투자 유망 종목으로 1차 분류를 해 놓은 것들입니다. 그야말로 애널리스트들이 차려놓은 밥상에 기술적 분석이라는 양념을 살짝 얹어서 먹기만 하면 되는 것입니다. 기본적 분석 중 저의 경험으로 제일 중요한 것은 이익이 추세적으로 꾸준히 증가하는 회사를 고르는 것입니다.

그렇다면 그 종목에 대한 투자의견을 어디서 검색할 수 있는지 궁금하실 겁니다. 경제적으로 여유가 있으면 에프앤가이드(www.fnguide.com)에 가입 후 월 회비를 내면, 국내 증권사에서 나온 리포트를 모두 볼 수 있습니다. 이러한 과정이 번거롭게 느껴진다면 포털사이트 네이버의 검색창 아래 '증권'을 누르면 증권홈으로 연결 되고, 윗줄의 리서치를 클릭하면 '종목분석' '산업분석' '시황정보' '투자정보' 등 다양한 분야의 리포트를 볼 수 있습니다. 여기서 종목분석을 선택하여 투자하려는 해당 종목을 찾으면 됩니다(그림 1-2).

| 그림 1-2. 모바일 네이버 증권

앞에서 기술적 분석과 기본적 분석의 차이점에 대해 살펴보았습니다. 미국 금융중심지인 뉴욕 월가Wall Street에는 "차트는 잘

못이 없으며, 모든 것은 차트분석가의 잘못이다."라는 증시 격언이 있습니다. 이 격언은 차트는 주가 예측의 유용한 도구가 될 수 있지만, 만능은 아니며 차트에 지나치게 의존하면 실패할 확률이 높아질 수 있다는 메시지입니다. 그렇기 때문에 기본적 분석을 하고 난 후 차트를 보조적으로 활용해야지 기술적 분석만으로 주가를 예측하다가 실패하면, 그 실패의 원인은 차트에 있는 것이 아니라 차트만으로 모든 것을 판단한 차트분석가에게 있다는 의미입니다.

05

차트분석에서 유의해야 할 점은 무엇일까?

CHART ANALYSIS

금융시장에서는 주기적으로 패닉panic이 나타납니다. 강력한 불안감이나 공포를 의미하는 패닉의 어원은 그리스의 신神, 판pan에서 나왔습니다. 고대 그리스인은 가축들이 무엇인가에 놀라 이리저리 뛰어다니면 판의 장난으로 여겼습니다. 얼굴은 뿔이 달린 인간이고 몸체는 호색적好色的 염소로 묘사되는 판은 사람들에게 극단적 공포심을 유발하는 존재였습니다. 가축이 놀란 모습과 공포를 연결한 것은 인간의 상상에 불과했지만, 공포에는 강한 전염성이 있다는 사실이 현대 과학을 통해 밝혀지고 있습니다.

〈월스트리트저널(The Wall Street Journal)〉은 최근 증시의 패닉에 대처할 수 있는 몇 가지 방법을 소개했습니다. 먼저 '인간관계를 바꿔 차분한 사람들과 교류하라'고 충고합니다. 둘째는 'TV를 꺼야 한다'고 권고했습니다. 셋째는 '긍정적으로 사고하라'는 것입니다. 마지막은 '생각을 단순하고 단호하게 만들도록 노력하는 것'입니다.

지금까지 차트분석에 대한 개략적인 내용을 살펴보았습니다. 여기에서는 차트분석을 도구로 사용할 때 유의해야 할 몇 가지 사항을 이야기하고자 합니다. 이를 통해 시장상황에 따라서 겪게 될 어려움을 미리 인지하고 극복해 나아가시길 바랍니다.

기술적 지표의 구성원리 파악

현재 주식시장에 알려진 기술적 지표만 하더라도 수백 가지가 넘을 것입니다. 각 증권사의 HTS Home Trading System, 주식 매매시스템를 켜보면 오랜 경험자들도 생소하게 느낄 만한 보조지표들이 많습니다. 그러나 너무 걱정하지 않아도 되는 것이 기술적 지표는 비슷한 유형으로 크게 분류할 수 있기 때문에 대표적인 몇 가지 지표들을 익히고 나면 나머지는 비교적 쉽게 이해할 수 있습니다. 여기에서 중요한 것은 기술적 지표를 투자자 스스로 선택해야 합니다.

다른 투자자가 추천한 기술적 지표를 여과 없이 간단한 적용 방법만 익혀 실전에 사용하는 습관은 머지않아 한계점을 드러내게 됩니다. 기술적 지표를 스스로 선택하려면, 그 지표가 어떻게 만들어졌고 어떤 의미를 가지는지 제대로 이해하고 있어야 합니다. 복잡하고 어려운 수학공식을 줄줄 외우라는 의미가 아닙니다. 지표 개발자가 어떤 점에 착안해 그 지표를 개발했는가를 이해하는 것이 필요하다는 의미입니다. 가능하다면 개발자가 추천한 적용 방법을 포함해서 다양한 해석 방법을 알아야 합니다. 구성원리를 모른 채 맹목적으로 이떤 기술적 지표를 선택한 사용자가 시장상황이 바뀌었을 때, 당연히 무시해야 할 기술적 지표의 신호에 따라 움직인다면 손실을 입을 가능성이 너무도 큽니다.

휩소에 대한 극복

차트분석을 할 때 어려운 점 중 하나는 '휩소whipsaw'라고 불리는 거짓신호입니다. 휩소의 원래의 뜻은 '가늘고 긴 톱날' '이중으로 손해를 입히다'입니다. 어느 상황에서나 100% 완벽한 기술적 지표란 없습니다. 어떤 기술적 지표를 사용하든지 매수신호가 나온 직후에 매도신호가 뒤따르거나, 그 반대의 경우가 발생하는 것은 일반적인 현상입니다. 기술적 지표를 구성하는 데 가장 중요한 변수는 바로 기간값입니다. 예를 들어 이동평균선을 사용할 때 가장 중요한 변수는 기간의 선정입니다. 10일선을 사용한 결과와 20일선을 사용한 결과는 판이해집니다. 여기에서 10과 20이라는 기간값이 변수가 됩니다. 이 값이 작을수록 매매신호는 빨라지는데, 이때 거짓신호도 증가하게 됩니다. 한편, 기간값이 커지면 거짓신호는 현저히 줄어드는 대신 시장 움직임에 늦게 대응할 수밖에 없습니다.

모든 의사결정 과정에서 항상 고민하게 되는 취사선택trade-off은 기술적 분석에서 특히 중요합니다. 따라서 합리적인 기술적 분석가라면 이 거짓신호는 불가피한 현상이라는 것을 미리 인정해야 합니다. 일반적으로 거짓신호를 극복하기 위한 방법으로는 다음과 같은 것이 있습니다.

첫 번째로는 지표 간의 상호확인입니다. 투자자가 주로 사용하는 지표의 움직임이 시장진입의 완벽한 신호를 보여주더라도 다른 몇 가지 보조지표를 확인하는 과정은 필수입니다. 그러나 같은 성질을 지닌 지표 간의 상호확인은 별 의미가 없습니다. 또 하나 중요한 확인은 분석대상의 기간(데이터의 기간)입니다. 일간 데이터를 사용한 일간 차트의 많은 지표들이 확실한 매수신호를 보여주고 있을 때 주간 차트는 강력한 하락추세의 시작을 암시하거나 하락추세가 한창 진행 중임을 보여주는 경우가 있습니다. 이런 경우 주식시장이나 종목은 극히 단기간의 상승을 보인 후 원래의 하락추세를 계속하는 것이 일반적입니다.

두 번째로는 여과장치를 사용하는 것입니다. 여기서 여과라는 말은 불순물을 거른다는 의미에서 필터filter 또는 필터링 아웃filtering out이라고 합니다. 여과장치는 두 개 이상의 기술적 지표들을 조합해 사용하기도 하며 가격의 움직임을 사용하기도 합니다. 여과장치란 엄밀하게 말하면 지표들의 상호확인과 비슷한 개념인데, 이를 확실한 규칙으로 정해놓는다는 것이 다릅니다.

손절매매

금융시장에 투자해 본 분이라면 손절매매stop loss의 중요성을 잘 알 것입니다. 손절매매는 기술적 분석을 하는 투자자에게 없어서는 안 될 가장 중요한 행동지침입니다. 기술적 분석가가 손절매매를 이해하지 못하거나 실행하지 않는다면 차트분석을 할 자격이 없다고도 할 수 있을 것입니다. 기술적 분석과 관련된 대부분의 책에서 이 손절매매를 강조하고 있습니다. 실제로 손절매매는 행동으로 옮기기가 무척 어렵습니다. 그 이유는 주로 투자자의 자만심이나 지적 능력에 기인합니다. 결과적으로 시장이 자신의 판단과 다른 방향으로 움직일 때는 시장이 틀린 것이며, 시장이 곧 자기의 판단대로 따라줄 것이라고 믿는 것입니다. 자만심이 강하거나 지적 능력이 높다고 여기는 투자자들은 자기의 잘못을 절대로 인정하지 않습니다. 손실 보는 것 자체가 자존심에 상처를 입는 일이기 때문에 자기의 실수가 아니었다는 것을 증명하기 위해 끝까지 버티는 경향이 있습니다. 월가에서 이야기하는 다음의 말에 귀 기울일 필요가 있습니다. "분석과 예측이 여러분을 시장의 승자로 만든다는 것은 망상에 불과해요. 분석도 예측도 하지 마세요. 차라리 동전을 던져서 시장에 참가하세요. 그러나 반드시 손절매매는 지키세요. 사전에 정한 기준에 따라 손절매매를 확실히 이행할 수 있다면 여러분은 장기적으로는 승리자가 될 것입니다."

투자심리

투자자들을 손실로 이끄는 것들 가운데 가장 많이 제기되는 것이 두려움과 탐욕입니다. 이 밖에도 과신, 복수심, 자만심, 비현실적인 희망 등 시장행동에 나쁜 영향을 미치는 심리적 요인들은 너무도 많습니다.

투자의 현자들은 하나같이 이 모든 심리적인 어려움을 극복하여 평온하고 객관적인 마음 상태를 유지하는 것이 시장의 승자가 되기 위한 가장 중요한 요인이라고 주장하고 있습니다. 여러 가지 심리적인 요인이 손익에 미치는 영향은 뒤에서 좀 더 자세히 다뤄보겠습니다.

Chapter 2

점과 선으로 얽혀 있는 차트, 제대로 볼 수 있을까요?

”

선線은 우리에게 삶을 준다.

- 팀 잉골드Timothy Ingold

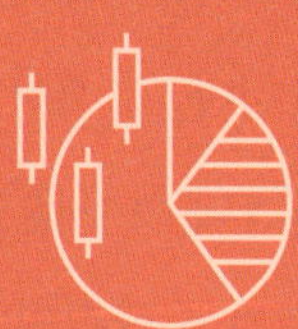

01

점과 선으로 이루어진 세상

CHART ANALYSIS

점은 시작을, 선은 변화나 과정을 나타냅니다. 인생의 여정을 점과 선으로 표현한다면 각 점은 중요한 사건을, 선은 그 사건들을 연결하는 과정이나 경험을 의미합니다. 우리가 흔히 하는 말 중 "선을 넘지 말라"는 말이 있습니다. 이는 주로 인간관계를 염두에 두고 하는 말입니다. 문자 그대로 선을 넘거나 지키는지의 여부가 기술적 분석에서는 매우 중요한 의미를 가집니다. 기술적 분석에서 점(가격)은 위치만 있고 넓이도 방향성도 없습니다. 그러나 두 점을 연결하면 선이 되고 1차원이 됩니다. 선은 방향을 보여줍니다. 그리고 세 군데 점을 이으면 추세와 경향이 나타납니다.

만일 밖으로부터 가해지는 힘이 어떤 한 방향으로 '점'을 움직이게 하면 선이 생깁니다. 이것이 직선입니다. 모든 것은 '점'에서 비롯되어 '선'으로 나아갑니다. 그래서 '선'은 '점'들의 집합입니다. 이러한 점과 선에 대한 의미는 분야마다 차이를 보입니다.

먼저 수학적인 측면에서 점과 선을 따질 때, 유클리드 Euclid 의 《기하학 원론(The Elements)》을 빼놓을 수 없습니다. 이 책은 고대 그리스의 수학자 유클리드의 대표 저서로, 수학사에서 가장 중요한 저술 중 하나로 평가받고 있습니다. 점은 기하학에서 가장 기본적인 요소입니다. 점은 크기나 넓이가 없고, 단지 위치만을 나타내는 개념이기도 합니다. 마치 지도의 한 점처럼 특정한 위치를 표시하는 역할을 합니다. 유클리드는 점을 '위치는 있지만, 부분은 없는 것'이라고 정의했습니다. 선은 무수히 많은 점이 일렬로 연결된 것입니다. 길이는 있지만 두께는 없다는 특징이 있습니다. 유클리드는 선을 '폭이 없는 길이'라고 정의했습니다.

I 그림 2-1. 유클리드 《기하학 원론》 영문판 표지

출처: 위키백과

I 그림 2-2. 바실리 칸딘스키

출처: 나무위키

예술적인 측면에서 점과 선을 살펴보겠습니다. 러시아의 화가이자 이론가인 바실리 칸딘스키 Wassily Kandinsky 가 쓴 《점·선·면(Point and Line To Plane)》이라는 책은 추상미술의 시조가 되는 자료 중 하나로 20세기 예술 운동에 지배적인 영향력을 미친 것으로 여겨집니다. 이 책에서 점은 그 자체로서 최고로 억제된 자세와 관련된 주장을 표시하고 있다고 봅니다. 점은 시간은 정지되고 공간과 무게를 가집니다. 반면 선은 시간과 공간과 무게를 지니며 운동하기 시작하는 움직임을 창출한다고 말합니다.

02

경제분석, 점과 선으로 설명하다

CHART ANALYSIS

'점'은 태초의 한 줄기 빛과 같습니다. 무한한 고요 속에 점 하나를 찍음으로써 새로운 우주가 탄생하는 개념입니다. 아이디어가 탄생해 그것이 잉태되는 순간이죠. 그리고 그 중심에는 사람이 있습니다.

경제분석에서는 다양한 그래프와 통계를 사용합니다. 그래프와 통계는 경제적 현상과 원리를 시각적으로 표현하고, 관계 변화를 분석하고, 그 증거와 근거를 제시하는 데 도움이 됩니다. 그래프와 통계는 경제학의 핵심적인 도구인데, 주로 점과 선으로 이뤄져 있습니다.

그래프란 두 개 이상의 변수 간의 관계를 선이나 도형으로 나타낸 것입니다. 그래프는 수치적인 데이터를 쉽게 이해하고 해석할 수 있게 해줍니다. 그래프에는 선그래프, 막대그래프, 원그래프, 산점도 등 여러 가지 종류가 있습니다. 각각의 그래프는 다른 목적과 특징을 가지고 있습니다.

선그래프

선그래프란 한 변수가 다른 변수에 따라 어떻게 변화하는지를 선으로 나타낸 것입니다. 선그래프는 시간에 따른 변화나 비교를 보여주기에 적합합니다. 예를 들어, 국내총생산GDP의 시간변화나 국가별 GDP 비교 등을 선그래프로 나타낼 수 있습니다.

선그래프를 해석할 때는 선의 기울기와 위치에 주목해야 합니다. 선의 기울기는 한 변수가 다른 변수에 대해 얼마나 빨리 변화하는지를 나타냅니다. 선의 기울기가 크면 변화가 빠르고, 작으면 변화가 느린 것입니다. 선의 위치는 한 변수가 다른 변수에 대해 얼마나 크거나 작은지를 나타냅니다. 선의 위치가 높으면 값이 크고, 낮으면 값이 작은 것입니다.

그림 2-3. 선그래프의 사례

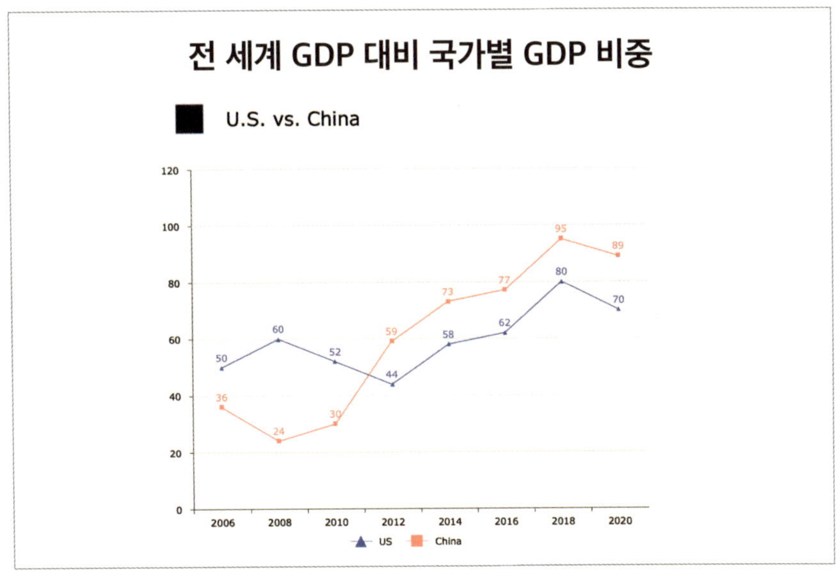

출처: IMF World Economic Outlook Updat

막대그래프

막대그래프란 각각의 항목이나 범주에 해당하는 값을 막대로 나타낸 것입니다. 막대그래프는 개별적인 값이나 비율을 보여주기에 적합합니다. 예를 들어, 국민소득 구성비율이나 소비자물가지수CPI 등을 막대그래프로 나타낼 수 있습니다.

막대그래프를 해석할 때는 막대 길이와 순서에 주목해야 합니다. 막대 길이는 각 항목이나 범주값의 크기를 나타냅니다. 막대 길이가 길면 값이 크고, 짧으면 값이 작은 것입니다. 막대 순서는 각 항목이나 범주의 값의 순위를 나타냅니다. 막대 순서가 앞쪽이면 순위가 높고, 뒤쪽이면 순위가 낮은 것입니다.

그림 2-4. 막대그래프의 사례

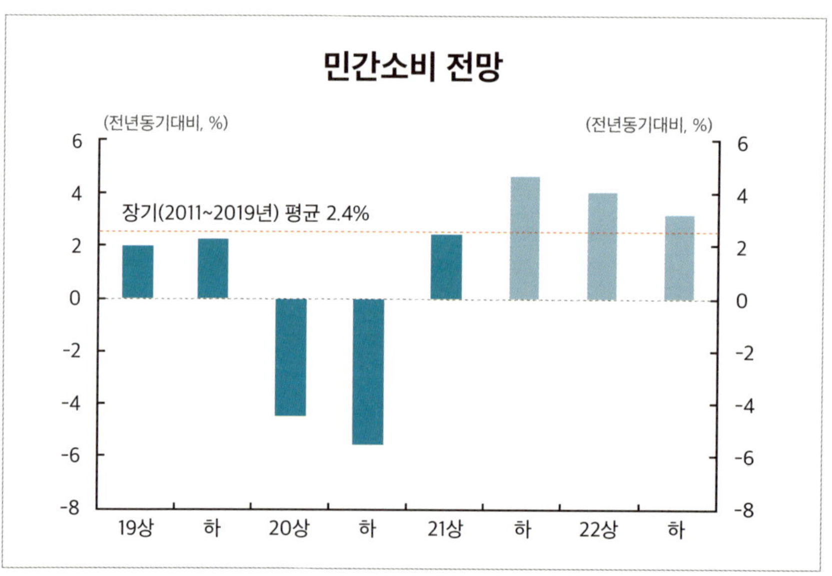

출처: 한국은행

원그래프

원그래프란 전체를 100%로 하고, 각각의 항목이나 범주가 전체에서 차지하는 비율을 원의 부채꼴로 나타낸 것입니다. 원그래프는 전체에 대한 비율을 보여주기에 적합합니다. 예를 들어, 세계 인구 분포나 세계에너지 소비량 등을 원그래프로 나타낼 수 있습니다.

원그래프를 해석할 때는 부채꼴의 크기와 색상에 주목해야 합니다. 부채꼴의 크기는 각 항목이나 범주 비율의 크기를 나타냅니다. 부채꼴의 크기가 크면 비율이 높고, 작으면 비율이 낮은 것입니다. 부채꼴의 색상은 각 항목이나 범주를 구분하는 역할을 합니다. 부채꼴의 색상은 서로 다르게 표시되어야 합니다.

그림 2-5. 원그래프 사례

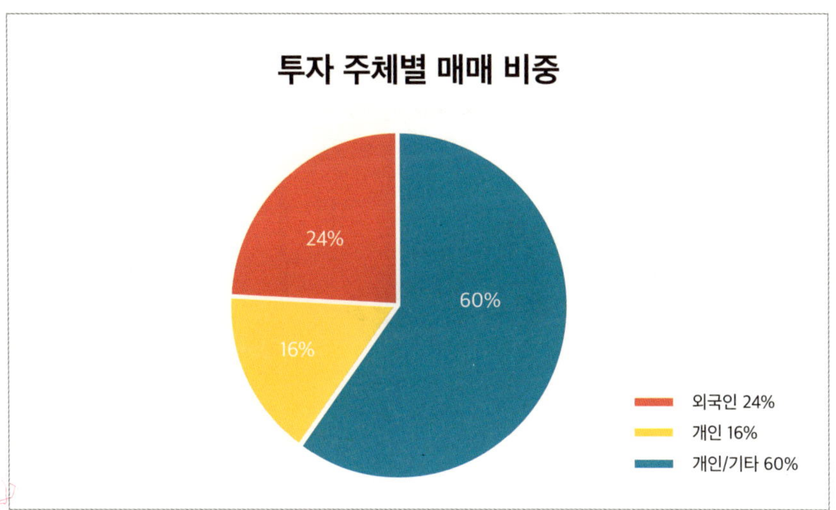

출처: 다음 금융

산점도

산점도란 두 개의 변수 간의 관계를 점으로 나타낸 것입니다. 산점도는 두 변수 간 상관관계를 보여주기에 적합합니다. 예를 들어, 국가별 GDP와 인구수, 국가별 GDP와 자연환경 지수 등을 산점도로 나타낼 수 있습니다.

산점도를 해석할 때는 점의 분포와 모양에 주목해야 합니다. 점의 분포는 두 변수 간 상관관계의 정도와 방향을 나타냅니다. 점의 분포가 일직선에 가까우면 상관관계가 강하고, 원형에 가까우면 상관관계가 약한 것입니다. 점의 분포가 오른쪽 위로 향하면 양의 상관관계, 왼쪽 아래로 향하면 음의 상관관계인 것입니다. 점의 모양은 두 변수 간의 인과관계를 나타내지 않습니다. 점의 모양은 단지 두 변수 간의 관계를 시각적으로 표현하는 방법일 뿐입니다.

그림 2-6. 산점도 사례

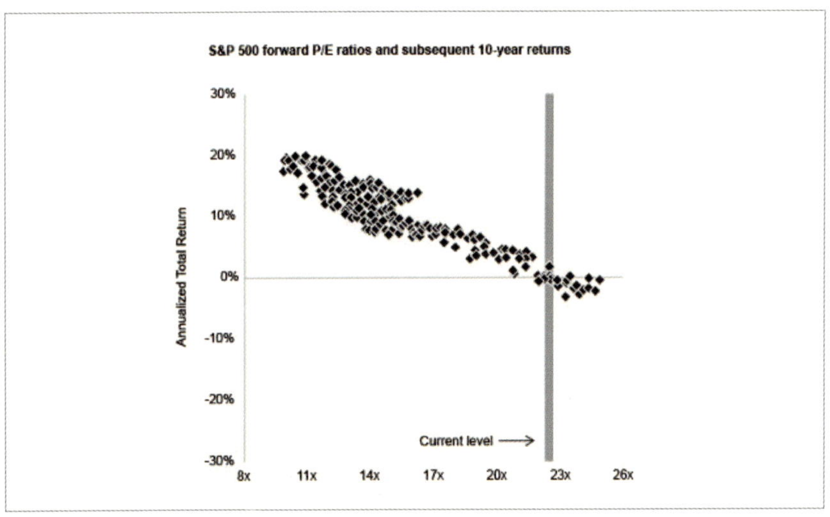

출처: S&P Dow Jones Indices LLC

03

점과 선을 이용한 차트 작성과 분석 방법

CHART ANALYSIS

기술적 분석에서 사용되는 차트도 점과 선을 이용하고 있습니다. 복잡한 시장변동을 한눈에 볼 수 있도록 나타낸 것이 차트이며 이를 해석하는 것이 기술적 분석입니다. 즉 차트는 기술적 분석에 있어 가장 기본적인 도구tool인 셈입니다. 따라서 유능한 기술적 분석가가 되기 위해서는 차트의 종류와 작성방법 및 해석방법 등을 사전에 충분히 학습해야 합니다.

가능하다면 자신이 직접 차트를 작성해보는 것이 필요합니다. 실제 시황 판단에 많은 도움이 될 수 있기 때문이지요. 제가 증권회사에 처음 입사했을 때 퇴근하기 전 일과가 그날 주가의 움직임을 캔들차트로 그리는 것이었습니다. 돌이켜보면 이러한 작업이 훗날 차트를 보고 연구하는 데 밑거름이 되었습니다.

차트의 종류

차트는 그 모양에 따라 라인차트, 바차트, 봉차트, P&F차트 크게 네 가지로 구분됩니다.

라인차트

매일 또는 일정 기간의 주가나 지수를 선으로 연결한 도표입니다. 개별주식의 주가뿐만 아니라 지수나 비율 등 여러 가지 지표도 라인차트로 작성합니다. 라인차트는 작성이 단순하고 이해하기 쉽다는 장점이 있습니다. 단, 필요 정보를 담기에는 직관적이고 단순하여 많이 활용되지는 않습니다. 라인차트line chart는 [그림 2-7]에서 보는 바와 같이 가격변화를 선으로 표시하는 방법으로, 가장 단순화된 차트입니다. 주가의 경우 보통 종가 차트를 많이 이용하는데 종가 이외에 시가, 고가, 저가 등 자세한 정보가 포함되지 않기 때문입니다. 따라서 매 거래건별로 발생되는 가격변화를 나타내는 틱tick 차트의 경우에는 반드시 라인차트를 사용할 수밖에 없습니다.

그림 2-7. 라인차트 사례

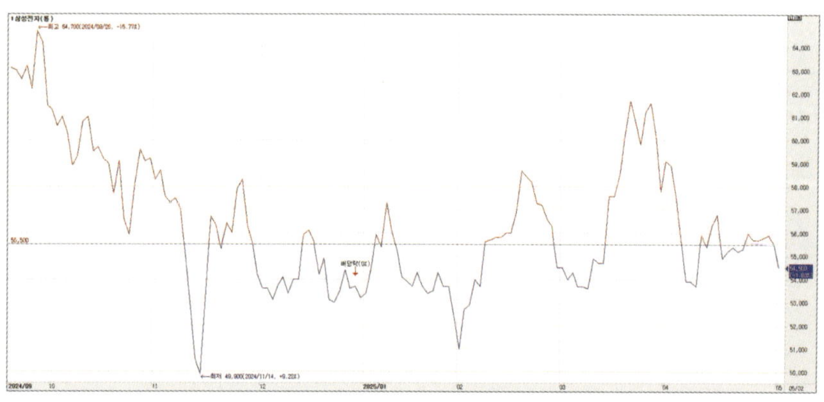

출처: 국내 증권사 HTS

바차트

미국에서 가장 많이 사용되는 차트입니다. 정해진 기간 동안의 시장 움직임을 하나의 바[bar: 막대]에 표현하고 이 막대들을 시간 경과에 따라 옆으로 늘어놓은 차트입니다. 종(y)축에는 가격이, 횡(x)축에는 시간이 표시되며 막대들 하단에는 거래량이 또 다른 막대로 표시되는 것이 일반적입니다. 바차트는 가격의 고가, 저가, 종가에 대한 정보를 동시에 표시하는 방법으로 라인차트보다 더 많은 정보를 나타낼 수 있다는 장점이 있습니다(그림 2-9). 그러나 일본식의 봉차트에 비해 시가가 빠져 있으며 장중 변화 상황을 잘 나타내지 못하는 단점이 있습니다. 최근에는 이러한 단점을 보완하기 위해 시가를 바의 왼쪽편에 표시하는 형태의 신형 바차트가 사용되고 있습니다(그림 2-8).

| 그림 2-8. 바차트의 구성

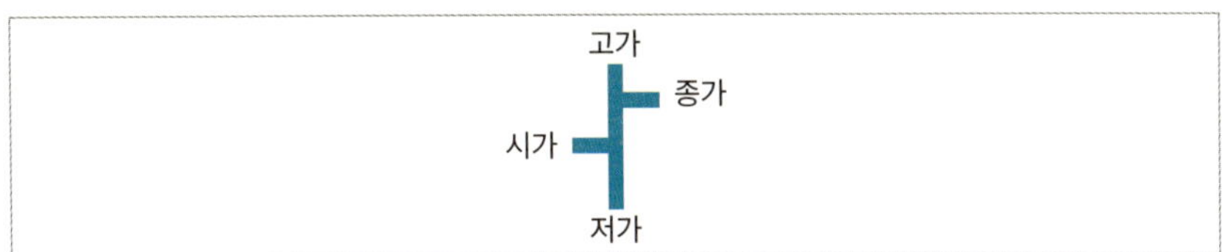

| 그림 2-9. 바차트의 사례

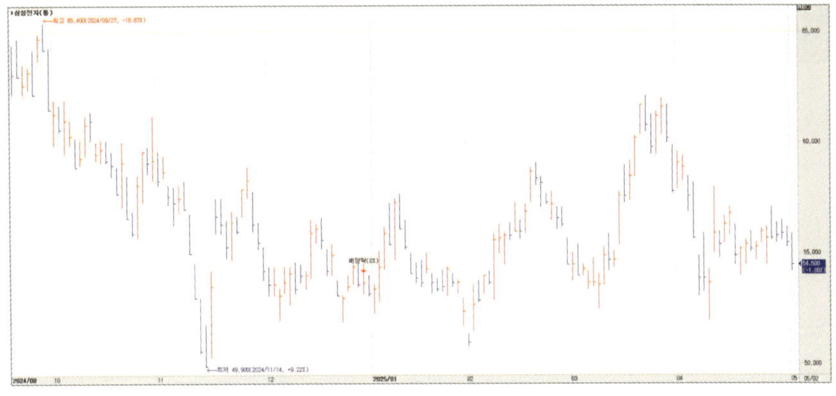

출처: 국내 증권사 HTS

캔들차트

흔히 봉차트라고도 부르며 우리나라 주식시장 참가자들에게는 가장 낯익은 차트 형태입니다. 이 차트는 일본의 혼마 무네히사本間宗久가 만들었으며 그 뒤에 스티브 니슨Steve Nison이 미국에 전파했습니다. 이제는 미국을 비롯한 전 세계 기술적 분석가들이 널리 사용하고 있습니다. 캔들차트는 뒤에서 자세히 설명하겠습니다.

재미있는 점은 양선(상승)과 음선(하락)의 색상을 표현하는 방법이 동양과 서양에 따라 다르다는 것입니다. 흑백으로 표시할 때는 동서양의 방법이 같아서 양은 흰색, 음은 검은색으로 표시합니다. 그러나 색상으로 표시할 때는 일본이나 우리나라에서는 양을 나타내는 색상인 붉은색을 양선에, 음을 나타내는 푸른색을 음선에 사용하는 것을 당연하게 생각합니다. 그러나 미국에서는 양선을 푸른색(흰색)으로, 음선을 붉은색으로 표시합니다. 미국에서 사용하는 차트의 색과 우리나라에서 사용하는 차트의 색이 다르니 차트를 볼 때 주의해야 합니다.

| 그림 2-10. 캔들차트 사례

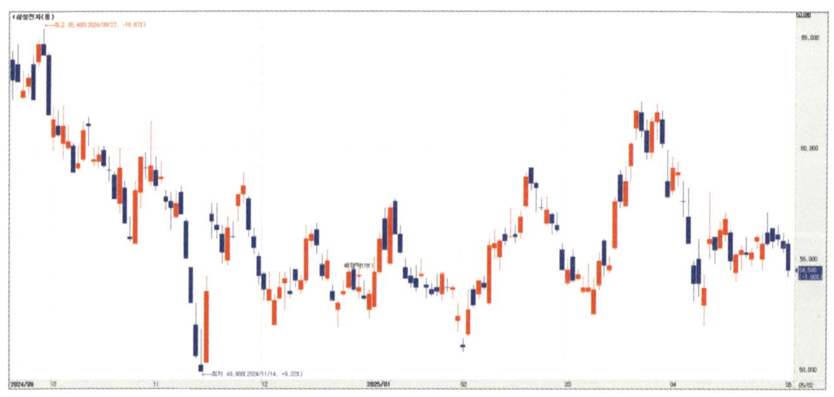

출처: 국내 증권사 HTS

바차트와 캔들차트는 가격에 대해 대부분의 정보를 사용한다는 점에서 비슷합니다. 캔들차트가 음양으로 주가의 당일 중 상승·하락을 나타내 단기 주가예측을 겸할 수 있는 반면, 작성이 복잡한 단점이 있습니다. 반면 바차트는 작성이 간단하며 추세변화과정에서 나타나는 특수한 주가패턴을 분석하는 데 조금 더 유리합니다.

한편, 세로축의 눈금에 따라서는 선형차트 linear chart와 로그 log차트로 구분하기도 하며 관측치의 시간 간격에 따라 일간, 주간, 월간, 연간 차트로 구분하기도 합니다. 매매기간이 상대적으로 짧은 선물시장에서는 일간차트 이외에 매 관측치를 모두 그리는 틱차트, 1분, 5분, 10분, 15분, 30분, 1시간 차트 등을 사용하기도 합니다.

선형차트와 로그차트의 차이는?

선형차트는 X축과 Y축 눈금이 모두 동일한 거리에 표시됩니다. 예를 들어, 15,000에서 16,000으로의 상승, 즉 1,000포인트 상승은 16,000에서 17,000으로의 상승과 동일하게 여깁니다. 선형차트는 표시 중인 데이터가 나머지 데이터보다 훨씬 적거나 많을 때 또는 상호 가격 간의 백분율 차이가 중요할 때 유용합니다. 다만 선형차트는 장기 우상향 종목에서 초기 상승이 적게, 최근 상승이 크게 보이는 착시가 생깁니다.

로그차트는 같은 비율의 움직임을 동일하게 보여주어 추세선과 채널 작도에 더 적합합니다. 이는 선형차트와 달리 백분율 이동에 대한 시각적 움직임을 표시한다는 것을 의미합니다. 트레이더가 목표 가격을 달성하기 위해 가격이 얼마나 움직여야 하는지 시각화하는 데 도움이 됩니다. 세로축인 가격은 주가 변동폭이 크지 않을 때는 선형차트를 이용하는 것이 좋지만 주가 변동이 크게 나타날 경우 로그차트를 작성하는 것이 바람직합니다. 따라서 분석 기간이 장기화할수록 로그차트를 사용하게 됩니다.

차트의 가장 일반적인 형태는 상단부에 가격변화를 캔들차트로 나타내고 동시에 하단부에는 거래량을 막대형태로 나타내는 것입니다. 이때 가격과 거래량의 이동평균선이 추가되는 경우가 많습니다. 또한 이동평균선 이외에 모멘텀(주가가 움직이는 강도와 속도를 측정하는 지표로 주가 상승이나 하락의 지속가능성을 분석하는 지표)과 상대강도(현재 추세의 강도를 백분율로 나타내어 언제 주가 추세가 전환될 것인가를 예측하는데 유용한 지표) 등과 같은 오실레이터 분석지표 oscillator indicators를 사용하는 경우도 있습니다. 한편, 이 모든 경우에 가로축은 시간을 세로축은 가격 및 지표변화를 나타내는 경우가 대부분입니다.

그림 2-11. 지표 확장의 예시

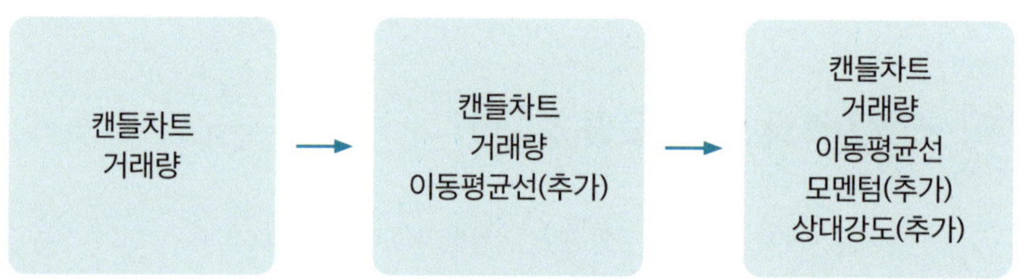

그러나 이러한 일반적 형태 이외에 독특한 차트들도 많이 활용됩니다. 미국에서 많이 활용되는 P&F차트와 유사하게 일본에서는 삼선전환도를 사용하는데 이들 차트는 거래량과 시간은 무시한 채 큰 폭의 가격 변화만을 중시하는 차트입니다. 이밖에 역시계곡선은 가격과 거래량의 상호관련성을 중시한 차트로 가격과 거래량의 상호변화 추이에 따라 시장의 강세와 약세를 분석하는 차트입니다.

P&F차트

찰스 다우Charles Dow가 최초로 사용한 것으로 전해지는 이 차트는 나중에 빅터 드 빌러스Victor de Villers라는 사람이 오늘날과 비슷한 형태로 발전시키고 '포인트 앤 피겨point and figure'차트라고 명명했습니다. 이 차트는 앞서 설명한 3가지 경우와 달리 거래량 및 시간은 무시하고 가격변동만을 표시하는 차트입니다(그림 2-12). 즉 하루 또는 일주일에 하나의 봉을 기입하는 바차트나 캔들차트와는 달리, 가격이 계속 같은 방향으로 움직일 때는 미리 정해진 기준에 따라 계속 같은 줄열: column에 엑스(X) 또는 동그라미(O) 표시를 추가합니다(이런 이유로 XO차트라고도 불립니다). 예를 들면 한 칸의 크기가 2,900원이고 세 칸 전환으로 P&F차트를 그린다면 2,900원 상승할 때마다 엑스 표시가 하나씩 추가되며 세 칸에 해당하는 가격변화, 즉 8,700원(2,900*3) 이상의 변화가 없는 한 엑스와 동그라미 간에 추세변화는 없는 것으로 간주합니다. P&F차트는 사소한 주가변화는 생략하고 시계열을 무시하여 장기추세 및 추세전환을 파악하는 데 용이합니다.

| 그림 2-12. P&F차트 사례

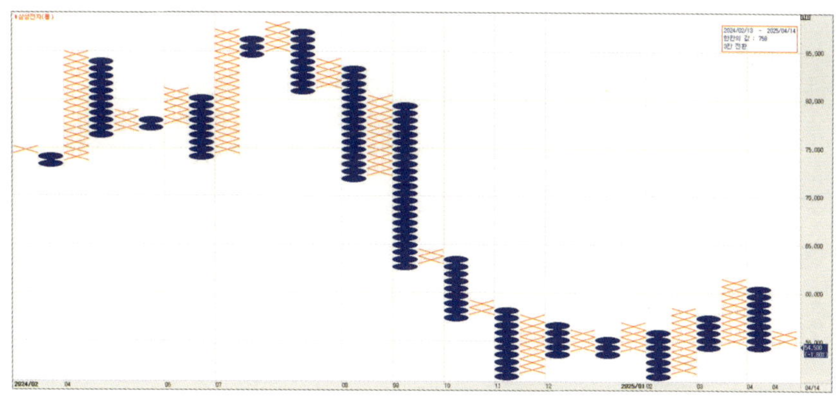

출처: 국내 증권사 HTS

그림 2-13. P&F차트 예시

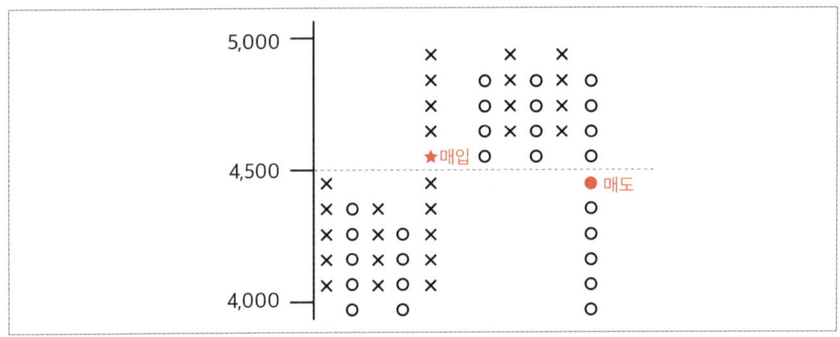

삼선전환도

삼선전환도三線轉換圖는 일본에서 오래전에 개발된 방법이며, 미국에서도 일부 기술적 분석가들이 'three line break chart'라는 명칭을 붙여서 사용하고 있습니다. P&F차트와 마찬가지로 시간의 흐름을 무시하고 추세의 변환을 파악하기 위해 사용되는 방법으로서 새로운 가격 출현에 중점을 두고 있습니다. 삼선전환도는 시간 개념을 배제하고 주가가 새로운 고점·저점을 형성할 때만 선을 그려 추세 전환을 포착하는 차트입니다. 작성방법은 비교적 간단한데 현재 추세와 반대 방향으로 3개의 이전 선을 돌파하여 추세가 전환될 때 새로운 상승 또는 하락선을 그려줍니다. 예를 들어, 주가가 최근 하락선 3개를 돌파하면 새로운 상승선이 그려지고 상승추세가 시작되었다고 판단합니다. 반대로 최근 상승선 3개를 넘어 하락하면 하락선이 생성되어 하락추세를 의미합니다. 이렇게 '삼선'이라는 이름이 붙은 이유는 한 번에 3개의 반대 방향 선을 넘는 변화를 기준으로 하기 때문이며, 연속된 3개의 상승·하락 선으로 추세를 명확히 구분합니다.

캔들차트와 같이 상승시에는 양선(흰색 막대), 하락시에는 음선(검은색 막대)으로 구성됩니다.

❙ 그림 2-14. 삼선전환도 예시

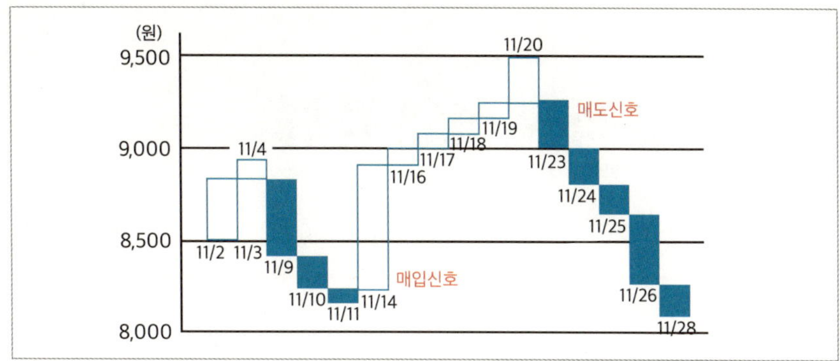

❙ 그림 2-15. 삼선전환도 사례

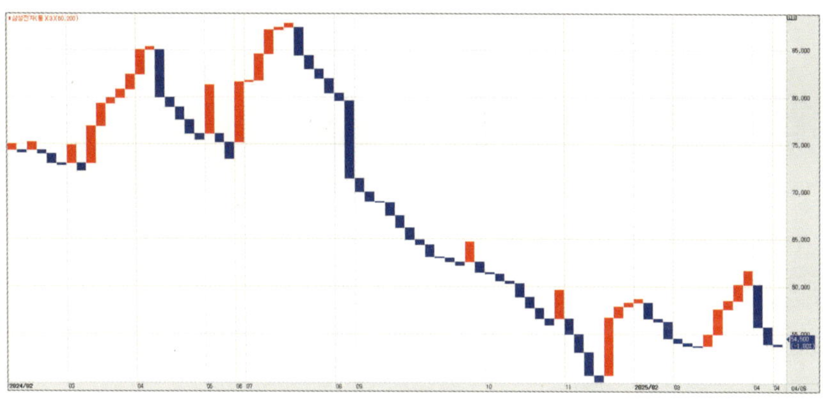

출처: 국내 증권사 HTS

우리나라에서는 일본식 캔들차트(봉차트)를 가장 많이 사용합니다. 미국식 바차트보다 많은 정보를 제공받기 때문입니다. 일본식 캔들차트를 실제로 작성하다 보면 매 시간 단위(일봉, 주봉, 월봉 등)별로 나타나는 봉의 기본패턴이 매우 다양하다는 걸 알 수 있습니다. 이들 각각의 형태들은 시장상황을 파악하는 데 도움이 되므로 이 기본패턴을 잘 이해하면 단기적인 매매시점을 포착하는 데 도움이 됩니다.

04

기술적 분석의 종류

C H A R T A N A L Y S I S

이번에는 기술적 분석의 종류를 알아보겠습니다. 기술적 분석은 분석 내용에 따라 크게 추세분석trend analysis, 패턴분석pattern analysis, 파동분석wave analysis, 지표분석indicator analysis 등으로 구분할 수 있습니다. 이들을 개념적으로 간략히 설명하면 다음과 같습니다.

추세분석은 주가의 진행 방향과 거래량 변동추이를 분석하여 추세형성 여부 및 추세방향과 진행 정도, 추세전환가능성 등을 파악함으로써 매매시점을 결정하는 분석기법입니다.

패턴분석은 과거 오랜 기간 축적된 패턴의 특징과 해석원리를 근거로 현재 진행되고 있는 주가와 거래량의 움직임을 차트로 나타냈을 때 어떤 패턴에 해당하는지를 판별하고 향후 주가 변동 추이를 유추하는 분석기법입니다.

파동분석은 주가 움직임을 기본적으로 상승과 하락을 반복하는 사이클로 설명하고 현재의 주가 움직임이 장기파동, 중기파동, 단기파동 등 다양한 파동 내에서 어떠한 위치에 있는지를 인식함으로써 향후 주가 방향을 유추하고 추세분석을 보완하는 역할을 합니다.

지표분석은 가격과 거래량 등의 기초 데이터를 시계열분석과 통계적 방법론을 사용하여 2차 가공함으로써 모멘텀, 상대강도지수 등과 같은 새로운 투자지표들을 만듭니다. 이러한 분석을 통하여 과매수overbought, 과매도oversold 여부를 판단함으로써 추세의 전환점turning point 파악에 도움이 되는 분석기법을 말합니다.

전통적으로 기술적 분석은 분석자가 직접 차트를 작성하고 여기에 각종 추세선과 기타 보조선을 작도함으로써 추세, 패턴, 파동 등을 위주로 분석하는 방법을 사용하였습니다. 따라서 이러한 기술적 분석가들은 전통적 분석가Classical Chartist라고 불립니다.

반면 현대로 접어들면서 새로운 기술의 등장으로 인공지능artificial intelligence, 패턴인식pattern recognition, 시계열분석time series analysis 등 복잡한 계량적 분석이 가능해졌습니다. 기술적 분석에서도 이러한 방법론들이 적용되는 각종 투자지표들이 개발되었습니다. 또 매수 및 매도 신호에 따라 자동으로 매매하는 기계적인 매매mechnical trading까지도 일어나고 있습니다. 이러한 종류의 기술적 분석가들을 계량적 분석가quantitative technician라고 합니다.

Chapter 3

양초 모양의 차트는 어떻게 보나요?

"

시장의 움직임에서 중요한 것은 재료 자체가 아니라 재료에 대한 인간의 반응이다.

- 버나드 맨스 바루크 Bernard Mannes Baruch

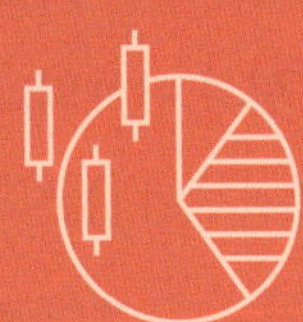

01

양초 모양의 차트, 캔들차트의 시작

CHART ANALYSIS

투자와 낚시, 그리고 사진의 공통점이 무엇일까요? 기다림의 미학이 필요하다는 것입니다. 폭풍우가 몰아치는 바다를 그대로 항해하는 선박은 없습니다. 안전한 항구로 대피하여 파도가 잠잠해지기를 기다리는 것처럼, 투자에서 성공을 거두기 위해서는 한 걸음 물러나 관망하는 자세에 한 번쯤 의미를 두는 것이 필요합니다.

유능한 의사는 수술이 필요한지 시기는 언제가 좋을지를 이미 파악하고 있습니다. 경우에 따라서는 아무런 치료 없이 내버려두는 게 환자에게 도움이 된다는 것도 압니다. 기다림에도 기술이 필요한 것이죠. 씨를 뿌리자마자 수확을 원하는 성급함은 어리석고 수양이 부족한 자신을 드러낼 뿐이죠. 상황에 맞는 관망을 통해 성급함으로 빚어질지도 모를 행동을 제어하는 것이 기다림의 미학입니다.

증권사의 HTS 시스템에 접속하면 볼 수 있는 것이 양초 모양의 차트입니다. 양초 모양의 차트들이 붉은색과 푸른색으로 도열되어 있고, 그 길이가 제각각이면서 아래, 위로 한 가닥 수염이 나 있는 모습입니다. 이 양초 모양의 차트가 기술적 분석에서 가장 기본적으로 쓰이는 도구입니다. 굵은 막대 끝에 가는 막대가 나와 있는 모습이 양초를 닮아서 캔들차트라고 부릅니다.

캔들차트candle chart라는 명칭은 영어지만, 탄생한 곳은 일본으로 개발된 지무려 200년이 넘었습니다. 에도江戶 막부 시절 일본의 경제 중심지였던 오사카大阪에는 전국 각지에서 모인 쌀을 거래하는 도지마 곡물 거래소가 있었습니다. 당시 일본에서는 쌀이 현금처럼 통용됐는데, 수확량도 해마다 다르고 예측하기도 힘들어 사재기가 횡행하고 가격이 심하게 등락했습니다.

18세기 일본에서는 쌀이 가장 중요한 생필품으로 화폐와 동일한 가치를 지녔던 시절이 있었습니다. 혼마 무네히사本間宗久는 기존의 자료를 수집하고 스스로 거래에 참여하면서 수집한 자료들을 도표화할 방법에 몰두하였습니다. 하루에도 수십 또는 수백 번 변화하는 쌀가격으로 인한 혼돈 속에서 번민하던 젊은 날, 그는 식사도 거른 채 연구에 연구를 거듭하였습니다.

그가 착안한 것은 일단 쌀의 첫 거래가격(시초가)과 가장 높았던 가격(최고가), 가장 낮았던 가격(최저가), 그리고 마지막 거래가격(종가)을 적는 것이었습니다. 이 가격들은 시세 변동을 보여주는 가장 적합한 요소들이었습니다. 하지만 적기만 한다고 해결책이 될 수는 없었습니다. 그래서 이들 가격을 일목요연하게 한눈에 파악할 방법을 궁리했습니다. 그는 종이 위에 각각의 가격들을 적으면서 좀 더 효율적인 방안을 고민했고 그러다가 눈이 침침해져 고개를 들어보니 등불의 기름이 거의 다 타버린 것을 알았습니다.

혼마 무네히사는 미리 준비해놓았던 기름을 꺼내 심지를 올려 방안을 밝히던 찰나에 불이 붙어있는 심지 모양에서 뭔가를 떠올리고 심지가 타는 모습을 지켜보았습니다.

등불은 마치 하루 동안 쌀 가격이 변화하는 것처럼 일렁거렸고 기름이 다 할 때까지 다양한 모습을 연출하고 있었습니다. 그는 즉시 종이 위에 시가와 종가, 최고가와 최저가를 적어놓고 불에 타는 심지 모양에 그것들을 배치해 보았습니다. 배치 방법에 약간의 혼란이 있었으나 곧 훌륭한 가격 도표가 만들어진 것입니다. 이것이 바로 지금까지 사용되고 있는 캔들차트입니다. 훗날 혼마 무네히사가 만든 가격도표가 양초 모양 같다고 하여 캔들(촛불)이란 이름이 붙었고 이 가격도표를 시간 순서대로 배열한 것에 캔들차트라는 이름이 붙었습니다.

혼마가 고안해낸 캔들차트는 이후 메이지 시대를 거쳐 일본 금융업 발전과 함께 근대 일본 전국으로 퍼져나갔고, 100여 년 후 일본이 경제 대국화가 되며 일본뿐만 아니라 한국을 위시한 아시아 전역 및 유럽 등 여러 나라의 투자분석 수단으로 자리매김하게 됩니다.

캔들차트의 세계화에 크게 공헌한 사람으로 메릴린치의 수석분석가였던 스티브 니슨Steve Nison을 들 수 있는데 그는 1989년 '캔들차트 구조'를 발표한 이후 각종 언론이나 CNBC와 같은 비즈니스 뉴스 채널 등에서 캔들차트를 꾸준히 홍보하는 한편, 1991년 출판한 《스티브니슨의 캔들차트 투자기법(Japanese Candlestick Charting Techniques)》에서는 캔들차트를 서구 경제학에 적용하기도 했습니다.

그의 다방면에 걸친 활동으로 서구 세계에 캔들차트 기법이 본격적으로 소개되었지만 아이러니하게도 세계 금융의 본진인 미국에서는 아직도 캔들차트보다는 바차트나 선차트가 애용되고 있습니다. 하지만 이런 차트들은 캔들차트에 비해 가독성이 떨어지고 패턴 구분이 어렵다는 점에서 분석수단으로서 캔들차트보다 못하다고 할 수 있습니다.

02

캔들차트의 구조와 기본 패턴

CHART ANALYSIS

캔들차트에 대하여 좀 더 자세히 살펴보겠습니다. 왜 '캔들(양초)차트'라는 이름이 생겼는지 [그림 3-1]을 보면 쉽게 이해할 수 있을 것입니다. 캔들은 크게 시가, 종가, 고가, 저가로 이루어지며 시가는 당일 주가가 시작된 가격을 나타내고 종가는 당일 마지막으로 거래된 주가를 나타냅니다. 고가는 당일 최고 가격을 나타내고 저가는 당일 최저 가격을 나타냅니다.

| 그림 3-1. 캔들의 구조

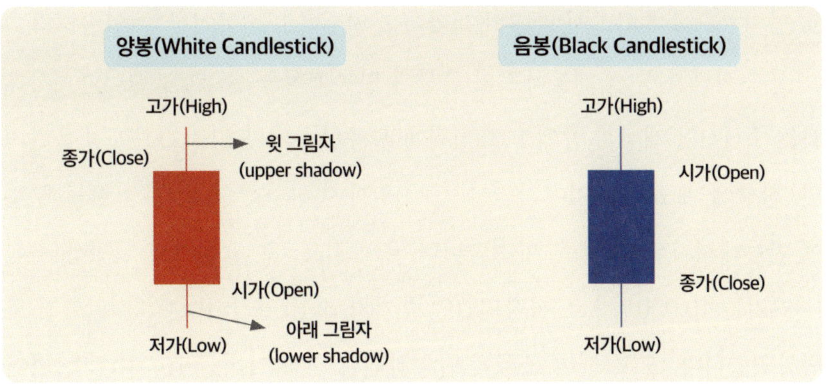

캔들차트는 네 가지의 가격 데이터로 만들어지지만, 이 네 가지 조합으로 만들 수 있는 캔들 종류가 수십 가지나 되고 각각 다른 뜻을 가집니다. 기본적으로 윗그림자는 매도세를 뜻하고 아랫 그림자는 매수세를 뜻합니다. 시가보다 고가가 올랐을 경우 '양봉', 내렸을 때를 '음봉'이라고 하며, 두 개는 똑같이 생겼지만 양봉은 빨간색, 음봉은 파란색으로 표시합니다. 한편, 인쇄 매체에서 흑백으로만 표시해야 할 때는 양봉을 속이 빈 사각형, 음봉을 검게 채워진 사각형으로 그립니다. 고가와 저가는 막대기(봉) 아래와 위에 선으로 표시합니다.

| 그림 3-2. 매도와 매수의 싸움

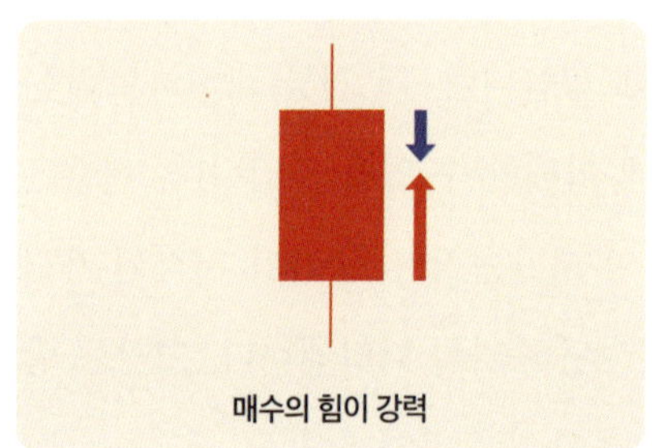

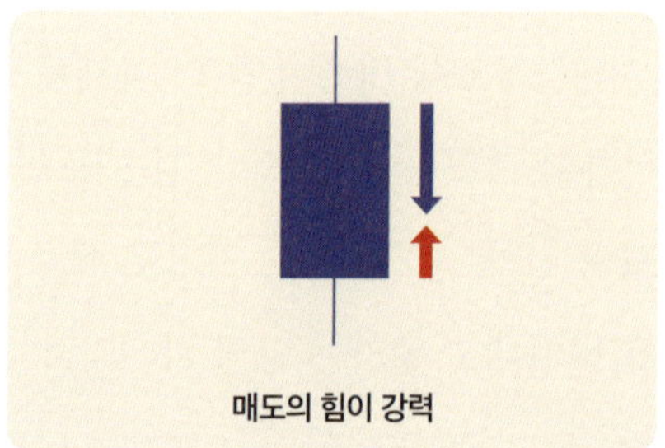

[그림 3-2]에서와 같이 매수세력과 매도세력 간의 힘의 균형이 어느 쪽으로 넘어가느냐에 따라서 막대기 색깔이 결정된다고 이야기할 수 있습니다.

실제 사례를 통해 캔들차트의 음봉과 양봉형성을 살펴보겠습니다. [사례1]은 주식시장 개장과 함께 10,000원에 시작된 주가가 11,000원까지 올랐지만, 장중에 매도세가 이어지면서 9,000원까지 하락했습니다. 장 끝날 무렵에 반등해서 9,500원으로 마쳤습니다. 결과적으로는 음봉으로 끝났습니다. [사례2]는 10,000원으로 시작되었던 주가가 점점 밀리더니 9,000원까지 하락하였습니다. 오후 들어 조금씩 반등하더니 시작 가격인 10,000원을 넘어 종가로는 11,000원을 기록하였습니다. 이 종가가 하루 동안 형성한 가격 중 최고가이기도 합니다. 결과적으로는 양봉으로 마쳤습니다.

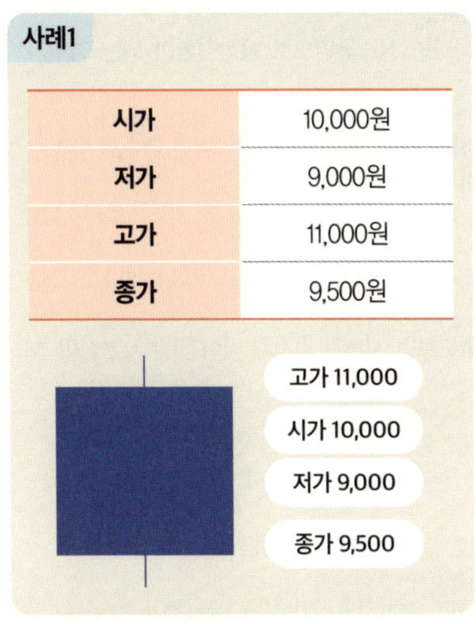

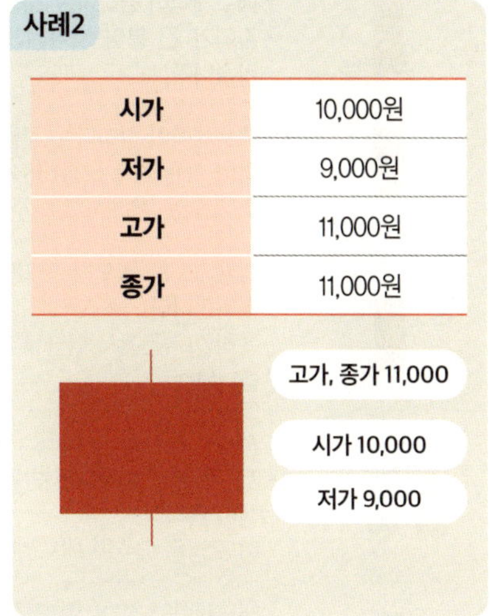

캔들차트는 당일의 주가 움직임만을 보여주는 것이 아닙니다. 하루의 주가 등락을 보여주는 일봉, 한 주의 주가 등락은 주봉, 한 달의 주가 등락은 월봉, 1년의 주가 등락은 연봉, 1분 간격으로 보여주는 분봉 등이 있습니다.

캔들차트는 당일의 매수세와 매도세의 경합을 간단히 알려주기에 매우 편리하고 기술적 분석의 가장 기본적인 도구이지만, 정작 대부분의 초보 투자자는 이를 피상적으로만 이해한 채 사용하고 있습니다.

캔들의 기본패턴은 [표 3-1]과 같이 매우 다양한데 이들 각각의 형태들은 시장상황을 파악하는 데 도움이 됩니다. 이 기본패턴을 잘 이해하면 단기적인 매매시점을 포착할 수 있습니다.

[표 3-1]의 캔들차트는 각기 명칭이 있지만, 일단은 개략적으로 이해해 두는 것이 좋습니다. 캔들차트의 장점은 직관적이라는 것입니다. 뒤에서 캔들

| 표 3-1. 캔들의 패턴유형별 해석

패턴 유형	캔들패턴의 해석
 (양봉)	• 매수세력이 강하다는 것을 의미합니다. • 길이가 긴 봉이 저가권에서 나타나면 상승국면으로 방향전환이 되는 경우가 많습니다.
 (아래꼬리 양봉)	• 매수세력이 강하다는 것을 표시하고 특히 저가권에서 나타나면 매수세력이 강하여 속등(계속 오름)할 가능성이 큽니다. • 이 모양은 통계적으로 주가가 하락에서 상승으로 전환될 때 자주 나타납니다.
 (위꼬리 양봉)	• 상승기운은 있으나 고가에서 매도세력에 밀려 종가가 고가보다 낮아진 것을 의미합니다. • 특히 고가권에서 나타날 때 급락(오르던 시세가 갑자기 떨어짐)할 가능성이 높습니다.
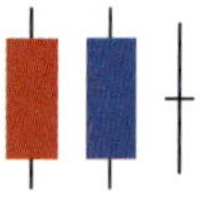 (팽이형·십자형)	• 시세가 전환될 때 나타나는 경우가 많습니다. • 저가권에서 나타나면 반등의 가능성이 크고 고가권에서 나타나면 급락의 가능성이 큽니다. • 이 모양은 매수와 매도세력이 서로 균형 있게 맞선 상태입니다.
 (음봉)	• 매도세력이 강하다는 것을 나타내며 속락(계속 떨어짐)할 가능성이 있습니다. • 고가권에서 긴 하락이 나타날 경우 하락국면으로 방향이 전환되는 경우가 많습니다.
(위꼬리 음봉)	• 매도세력이 강하다는 것을 나타내며 고가권에서 나타나면 하락할 가능성이 높습니다. • 이 형태는 상승에서 하락으로 전환될 때 자주 나타납니다.
 (아래꼬리 음봉)	• 하락기운은 있으나 저가에서 매수세력이 강하여 종가가 저가보다 높아진 것을 의미합니다. • 특히 저가권에서 나타날 경우 반등의 가능성이 큽니다.
⊥ T _	• 강력한 평행국면을 나타내며 보통 거래량이 적고 침체국면에서 잘 나타납니다.

차트와 연계해서 다양한 분석을 하겠지만, 캔들차트를 보자마자 현재 주가 추이를 직관적으로 파악할 수 있습니다. 캔들차트는 하락 또는 상승패턴 등의 관찰이 쉬울 뿐 아니라 추세파악이 바로 되기 때문에 투자자들이 시세를 따라가는데 매우 간편하고 유용한 수단이 될 수 있습니다.

03

캔들차트의 장점과 분석시 유의할 점

CHART ANALYSIS

캔들차트 분석기법은 국내뿐만 아니라 세계 각지 투자자들의 관심을 사로잡았는데, 그 이유는 다음과 같은 캔들차트의 특성 때문입니다.

캔들차트의 장점

캔들차트의 장점은 다음과 같습니다.

첫째, 이해하기 쉽습니다. 초보 분석가부터 베테랑 전문가까지 누구나 캔들차트를 쉽게 활용할 수 있습니다. 캔들차트의 분석기법이 단순하다고 해서 우습게 보면 안 됩니다. 시장의 건전성을 분석하는 이 도구의 힘은 다른 어떤 차트분석 도구와도 비교할 수 없습니다.

둘째, 시장 추세의 변화를 보다 일찍 알려줍니다. 캔들차트는 대개 전통적인 바차트나 P&F차트의 지표보다 일찍 반전 신호를 보여줍니다. 따라서 더욱 적절한 시기에 시장에 들어가거나 나올 수 있습니다.

셋째, 시장에 관한 고유한 정보를 제공합니다. 캔들차트는 바차트처럼 주가 움직임의 추세를 보여줄 뿐만 아니라 바차트와 달리 주가 움직임의 토대를 이루고 있는 힘을 보여줍니다.

넷째, 재미있게 배울 수 있습니다. 흑운형이나 망치형과 같은 흥미로운 용어들을 사용하며 재미를 느낄 수 있습니다. 캔들차트분석기법은 여러분이 시장에서 전쟁을 할 때 강력한 무기가 되어줄 것입니다.

다섯째, 서양의 차트분석기법을 강화해줍니다. 캔들차트는 여러 방법으로 활용할 수 있으며 서구식 기술적 분석 도구와도 잘 어울립니다. 경험이 많은 기술적 분석가는 일본식 캔들차트와 다양한 기술적 분석 도구들을 결합해서 사용할 때 얼마나 강력한 시너지 효과가 발생하는지를 알고 있습니다. 동양적 분석기법인 캔들차트와 서양적 분석기법인 기타 보조지표의 결합으로 여러분은 전통적인 서구식 차트분석기법 밖에 모르는 사람들을 쉽게 뛰어넘을 수 있습니다.

여섯째, 분석의 효율을 높입니다. 캔들차트를 보면 즉각적으로 얻을 수 있는 시각적 정보 덕분에 시장 분석을 더 빨리, 더 효율적으로 할 수 있습니다.

캔들차트 해석시 유의점

캔들차트분석에서는 봉 하나 또는 여러 개가 만드는 모양에 따라서 반전형이나 지속형(계속형)으로 나뉩니다. 이러한 형태들이 전형적인 모양으로만 나타나지 않습니다. 따라서 반전형이 나타난 후 추세의 진행이 지속되기도

하고 지속형이 나타난 후 추세가 전환되기도 합니다. 그러므로 캔들차트를 분석할 때 잘못된 판단을 줄이기 위해서는 다음과 같은 특징을 고려해야 합니다.

첫째, 일반적으로 상승추세에서는 음선보다 양선(빨간봉)이 많이 나타나며, 하락추세에서는 양선보다 음선(파란봉)이 많이 나타납니다. 양선은 주가가 낮은 가격에서 시작해 높은 가격으로 끝날 때 만들어지는 모양입니다. 따라서 매도세력보다 매수세력이 강력하다는 것을 나타내며, 양선의 길이가 길수록 매수세력의 힘이 강하다는 것을 의미합니다.

반대로 음선은 높은 가격에 시작해서 낮은 가격으로 끝나는 모양이며, 매수세력보다 매도세력이 강력하다는 것을 나타냅니다. 그러므로 상승추세에서 음선이 자주 나타나거나 하락추세에서 양선이 자주 나타나면 진행되고 있는 추세방향으로의 힘이 약하다는 것을 의미하므로 추세전환의 가능성을 생각해야 합니다.

둘째, 다음에 설명할 반전형이나 지속형은 주가 움직임의 힘을 나타내는 형태라고 할 수 있습니다. 가령 상승추세에서 반전형이 나타났음에도 불구하고 주가가 계속 오른다고 하더라도 얼마 후에는 주가의 반전이 이루어지는 경우가 많습니다. 그 이유는 상승추세에서 반전형이 나타났다는 것은 추세진행의 힘이 약화했다는 것을 의미하기 때문입니다.

하락추세에서도 마찬가지입니다. 또한 천장권에서는 반전형 중에서 천장을 나타내는 모양들이 많이 만들어지고 바닥권에서는 반전형 중에 바닥을 나타내는 모양들이 많이 만들어집니다. 그러므로 상승추세에서 반전형이 여러 개 만들어지면서 주가가 계속 오른다고 할지라도 추세의 반전이 멀지 않았다고 예측할 수 있는 것입니다.

셋째, 캔들차트분석도 여러 가지 기술적 분석 방법 중 하나일 뿐이므로 다른 분석 방법과 보완적으로 이루어져야 합니다. 예를 들어, 망치형Hammer은 하락추세의 반전을 암시할 수 있으며, 유성형Shooting Star은 상승추세의 끝을 예고할 수 있습니다.

이러한 패턴은 시장의 전환점을 예측하는 데 유용하지만, 다른 분석 도구와 함께 사용하여 신뢰성을 높이는 것이 좋습니다. 특히 캔들차트만으로는 거래량 분석이 불가능하므로 거래량 지표의 확인이 필요합니다.

캔들차트는 시각적 명료함 덕분에 많은 투자자가 선호하지만, 몇 가지 한계가 있습니다. 과거 데이터를 기반으로 하기 때문에 미래 예측에 한계가 있을 수 있으며, 여러 패턴이 혼합될 경우 혼란을 초래할 수 있습니다. 따라서 캔들차트를 다른 기술 분석 도구와 결합하여 보다 정교한 전략을 세우는 것이 중요합니다.

결론적으로 캔들차트는 시장 심리를 이해하고 투자 결정을 내리는 데 유용한 도구입니다. 이를 잘 활용하기 위해서는 다양한 패턴과 해석 방법을 숙지하고, 다른 분석기법과 함께 사용하는 것이 필수입니다.

04

상승 반전형과 하락 반전형에 대한 이해

CHART ANALYSIS

캔들차트를 활용하는 방법에는 여러 가지가 있습니다. 첫째, 차트의 특정 패턴을 식별하여 매수 혹은 매도 신호로 활용할 수 있습니다. 둘째, 캔들을 다른 기술 분석 도구와 결합하여 보다 정교한 전략을 구축할 수 있습니다. 예를 들어, 이동평균선이나 상대강도지수와 같은 지표와 함께 사용하면 투자 결정을 내리는 데 큰 도움이 됩니다. 마지막으로 캔들차트는 시장 심리를 이해하는 데도 유용합니다. 각 캔들은 시장 참여자들의 심리를 반영하고 있기 때문에, 이를 통해 시장의 전반적인 분위기를 파악할 수 있습니다.

캔들차트의 상승 반전형

캔들차트의 상승 반전형에 대해 살펴보겠습니다. 상승 반전형이란 하락추세를 마감하고 상승추세로의 반전을 암시하는 패턴입니다.

❙ 표 3-2. 상승 반전 패턴 유형

* 패턴 하단의 숫자는 거래일을 의미함. 0은 현재, 1은 1거래일 전, 2는 2거래일 전을 나타냄

패턴 유형	형태	해석
역망치형 Inverted Hammer		• 하락추세에서 상승추세로 전환 • 주가 하락국면 중 하락추세의 바닥에서 나타난 상승시도입니다. • 종가가 거의 시초가 수준으로 마감하여 매우 짧은 몸통과 긴 윗그림자를 이루는 형태를 나타냅니다. • 몸통 색깔은 큰 의미가 없고 다만 다음에 나타날 캔들이 갭을 형성하고 긴 몸통을 형성하면 단기적으로 보다 확실한 추세 반전의 신호입니다. • 여기서 갭(gap)이란 캔들차트에서 전일 종가와 다음날의 시가 사이에 발생하는 가격 차이를 의미합니다. 상승갭은 다음날 시가가 전날 종가보다 높게 시작할 때이며, 하락갭은 다음날 시가가 전날 종가보다 낮게 시작할 때를 말합니다.
망치형 Hammer		• 하락추세에서 상승추세로 전환 • 주가 하락국면의 저점에서 주로 나타납니다. 작은 몸통과 긴 아랫그림자를 이루며 윗그림자가 전혀 없거나 거의 없는 형태를 보입니다. • 일반적으로 몸통의 색깔과는 관계가 없지만 음봉일 때보다는 양봉일수록, 몸통의 길이가 짧을수록, 그림자가 길수록 추세전환 신호로서의 의미가 더 큽니다. • 확실한 추세전환 시기 판단을 위해서는 반드시 이후의 가격변화 추이를 확인해야 합니다.
상승샅바형 Bullish Belt Hold		• 하락추세에서 상승추세로 전환 • 주로 하락추세의 마지막에 나타나며 이후 강세전환 가능성이 매우 높은 패턴입니다. • 시가가 당일의 저가이며 짧은 윗그림자를 보이는 형태입니다. • 몸통의 길이가 길수록 신뢰도는 증가합니다.
적삼병 Three white solider	2 1 0	• 하락추세에서 상승추세로 전환 • 종가가 상승하는 양봉이 연속적으로 이어지는 패턴으로 대표적인 강세 예고 패턴입니다. • 형태상으로는 윗그림자와 아래 그림자가 없거나 짧은 양봉 세 개가 연속적으로 나타납니다. • 일반적으로 각 양봉의 시가는 직전 봉의 몸통 안에 있어 세 개의 양봉이 맞물리면서 상승하는 모습을 나타냅니다. • 만일 두 번째나 세 번째 양봉이 길게 늘어나는 경우, 즉 급상승하는 경우에는 과열국면에 진입할 가능성도 있습니다.

상승장악형 Bullish Engulfing	1 0	• 하락추세에서 상승추세로 전환 • 형태상으로 두 번째 봉에 의해 첫 번째 봉이 감싸인 것을 장악형(Engulfing)이라고 합니다. • 하락추세에서 형성되는 이 패턴은 전일 음의 몸통을 다음날의 긴 양의 몸통이 감싸안는 형태로 이전까지의 하락추세를 상승으로 반전시킬 가능성이 매우 높은 패턴입니다. • 두 번째 봉에 대량거래가 수반되었다면 더욱 의미 있는 모습이 됩니다. • 비교적 빈번하게 발생하고 신뢰도가 높은 편입니다.
관통형 Piercing Line		• 하락추세에서 상승추세로 전환 • 형태상으로는 두 개의 몸통이 긴 캔들로 구성되어 있는데, 첫 번째는 음봉, 두 번째는 양봉이며 하락추세 마지막에 나타나게 됩니다. • 이전의 하락추세 에너지가 거의 소멸해 하락추세를 마감하고 상승 전환될 가능성이 매우 큰 패턴입니다. • 두 번째 양봉이 첫 음봉을 관통하여 상승하는 모습을 나타내는데 반드시 두 번째 양봉의 종가가 첫 음봉 몸통의 절반 이상을 상향 돌파해야 합니다. • 상향 돌파하지 못한 패턴은 트러스팅패턴(우물쭈물형)이라 하여 하락지속형 패턴이 됩니다.
샛별형 Morning Star	2 1 0	• 하락추세에서 상승추세로 전환 • 대표적인 상승 반전형으로 발생빈도가 매우 높은 패턴입니다. • 하락추세에 있던 주가가 이틀 전의 긴 음봉에 이어 갭 하락한 후 전일 짧은 몸통을 형성한 다음 당일에 양봉이 형성되는 패턴입니다. • 전일 갭 하락한 몸통이 이틀 전과 당일의 몸통 안으로 진입하지 못한 경우를 샛별형라고 부릅니다. • 이는 전일까지 장세전망이 불투명했기 때문에 나타나는 현상인데 하락추세를 마감하고 이후 주가가 상승 전환될 것으로 예상할 수 있습니다. • 샛별이 양봉이든 음봉이든 상관없으나 양봉이면 신뢰도가 높아집니다.
상승잉태 확인형 Three Inside Up	2 1 0	• 하락추세에서 상승추세로 전환 • 이전 두 개의 캔들이 상승잉태형 패턴으로 나타나고 당일의 캔들이 강세전환을 확인시켜주는 패턴입니다. • 당일의 종가가 이틀 전의 시가와 전일의 종가를 초과하는 상승세를 기록하며 마감되는 패턴입니다. • 일단 이 패턴이 형성된 이후에는 이전까지의 하락추세를 마감하고 강한 상승세로 전환될 것으로 예상할 수 있습니다. 신뢰도가 매우 높으며 자주 나타납니다.

상승장악 확인형 Three Outside Up	2 1 0	• 하락추세에서 상승추세로 전환 • 이전 두 개의 캔들이 상승장악형 패턴으로 나타나고 당일의 캔들이 강세전환을 확인시켜주는 패턴입니다. • 당일의 종가가 이틀 전의 시가와 전일의 종가를 초과하는 상승세를 기록하며 마감되는 패턴입니다. • 일단 이 패턴이 형성된 이후에는 이전까지의 하락추세가 마감되고 강력한 상승추세로 전환될 것으로 예상할 수 있습니다.
집게바닥형 Tweezers Bottom		• 하락추세에서 상승추세로 전환 • 하락추세에 있던 두 개 또는 그 이상의 캔들이 더 이상 저점을 갱신하지 못하면서 저가를 이전 캔들과 일치시키는 형태를 보이는 패턴입니다. • 다른 패턴과 중복되어 출현할 가능성이 높으며 일반적으로 지지선의 역할을 하며 동일한 저점을 형성하는 캔들의 수가 많을수록 이후에 상승 전환될 경우 상승추세가 더욱 강화되는 특징이 있습니다.

그림 3-3. 삼성전자로 본 캔들차트의 상승 반전형

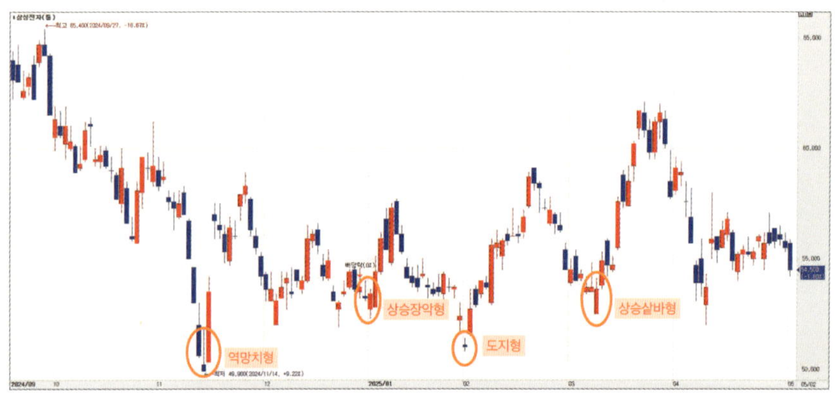

출처: 국내 증권사 HTS

[그림 3-3]은 삼성전자의 일간차트입니다. 이를 통해 캔들차드의 상승 반전형을 알아보겠습니다. 2024년 11월 중순에 역망치형이 나타난 후 반등에 성공하였습니다. 2025년 1월에는 상승장악형 발생 후 상승세로 전환하였습

니다. 2월에는 도지형 발생 후 반등하였고, 3월 초에는 상승샅바형 발생 후 상승세로 전환하였습니다.

캔들차트의 하락 반전형

이번엔 캔들차트의 하락 반전형에 대해 살펴보겠습니다. 하락 반전형이란 상승추세를 마감하고 하락추세로의 반전을 암시하는 패턴이 되겠습니다.

표 3-3. 하락 반전 패턴 유형

패턴 유형	형태	해석
유성형 Shooting Star		• 상승추세에서 하락추세로 전환 • 주가 상승국면 중에 최고점에서 나타나며 시가가 갭을 이루며 상승 출발하였다가 긴 윗그림자를 형성하며 추가상승에 실패, 되밀려서 시가부근에서 종가가 형성되며 짧은 몸통을 형성하는 패턴입니다. • 역전된 망치형과 동일한 패턴으로 종가가 저가 부근이나 동일하게 형성되는 형태이며, 일반적으로 이 패턴 이후에는 추세가 하락 반전될 가능성이 매우 높습니다. • 몸통의 색깔은 중요하지 않지만 직전 봉과의 갭 여부는 매우 중요합니다. 물론 현실적으로는 갭 없이 나타나는 유성형이 많지만 보다 진정한 의미의 유성형은 직전 봉과의 갭이 필수적입니다.
교수형 Hanging Man		• 상승추세에서 하락추세로 전환 • 주가 상승국면 중 최고점에서 나타나며 짧은 몸통과 긴 아랫그림자를 형성하며 추가 상승에 실패하여 이후 하락 반전될 확률이 높은 패턴입니다. • 망치형과 동일한 형태지만 망치형과는 반대로 하락 반전을 암시합니다. 몸통의 색깔과는 관계없이 윗그림자가 전혀 없을 경우도 있지만 이 패턴으로 분류합니다. • 이 패턴을 확인하는 데는 단기간일지라도 추세를 살펴야 하고 발생 다음날 하락갭 형성여부도 매우 중요합니다.

하락장악형 Bearish Engulfing	1 0	• 상승추세에서 하락추세로 전환 • 상승추세에서 형성되는 패턴으로 전일 양의 몸통을 다음날의 긴 음의 몸통이 감싸안는 형태로 이전까지의 상승추세를 하락으로 반전시킬 가능성이 매우 높은 패턴입니다. • 첫 번째 봉의 크기가 작고 두 번째 봉의 크기가 클수록, 거래범위가 두 번째 봉에 의해 완전히 감싸일수록 신뢰도는 증가하게 됩니다. • 만일 두 번째 봉에 대량거래가 수반되었다면 더욱 의미가 있습니다.
흑삼병 Three Black crow	2 1 0	• 상승추세에서 하락추세로 전환 • 이름이 의미하듯 대표적인 약세 예고 패턴으로서 윗그림자와 아래 그림자가 없거나 짧은 음봉 세 개가 연속적으로 나타나는 형태입니다. • 일반적으로 각 음봉의 시가는 직전 봉의 몸통 안에 있어 세 개의 음봉이 맞물리면서 하락하는 모습을 보입니다. • 특히 첫 음봉의 종가와 두 번째 음봉의 시가가 같고 세 번째 음봉의 시가가 두 번째 음봉의 종가와 같은 형태로 나타나는 것을 동일 흑삼병이라고 하여 더욱 강한 매도신호로 간주하는데 이는 매우 드물게 나타납니다.
하락 십자잉태형 Bearish Harami Cross	1 0	• 상승추세에서 하락추세로 전환 • 형태상으로는 직전의 긴 봉에 완전히 감싸인 작은 봉이 나타나는 하라미(harami)형입니다. • 하라미는 일본 고어로 잉태라는 뜻입니다. 하라미형은 기존 추세가 일단락된 후, 향후 추세를 모색하는 단계로 조정 양상을 보입니다. • 두 번째 작은 봉에서 십자(Doji)가 나타납니다. 명확한 반전 신호인 도지가 기존 추세의 멈춤신호인 하라미형과 결합하였기 때문에 고착화신호라고 부르기도 합니다. • 즉 기존 추세가 돌처럼 굳어지고 조만간 추세가 바뀐다는 강한 의미로 해석합니다. • 통상의 하라미보다 강한 반전 신호로 빈번하게 나타나며 상승 반전형보다 하락 반전형의 신뢰도가 높습니다.
흑운형 Dark Cloud Cover	1 0	• 상승추세에서 하락추세로 전환 • 형태상으로는 두개의 몸통이 긴 캔들로 구성되어 있고, 첫 번째는 양봉, 두 번째는 음봉이며 상승추세 마지막에 나타납니다. • 음봉이 첫 양봉의 고점보다 높은 곳에서 시작하여 종가가 첫 번째 봉의 몸통 절반 이하에 하향위치하면 소금 더 신뢰성이 높습니다. • 만일 두 번째 봉의 하향위치 정도가 심하여 첫 번째 양봉을 감싸면 하락장악형이 됩니다. • 명확한 상승추세 후 발생했거나, 두 번째 음봉이 저항수준에 걸쳐 있는 경우, 그리고 두 번째 봉이 거래를 많이 수반했다면 하락 반전의 가능성은 더욱 높습니다.

I 그림 3-4. 삼성전자로 본 캔들차트의 하락 반전형

출처: 국내 증권사 HTS

[그림 3-4]는 삼성전자의 일간차트입니다. 이를 통해 캔들차트의 하락 반전형을 알아보겠습니다. 2024년 4월 초에 유성형이 나타난 후 하락세로 전환하였습니다. 2024년 7월 중순에는 하락장악형 발생 후 하락세로 전환하였습니다. 8월 초에는 흑운형 발생 후 다시 하락하였고, 8월 중순 교수형 발생 후 본격적인 하락세로 전환하였습니다.

Chapter

4

전봇대의 전선처럼 얽혀 있는 선, 어떻게 봐야 하죠?

"

패배도 알지 못하는 회색지대 속에서, 즐거움도 고생도 모르고 사는 불쌍한 사람이 되기보다는 비록 실패할지라도 영광스러운 승리를 얻기 위해서 과감하게 도전하는 것이 훨씬 더 낫다.

- 시어도어 루스벨트 Theodore Roosevelt

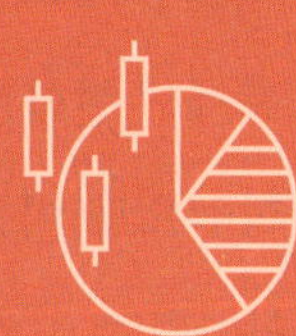

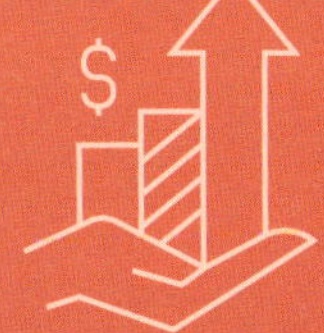

01

전봇대의 전선처럼 얽힌 이동평균선

CHART ANALYSIS

각 증권회사의 HTS에 접속하면 가장 먼저 보이는 것이 다양한 컬러로 나타나는 선들일 것입니다. 작게는 3개에서 많게는 5개의 선이 왼쪽에서 오른쪽으로 연결되어 있는데, 마치 전봇대에 걸린 전선과 비슷합니다. 이런 선 위에 캔들차트들이 걸려 있는데 그 모습은 전봇대의 전선에 이따금 앉아 있는 새들처럼 보이기도 합니다. 이렇게 왼쪽에서 오른쪽으로 연결된 선을 이동평균선moving average이라고 부릅니다.

이동평균선이란 특정 기간 주가의 평균값을 계산해 선으로 그린 그래프입니다. 주가의 전반적인 방향성이나 흐름이 바뀌는 변곡점 등의 추이를 쉽게 파악하기 위해 고안됐습니다. 이동평균선은 일정 구간을 옮겨가면서 주가의 평균을 구하는 것이며, 이러한 이동평균선의 변화를 통해 우리는 대략적인 추세의 변화를 알 수 있습니다.

수학적으로 이동평균을 구하는 방법은 여러 가지가 있는데 그중에서도 단순이동평균 방법을 통해 구합니다. '5일 이동평균선'을 예시로 들어보겠습니다. 주식 A의 최근 5일 종가가 다음과 같다고 가정합니다.

1일	2일	3일	4일	5일
₩10,000	₩10,200	₩10,100	₩10,300	₩10,500

$$\frac{10,000 + 10,200 + 10,100 + 10,300 + 10,500}{5} = 10,220$$

5일 이동평균은 이 5일의 종가를 평균한 값입니다. 5일 동안의 값을 전부 합산해서, 전체 일수인 5로 나눕니다. 따라서 5일 이동평균선의 값은 10,220입니다.

추세는 시장가격의 움직임을 모은 것입니다. 따라서 시간의 흐름에 따라 변화하는 시장가격의 움직임을 이동평균으로 구한다면 그 이동평균이 변화하는 모습을 보고 추세의 움직임을 알 수 있는 원리입니다. 또한 이동평균선으로 투자자들이 가격 변화에 지나치게 민감해지는 것을 막고, 상대적으로 여유를 갖고 주가 움직임을 조망할 수 있도록 해주는 장점이 있습니다.

이러한 이동평균선은 일정 기간의 주가 평균값을 선으로 연결하여 나타낸 것입니다. 계산 방법은 학창 시절 중간고사의 전체 평균을 구하는 방법과 동일하다고 보시면 됩니다. 국어, 영어, 수학, 과학 등 과목별 점수를 합한 후 과목 수로 나누어 계산한 것처럼, 이동평균선도 일정 기간의 주가를 더한 후 나누면 평균이 되고, 이를 시간의 흐름에 맞춰 선으로 연결하면 이동평균선이 됩니다. 이 방법을 단순이동평균이라고 부릅니다.

이러한 이동평균선은 거래량, 매매대금, 주가 등 다양한 분야에 접목할 수 있습니다. 과거의 평균적 수치에서 현상을 파악(주로 추세 매매)하여 현재의 매매와 미래의 예측에 접목할 수 있도록 돕는 것이 목적입니다.

02

형형색색, 이동평균선의 의미

C H A R T   A N A L Y S I S

이동평균선의 가장 보편적인 유형은 5일선, 20일선, 60일선, 120일선, 200일선 등입니다. 이동평균선 앞에 붙은 숫자는 평균치를 낸 날짜의 일수를 뜻합니다. 주식은 주중(5일)에만 장이 열려 거래가 이뤄지기 때문에 5일선은 최근 일주일 간의 가격 평균입니다. 같은 셈법으로 20일선은 한 달, 60일

그림 4-1. KOSPI 일간차트와 주요 이동평균선

출처: 국내 증권사 HTS

선은 한 분기(3개월), 120일선은 반기(6개월)의 평균 가격 추이를 나타냅니다.

여기서 중요한 이동평균선은 심리선인 20일선, 수급선인 60일선, 경기선인 120일선 등입니다. 이동평균선의 설정이나 의미가 고정된 것은 아니지만 단기는 5일~30일, 중기는 30~100일, 장기는 100일 이상을 의미합니다.

❶ 20일선

20일선이 심리선으로 불리는 이유는 시장참여자들의 단기 투자심리를 나타낸다고 하여 붙여진 이름입니다. 일반적으로 단기 매매시 가장 중요한 이동평균선은 20일 이동평균선으로, 생명선이라고도 표현하는데 주가가 이러한 이동평균선을 이탈할 시에는 일종의 매도 신호로 해석하기 때문입니다.

❷ 60일선

60일선이 수급선으로 불리는 이유는 단기 수급(매수와 매도의 세기)을 알 수 있기 때문입니다.

❸ 120일선

120일선이 경기선으로 불리는 이유는 경기 사이클을 가늠할 수 있다는 의미이고, 경기 확장과 침체를 판단할 수 있기에 그 중요성을 부여하고 있습니다.

참고로 이동평균선과 관련하여 정배열과 역배열이라는 말이 나오는데, 설명하자면 다음과 같습니다. 정배열은 단기, 중기, 장기 이동평균선이 아래에서부터 위의 순서로 나열된 상태를 말합니다. 역배열은 정배열과 반대로 장기, 중기, 단기 이동평균선이 위에서부터 아래 순서로 나열된 상태를 말합니다.

| 그림 4-2. 이동평균선의 정배열과 역배열

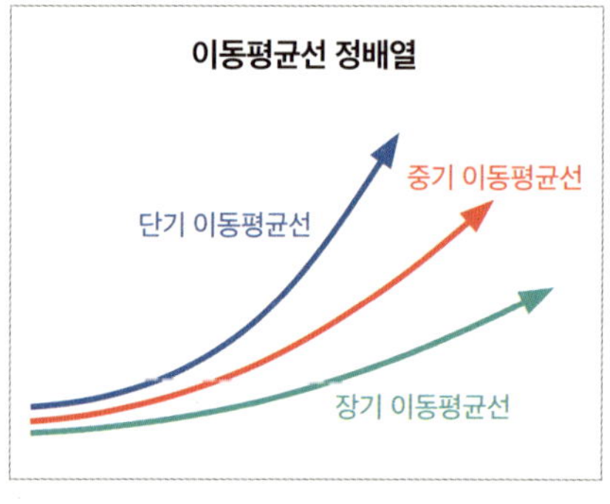

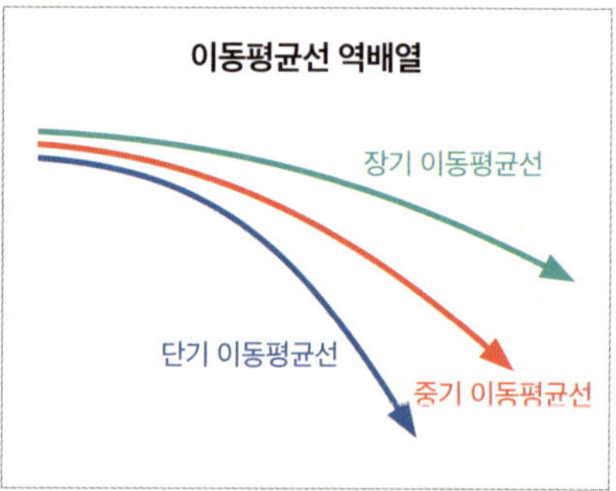

매수와 매도 압력을 거래량으로 파악할 수 있는 기술적 지표인 OBV On Balance Volume를 창시한 조셉 엔사인 그랜빌 Joseph Ensign Granville은 200일선이 신뢰할 만하다고 하였습니다. 200일선은 120일선보다 80일을 더 반영하기 때문에 장기추세를 나타내는 데 있어 120일선보다 월등한 반면, 갑작스럽게 급등, 급락하는 주가 변화의 반영이 느려서 120일선보다 대응이 늦어진다는 단점도 있습니다. 장기추세의 확인을 위한 이동평균선인 200일선은 120일선과 병행하여 교대로 보는 것이 좋습니다.

적절한 이동평균 기간에 대해 35, 100, 160, 250일 등 여러 주장이 있고, 분석하는 사람에 따라 선호하는 이동평균선이 존재합니다. 그러나 중요한 점은 시장 참여자들이 보편적으로 참고하고 있는 이동평균선이 무엇인지 인지하고 투자하는 것입니다. 이 이동평균선의 지지와 돌파 여부에 따라 집단적인 행동이 일어날 가능성이 높기 때문입니다.

03

이동평균선의 특징

CHART ANALYSIS

이동평균선은 아래와 같은 몇 가지 특징을 가지고 있습니다.

❶ 이동평균선은 추세분석기법의 일종입니다.

시장가격의 움직임을 모은 것이 추세입니다. 따라서 시간의 흐름에 따라 변화하는 시장가격의 움직임을 이동평균으로 구한다면 그 이동평균이 변화하는 모습을 보고 추세의 움직임을 알 수 있습니다. 즉 이동평균의 변화가 바로 추세의 변화를 나타냅니다.

❷ 단기적인 변화를 평활하는(완만하게 변환) 기능을 갖습니다.

평균이라는 것은 일시적인 시장가격의 변화를 산출목표일수(이동평균일수)로 나눔으로서 산출되는 수치에 미치는 영향이 감소하도록 하는 것이므로 단기적인 시장급변의 영향을 감소시켜 추세분석시 오차를 줄여줍니다.

❸ 상당한 융통성을 가지고 있습니다.

투자자 나름대로 원하는 이동평균일수를 선택할 수 있고 쉽게 구할 수 있으므로 시장상황 혹은 종목에 따라 적합한 것을 선택할 수 있습니다. 그리고 사후에 시장분석시 사후검정 도구로서도 유용합니다.

일반적인 주가와 이동평균선과의 관계

강세 시장에서는 상승추세를 보이는 5일선 위로 주가가 움직입니다. 20일선이 단기 상승의 지지선 역할을 합니다(그림 4-3).

그림 4-3. 강세시장에서 20일선

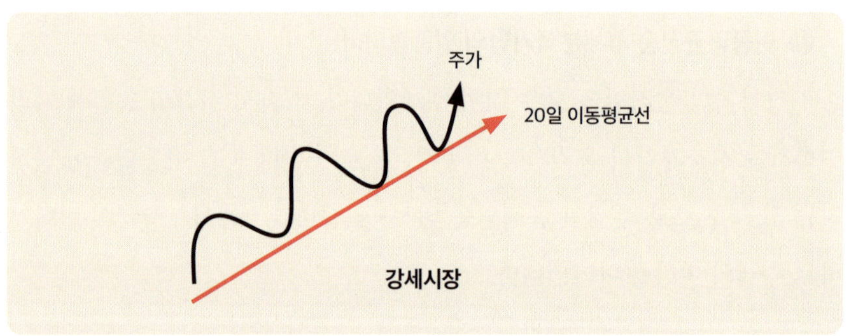

약세 시장에서는 하락추세를 보이는 5일선 아래로 주가가 움직입니다. 20일선이 단기 하락추세에서 저항선이 됩니다(그림 4-4).

I 그림 4-4. 약세시장에서 20일선

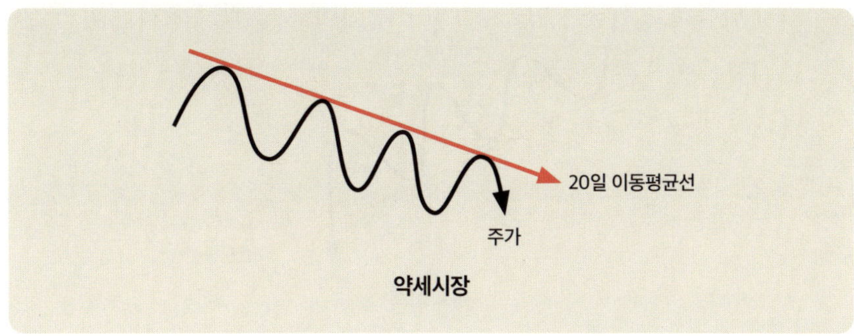

주가가 이동평균선을 상향 돌파할 때는 일반적으로 매수신호가 됩니다(그림 4-5).

I 그림 4-5. 주가와 이동평균선의 관계(상향 돌파시)

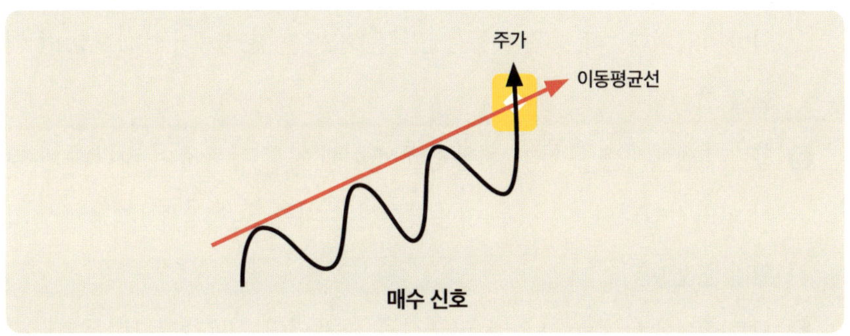

주가가 이동평균선을 하향 돌파할 때는 일반적으로 매도신호가 됩니다(그림 4-6).

I 그림 4-6. 주가와 이동평균선의 관계(하향 돌파시)

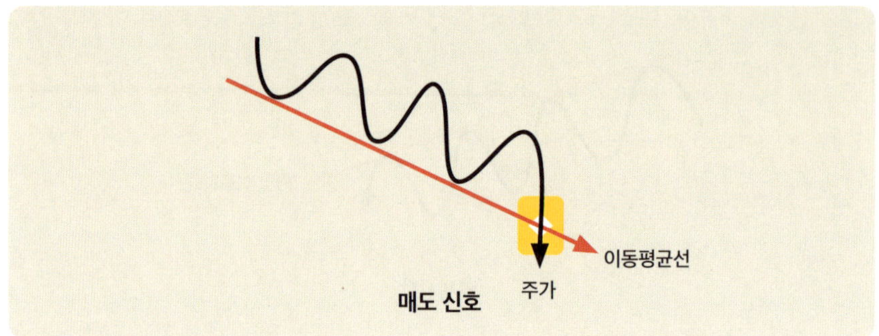

이동평균선이 이와 같은 특징을 가지고 있기 때문에 시장(지수 또는 주가) 움직임과의 관계에서 다음과 같은 현상을 발견할 수 있습니다.

❶ 상승추세에서는 주가가 이동평균선 위에서 등락하며 상승하는 것이 일반적입니다. 이 경우 이동평균선은 지지선(제5장에서 설명 예정)의 역할을 합니다.

❷ 하락추세에서는 주가가 이동평균선 아래에서 등락하며 하락하는 것이 일반적입니다. 이 경우 이동평균선은 저항선(제5장에서 설명 예정)의 역할을 합니다.

❸ 횡보추세에서 주가가 이동평균선과 밀착되어 있을 때는 이동평균선을 중심으로 등락하다가 어느 시점에 방향을 결정해 위 또는 아래로 이탈해 나갑니다.

❹ 상승하고 있는 이동평균선을 주가가 하향 돌파할 때는 이동평균선의 추세가 반전할 가능성이 큽니다. 또한 주가의 추세는 이미 반전되었다는 신호가 될 수 있습니다.

❺ 하락하고 있는 이동평균선을 주가가 상향 돌파할 때는 이동평균선의 추세가 반전할 가능성이 큽니다. 또한 주가의 추세는 이미 반전되었다는 신호가 될 수 있습니다.

❻ 이동평균하는 기간이 길어질수록 이동평균선은 굴곡이 적어지며 완만해집니다.

❼ 주가가 상승추세에 있는 이동평균선을 상향 돌파할 때는 매수 신호이며, 하락추세에 있는 이동평균선을 하향 돌파할 때는 매도 신호입니다.

❽ 주가가 장기 이동평균선을 돌파할 때는 주추세(장기추세)가 반전될 가능성이 높습니다. 또한 주가가 단기 이동평균선보다는 장기 이동평균선을 돌파할 때 더 강력한 추세전환의 신호로 해석할 수 있습니다.

| 그림 4-7. 시간의 흐름에 따른 주가와 이동평균선

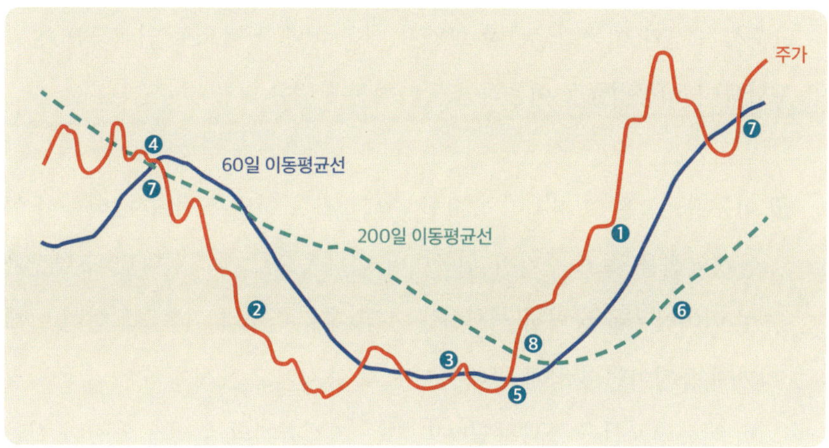

04

이동평균선을 이용한 매매기법

CHART ANALYSIS

일반적인 이용법

단순히 주가와 이동평균선이 교차할 때를 매매 시점으로 인식하는 방법을 포함하여, 이동평균을 이용하는 일반적인 방법은 다음과 같습니다.

❶ 이동평균선은 그 자체가 중요한 추세전환 포인트가 됩니다. 따라서 이동평균선을 뚫고 주가가 위쪽이나 아래쪽으로 움직였다면 추세전환이 일어났음을 강력히 시사하는 것입니다. 더구나 이동평균선이 이제까지 움직이던 방향과 반대 방향으로 움직이고 동시에 주가의 움직임이 이동평균선을 돌파하였다면 이는 이제까지의 추세가 완전히 전환되었다는 명백한 증거가 됩니다.

❷ 주가의 움직임이 이동평균선을 돌파하면 그것이 바로 추세전환으로 인식된다는 점에서 이동평균선은 새로운 추세가 시작되는 출발점이

며, 반대로는 기존의 추세가 끝나는 마지막 지점이 되기도 합니다. 따라서 이러한 이유로 이동평균선 그 자체가 지지선이나 저항선 역할을 하기도 합니다.

❸ 이동평균선이 이제까지 움직여 왔던 방향과 반대로 움직이지 않고 주가와 서로 교차하였다면, 추세전환의 예비적 신호로 인식되어야 합니다. 왜냐하면, 이동평균선이 이전의 방향과 같은 방향으로 계속 움직인다면 원래의 추세가 아직 유효한 것으로 보아야 하기 때문입니다. 그러므로 이러한 경우에는 설사 주가가 이동평균선과 교차했더라도 그 기간은 단기에 그치고 곧 원래대로 돌아갈 가능성이 높습니다.

❹ 일반적으로 긴 기간의 이동평균일수록 이동평균선이 돌파되는 것은 더 중요한 의미를 지닙니다. 즉 60일선이 돌파되는 것은 20일선이 돌파된 것보다 훨씬 더 큰 의미가 있다는 말이 됩니다.

한 가지 이동평균선을 이용한 매매기법

미국의 조셉 엔사인 그랜빌에 의해 개발된 기법으로 주가에 하나의 이동평균선만을 이용하여 주가가 이동평균선을 상향 돌파하면 매수 신호로 인식하고, 하향 돌파하면 매도 신호로 인식하는 방법입니다.

이 기법은 이동평균선을 한 가지만 사용하기 때문에 가장 손쉬운 반면 가장 허술해질 위험도 있습니다. 이동평균선과 주가가 서로 교차할 때를 모두 매매 시점으로 인식하다가는 주가가 비정상적인 움직임을 보이더라도, 매매 시점으로 인식하는 오류를 범하기 쉽습니다. 그러므로 가장 간단하고 손쉬운 방법이지만 손실을 볼 위험도 가장 크다고 하겠습니다.

따라서 매매 시점에 관한 판단 오차를 줄이기 위하여 주가와 이동평균선이 서로 교차하더라도 아래와 같은 조건에 부합하여야 매매 시점으로 판단합니다.

❶ 하루 중의 최고가와 최저가가 이동평균선을 완전히 상향 혹은 하향 돌파하여야 합니다.

❷ 종가가 이동평균선을 돌파했더라도 미리 정해둔 기준(예: 1%, 3%, 10포인트 등) 이상으로 벗어나야 합니다.

❸ 이동평균선을 이용한 매수 혹은 매도 신호가 다른 보조적인 지표(RSI, MACD 등)에 의해서도 확인되어야 합니다.

❹ 시장가격의 일시적인 비정상적 상태는 곧 정상으로 돌아가기 마련이므로, 이동평균선을 통한 매수 혹은 매도 시점이 포착되더라도 하루에서 사흘 정도의 여유를 두고 매매 여부를 결정해야 합니다.

❺ 종가뿐만 아니라 최고가와 최저가를 이용하여 각각 이동평균선을 작성하고 주가가 이들 세 개의 이동평균선을 모두 벗어나야만 매매합니다. 이는 뒤에 서술한 이동평균선 밀집도 분석을 통해 설명하겠습니다.

다음은 그랜빌이 제시한 매매신호 8개 항목(매입 4개 항목, 매도 4개 항목)을 제시한 것입니다.

가. 그랜빌의 매수 신호

- 이동평균선이 하락한 뒤 횡보하거나 상승으로 전환되는 국면에서 주가가 이동평균선의 아래에서 위로 돌파할 때 중요한 매수 신호가 됩니다.

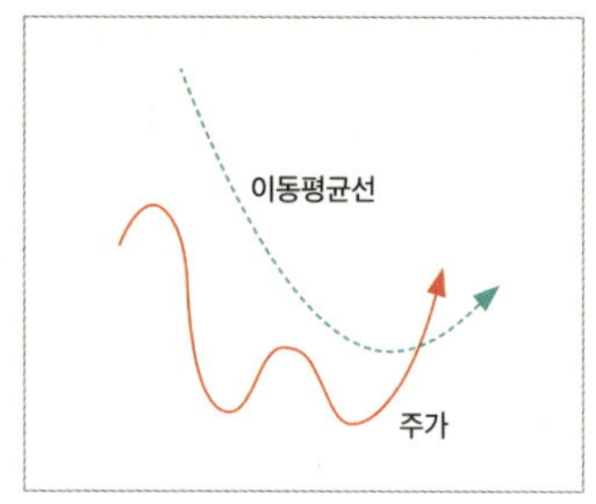

- 이동평균선이 상승하고 있을 때 주가가 이동평균선 아래로 하락하는 경우 매수의 기회로 생각해도 좋습니다. 왜냐하면 이동평균선이 상승하고 있을 때 대세는 상승국면에 있다고 볼 수 있으며 이때의 주가 하락은 일시적일 가능성이 높기 때문입니다.

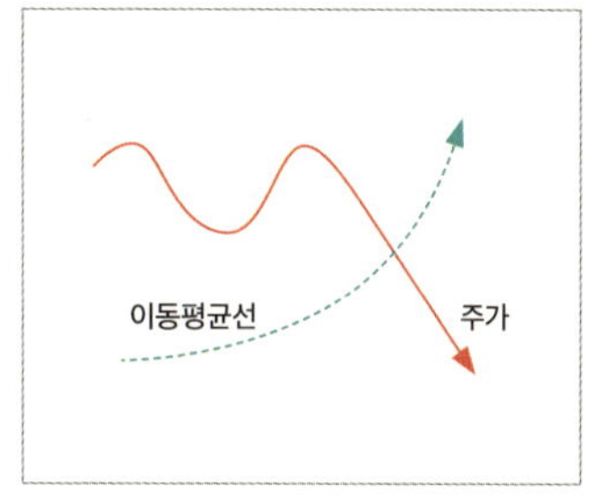

- 이동평균선이 상승하고 있을 때 주가가 이동평균선을 향해 하락하다가 하향하지 않고 다시 올라갈 때는 매수 시기입니다.

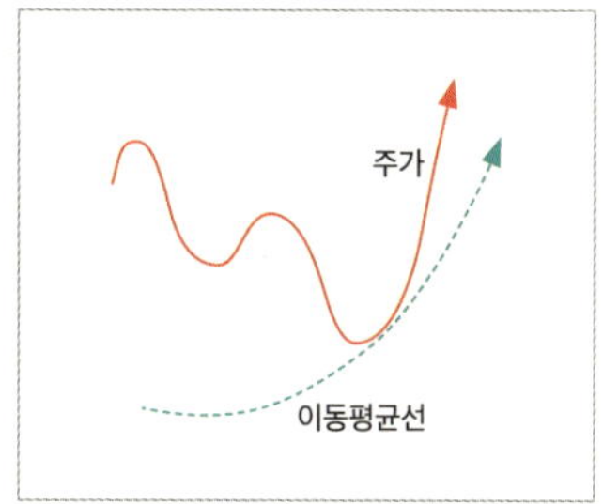

• 주가가 이동평균선 아래에서 급락하다가 다시 이동평균선에 접근하려고 할 때에는 일시적인 자율반등이 기대되므로 단기적인 매수 시기가 됩니다.

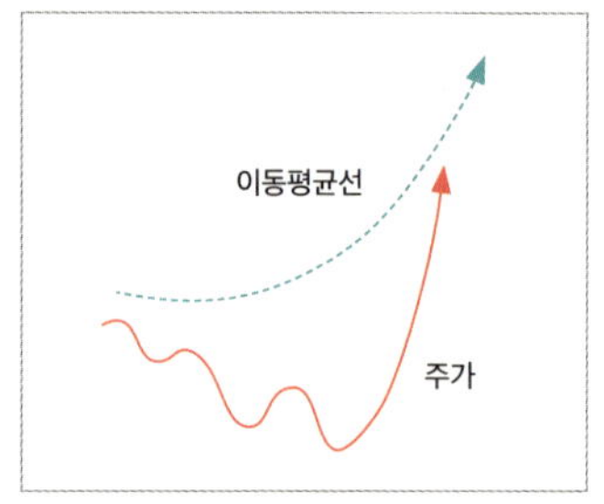

I 그림 4-8. 이동평균선을 이용한 매수신호 실제사례

출처: 국내 증권사 HTS

[그림 4-8]은 현대로템의 2024년 9월 이후 2025년 4월까지의 일간차트로 20일선을 이용한 그랜빌의 매수신호를 보여줍니다. A지점은 이동평균선이 상당한 기간 동안 횡보한 후 상승 전환시점에서 주가가 이동평균선의 선상에서 위로 상승하는 중요한 매수시기를 보여주고, B지점은 주가가 이동평균선 위에 있을 때 주가가 이동평균선을 하향 돌파하지 않고 재상승을 시도할 때이며 매수신호가 됩니다. C지점은 이동평균선이 계속적으로 상승 중에 일시적으로 주가가 이동평균선 아래로 내려간 상태로, 상승추세 이후에 일정한 숨고르기 현상으로 재매수의 신호가 됩니다.

나. 그랜빌의 매도 신호

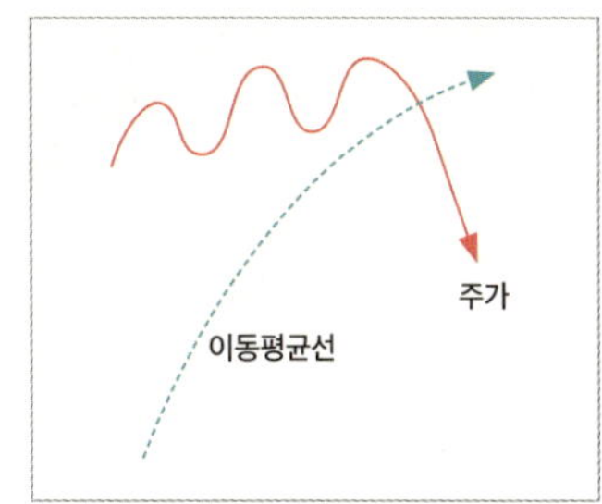

- 이동평균선이 상승한 뒤 평행 또는 하락으로 전환되는 국면에서 주가가 이동평균선을 아래로 뚫고 내려올 때는 이동평균선과 주가 모두 하락하는 경우이므로 중요한 매도신호가 됩니다.

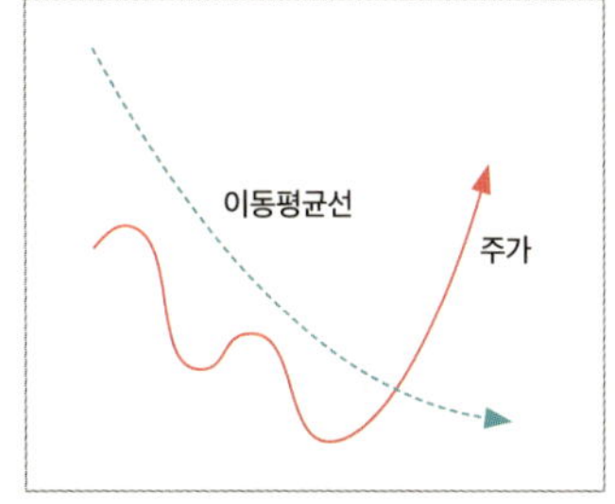

- 이동평균선이 계속 하락하고 있을 때 주가가 이동평균선을 위로 뚫고 올라갈 때는 매도의 기회가 됩니다.

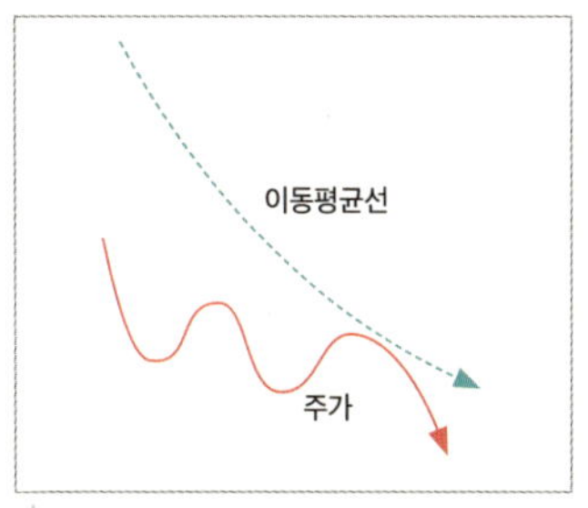

- 이동평균선이 하락하고 있는데 주가가 이동평균선을 향해 올라가기는 했지만 넘어서지 못하고 다시 하락할 때는 매도신호입니다.

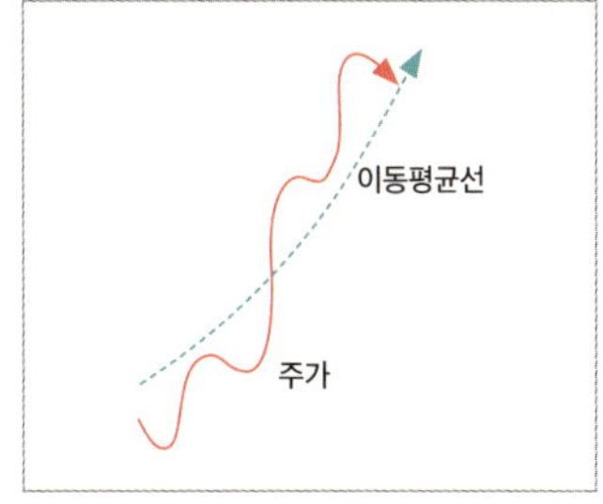

- 이동평균선이 상승하고 있는데 주가가 이동평균선을 넘어 급등할 때 일시적으로 자율반락할 가능성이 크므로 이 경우 단기적인 매도시기가 됩니다.

❙ 그림 4-9. 이동평균선을 이용한 매도신호 실제사례

출처: 국내 증권사 HTS

[그림 4-9]는 LG화학의 2024년 7월 이후 2025년 2월까지의 일간차트로 이동평균선을 이용한 그랜빌의 매도신호를 보여줍니다. A지점은 이동평균선이 상향 후 그 기울기가 급격히 하락하는 상태에서 일간 종가기준으로 이동평균선을 하향 돌파시 매도신호로 인식합니다. 이후 강한 반등이 따를 수 있지만 적절한 매도기회로 이용해야 합니다. B지점은 이동평균선이 하락하고 있는데 주가가 이동평균선을 상향 돌파하는 형태로 매도시기입니다. C지점은 이동평균선은 상승하고 있는데 주가가 단기적으로 급등한 경우입니다. 이동평균선이 30만원 내외에 걸쳐있는데, 주가가 35만원까지 급상승하여 단기적인 숨고르기가 필요한 상황입니다. 즉 단기적인 매도신호로 인식합니다.

❙ 두 가지 이동평균선을 이용한 매매기법

단기 이동평균선은 매매 시점 포착에 이용되며, 중기나 장기 이동평균선은 추세파악에 주로 이용됩니다. 단기간의 이동평균선일수록 주가 변동에 민감하게 반응하여 시세의 전환을 가장 빨리 나타내주는 장점이 있지만, 주가의 일시적인 비정상적 움직임에도 예민하게 반응하여 속임수에 넘어갈 경우가 많다는 단점이 있습니다.

이와 반대로 중기나 장기 이동평균선은 시세전환을 늦게 나타내주는 단점은 있지만 미세한 주가 변동에는 거의 영향을 받지 않으므로 주가 기조를 확인하는 데는 신뢰할 수 있다는 장점을 가지고 있습니다. 두 개의 이동평균선을 이용하여 매매 시점을 포착하는 방법으로는 크게 두 가지 방법이 있습니다.

첫째, 장기와 단기 이동평균선이 서로 교차할 때를 매매 시점으로 파악하는 방법입니다. 단기 이동평균선이 장기 이동평균선을 아래에서 위로 상향 돌파할 때 골든크로스, Golden Cross를 매수시점으로, 위에서 아래로 하향 돌파할 때 데드크로스, Dead Cross를 매도시점으로 인식하는 방법입니다.

[그림 4-10]은 LG전자의 일간차트입니다. 5일선과 20일선을 이용한 단기 골든크로스와 단기 데드크로스 발생시 매매전략입니다. 단기 골든크로스 발생시 매수의 기회로 단기 데드크로스 발생시 매도의 기회로 활용하는 전략입니다.

그림 4-10. LG전자 일간차트에 나타난 골든크로스와 데드크로스

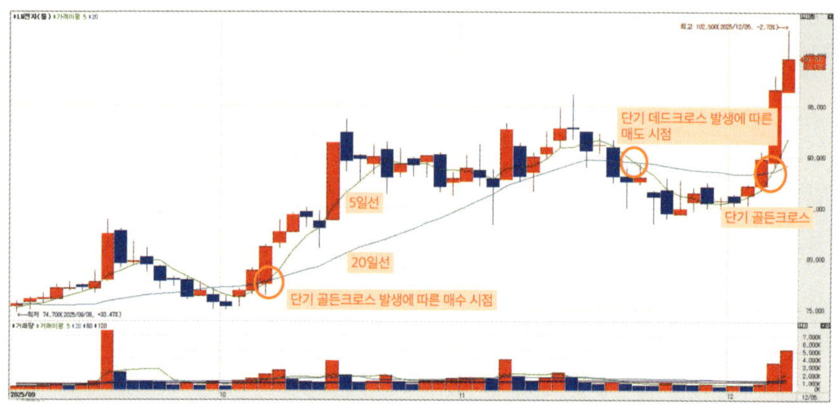

출처: 국내 증권사 HTS

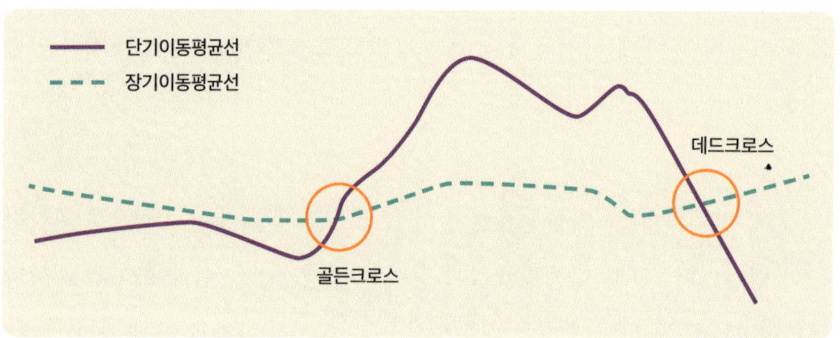

둘째, 주가와 두 이동평균선과의 위치에 따라 매매 시점을 파악하는 방법입니다. 주가가 두 이동평균선 위에 있을 때를 매수시점으로, 주가가 두 이동평균선 아래 있을 때를 매도시점으로, 주가가 두 이동평균선 사이에 있을 때를 관망시점으로 인식하는 방법입니다.

그림 4-11. 카페24 일간차트에 나타난 골드크로스와 데드크로스

출처: 국내 증권사 HTS

세 가지 이동평균선을 이용한 매매기법

가. 상승추세에서의 투자전략

- 단기 이동평균선이 중기, 장기 이동평균선을 급속히 상향 돌파할 때는 매수 신호입니다.

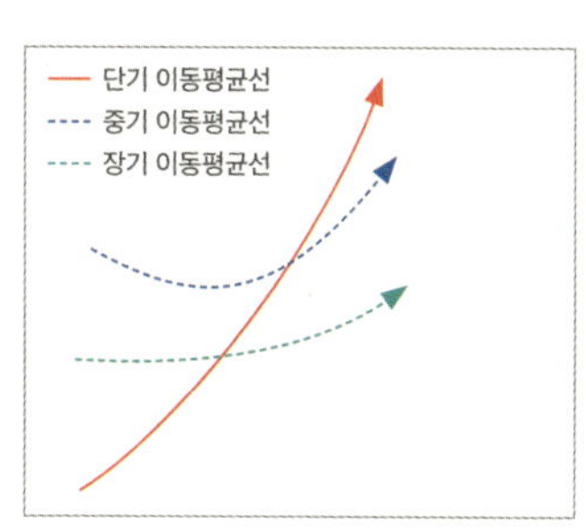

- 위로부터 주가, 단기, 중기, 장기 이동평균선의 순서로 정배열되어 나란히 상승 중일 경우에는 강세국면입니다.

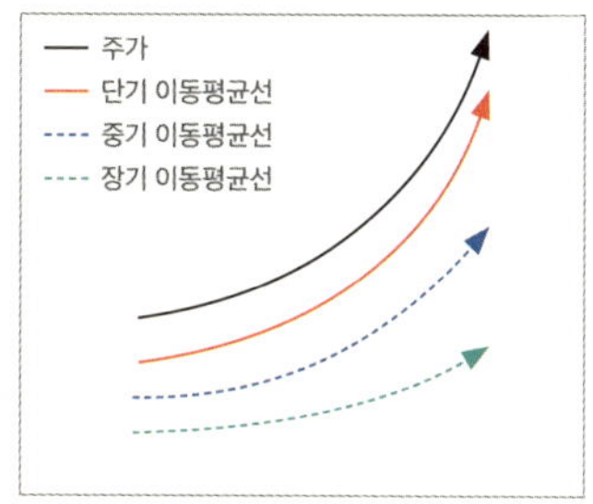

- 단기, 중기, 장기 이동평균선의 정배열 상태가 상당 기간 지속된 이후 단기 이동평균선이 더 이상 오르지 못하고 약해지면 천장권이 예상되는 시점입니다.

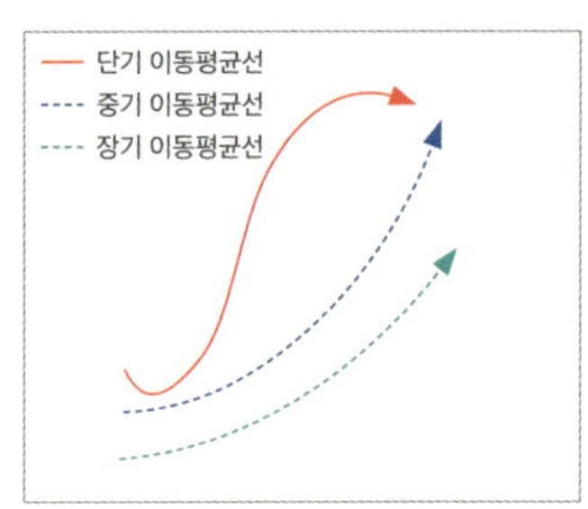

- 단기, 중기, 장기 이동평균선이 밀집되어 서로 혼란하게 얽혀 있을 때는 장세의 향방이 불투명하므로 매입을 보류하는 것이 좋습니다.

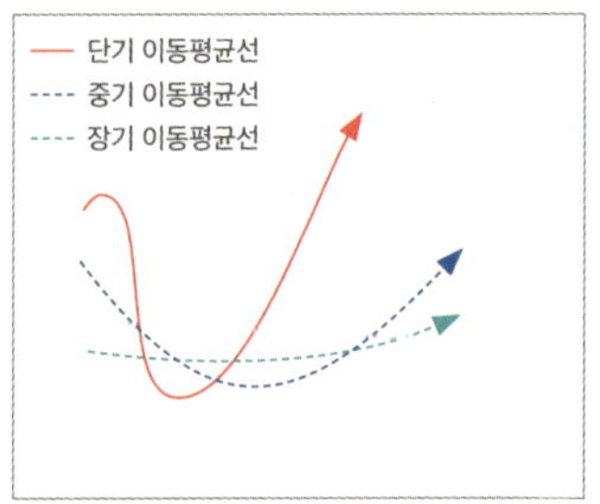

그림 4-12. 상승추세시 세 가지 이동평균선 이용기법 실제사례

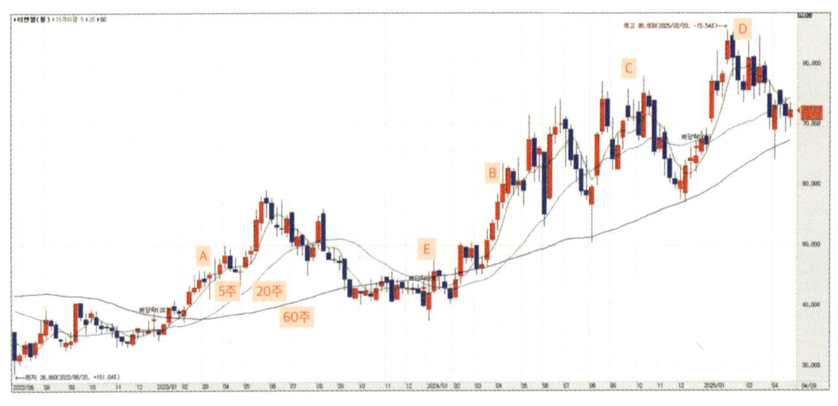

출처: 국내 증권사 HTS

[그림 4-12]는 티앤엘의 2022년 6월부터 2025년 4월까지의 주간차트이며, 5주를 단기, 20주를 중기, 60주를 장기 이동평균선으로 분석한 것입니

다. A지점은 3개의 이동평균선이 혼조 시(상승 종목과 하락 종목이 뒤섞여 방향성이 명확하지 않은 상태)에 단기 이동평균선이 중기, 장기 이동평균선을 완전히 뚫고 올라가는 중요한 매수시기를 나타내고 있습니다. B지점은 단기, 중기, 장기 이동평균선이 정배열 상태를 유지하는 강세국면의 진행을 보여줍니다. C지점과 D지점은 중기와 장기 이동평균선의 상승이 상당 기간 진행된 후 단기 이동평균선의 상승이 두드러지면서 천장권이 예상되는 지점입니다. E지점은 단기, 중기, 장기 이동평균선이 서로 어지럽게 교차하는 형태로 장세의 방향성이 불투명하다는 것을 암시하므로 매수를 일단 보류하는 것이 좋을 것입니다.

나. 하락추세에서의 투자전략

- 단기 이동평균선이 위에서 아래로 중기 및 장기 이동평균선을 급속히 하향 돌파할 때는 매도신호입니다.

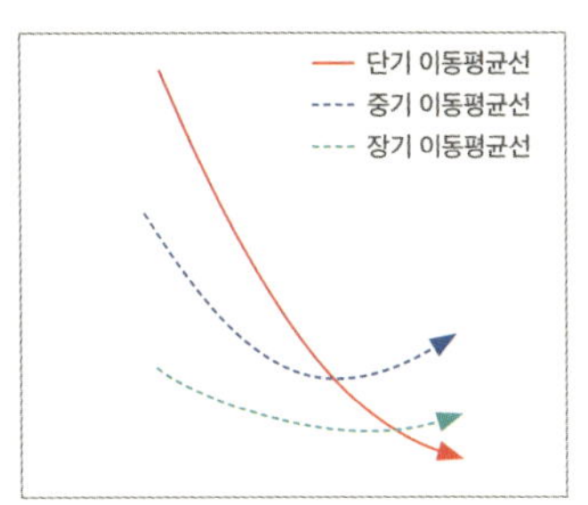

- 위로부터 장기 이동평균선, 중기 이동평균선, 단기 이동평균선 주가의 순서로 역배열되어 나란히 하락 중일 경우에는 약세시장일 가능성이 높습니다.

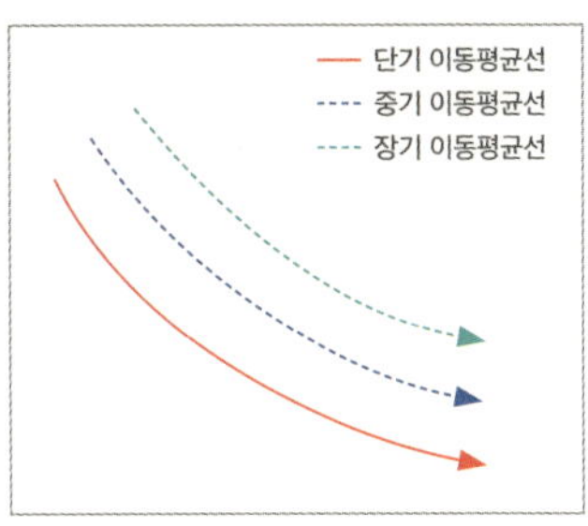

• 단기, 중기, 장기 이동평균선의 역배열 상태가 상당 기간 지속된 이후 단기 이동평균선이 더 이상 하락하지 못하고 상승하기 시작하면 바닥권이 예상되는 시점입니다.

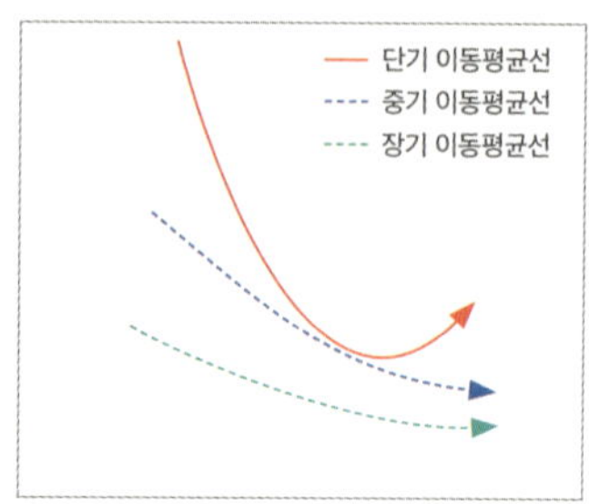

I 그림 4-13. 하락추세시 세 가지 이동평균선 이용기법 실제사례

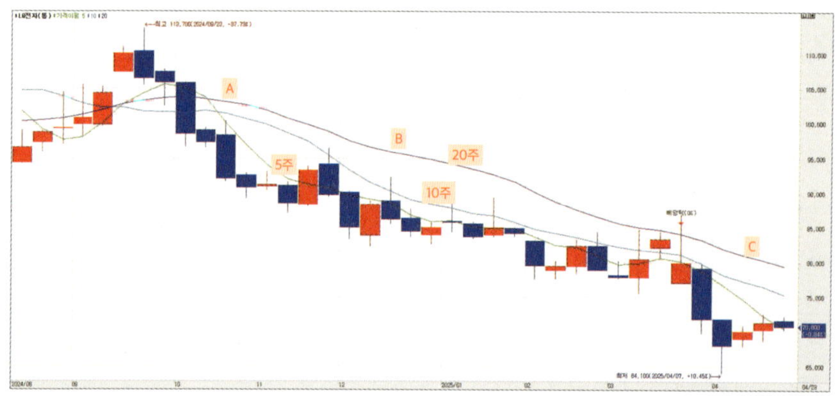

출처: 국내 증권사 HTS

[그림 4-13]은 LG전자의 2024년 8월 이후 2025년 4월까지의 주간차트입니다. 단기로는 5주, 중기로는 10주, 장기로는 20주 이동평균선을 이용하여 분석한 것입니다. A지점은 5주 이동평균선이 위에서 10주의 중기와 20주의 장기 이동평균선을 뚫고 내려오는 상태이므로 매도신호로 인식합니다. B지점은 5주, 10주, 20주 이동평균선이 역배열로 나란히 하락하는 상태로 종목이 약세일 가능성이 높은 시점입니다. C지점은 최저가격을 형성하고 저점을 높이고 있지만, 아직 이동평균선이 역배열인 상태로 본격적인 상승은 보여주지 못하고 있습니다.

05

이동평균선으로 급등과 급락 예상하기

C H A R T A N A L Y S I S

투자를 하다 보면 여러 개의 이동평균선이 한점에 모이는 순간이 발생하게 됩니다. 자주 일어나는 것은 아니고 드물게 일어나는 현상 가운데 하나입니다. 이러한 것을 이동평균선의 밀집도 분석이라고 합니다.

| 그림 4-14. 파마리서치 일간차트로 본 이동평균선 밀집 후 급등한 사례

출처: 국내 증권사 HTS

밀집도 분석은 장기, 중기, 단기 이동평균선 간의 거리와 밀집도, 그리고 모였다 흩어지며 주가가 상승하고 하락하는 순환과정을 통해 주가의 매매 시점을 판단하는 분석기법입니다.

세 가지 이동평균선을 통해서 우리는 매매시점을 파악할 수 있습니다. 고가권에서 이동평균선이 한곳으로 모이는 상황이 나타나면 급락의 신호로 해석하여 일단 매도의 전략을 취해야 합니다. 반면 저가권에서 이동평균선이 한곳으로 모이는 밀집 현상이 나타난다면 급등의 신호로 해석하고 적극적인 매수를 고려해야 합니다.

06

이동평균선 분석시 주의점

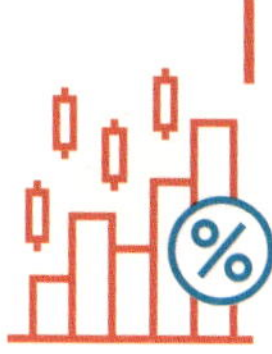

CHART ANALYSIS

앞에서 설명한 그랜빌의 이동평균선 이용전략과 두 가지, 세 가지 이동평균선을 이용한 매매전략은 가장 일반적인 상황을 설정하여 이야기한 것입니다. 이러한 규칙들이 현실에서 정확히 들어맞지 않는 경우도 종종 있습니다.

가장 단순한 하나의 이동평균선을 이용할 때 유의해야 할 점은 주가가 이동평균선을 돌파하였는지 판단하는 것이 매매결정을 하는 데 있어 매우 중요합니다. 따라서 종가뿐만 아니라 장중 가격 전부가 이동평균선을 상회하거나 하회해야 비로소 매매신호로 인정하는 것도 하나의 방법입니다.

또한 정확히 이동평균선이 주가를 상회하였는가의 판정에 있어서는 통상 어느 정도의 여유를 갖는 필터를 이용하는 게 바람직합니다. 이러한 필터에는 3% 가격 필터와 3일간 시간필터를 사용하게 되는데, 이 모든 것은 분석자가 어느 정도 조정할 수 있는 요소입니다. 좀 더 쉽게 이야기하자면 이동평균선을 하회할 때 바로 매도하는 것이 아니라 3%의 추가 조정을 감내하고, 3일 정도를 기다릴 수 있는 여유를 가지라는 것입니다. 필자는 이러한 것을

'3:3의 법칙'이라고 칭합니다.

끝으로 이동평균선 분석은 절대적인 것이 아니라는 점을 유념해야 합니다. 따라서 이동평균선 이외에도 다른 기술적 지표 분석을 병행함으로써 상호 보완, 확인하는 것도 좋은 방법이 될 것입니다.

실전 TIP

월가에서 돈을 잃는 10가지 방법

오래전 <월스트리트 저널>에 실렸던 '월가에서 돈을 잃는 10가지 방법'을 소개하겠습니다. 오늘날에도 여전히 모든 투자에 적용해 볼 수 있을 것 같습니다.

1. 객장의 소문을 신뢰한다.
2. 귀로 듣는 모든 것, 특히 귀띔하는 정보는 모두 믿는다.
3. 모르면 추측한다.
4. 대중을 따른다.
5. 참지 않는다.
6. 상위 8개 종목은 어떻게든 쥐고 버틴다.
7. 적은 차익이라도 거래한다.
8. 맞든 틀리든 자신의 의견을 고수한다.
9. 절대 시장에서 나오지 않는다.
10. 작은 수익을 받아들이고 큰 손실을 감수한다.

Chapter

5

상승과 하락을 반복하는 가격, 시장에도 밀당이 있나요?

”

시장을 판단할 때, 우연이라는 요소를 간과해서는 안 된다. 우연한 사건으로 인한 피해까지 고려할 수 있는 거래자야말로 진정한 고수라 할 수 있다.

- 딕슨 와츠 Dickson Watts

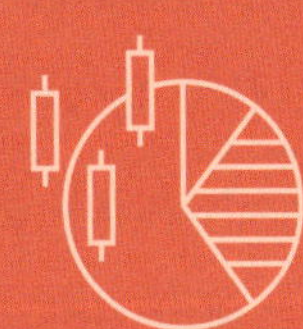

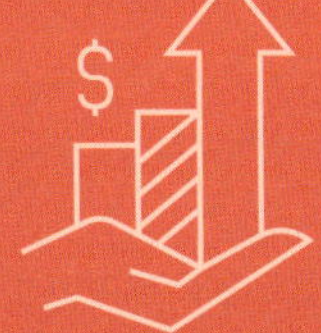

01

지지와 저항이란 무엇일까?

CHART ANALYSIS

주가는 일직선으로 움직이는 것이 아니라 계속 등락하면서 움직입니다. 그러면 주가가 등락할 때 만들어지는 고점과 저점은 어떠한 역할을 하는 것일까요? 이러한 의문을 해결해 주는 것이 지지와 저항이라는 개념입니다. 지지support와 저항resistance은 추세분석에 있어 가장 핵심이 되는 개념으로 차트 읽는 법과 이의 실전적 적용에 있어 매우 빈번하게 사용됩니다.

주가 움직임을 잘 관찰하면 수없이 많은 고점과 저점을 발견하게 되는데 한번 형성된 고점과 저점은 통상 대량의 거래가 발생하기 마련입니다. 이때 형성된 매도(매수)물량은 다음 기간에 동일 수준의 가격대에 도달시 이를 극복(방어)해야 한다는 투자자들의 심리에 영향을 주게 되며 그 영향에 따라 지지 또는 저항수준이 결정됩니다.

[그림 5-1]에서 2와 4는 상승추세의 지지수준이며, 1과 3은 상승추세의 저항수준입니다. [그림 5-2]에서 1과 3은 하락추세의 지지수준이며, 2와 4는 하락추세의 저항수준입니다.

ㅣ그림 5-1. 상승추세의 지지와 저항

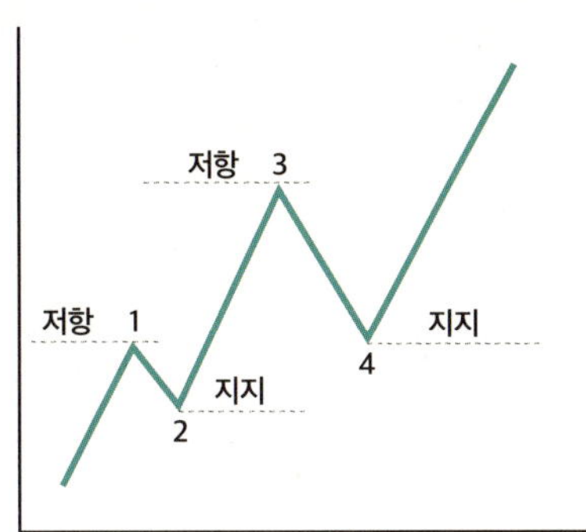

ㅣ그림 5-2. 하락추세의 지지와 저항

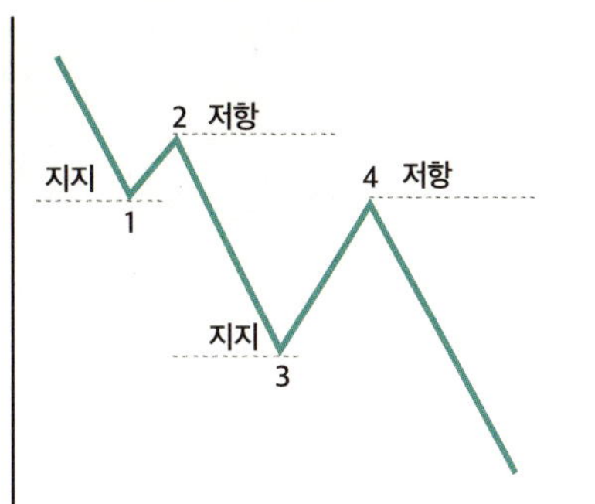

지지란 매도세를 극복하기에 충분한 매수 의사를 가진 세력이 있는 가격 수준이나 가격영역으로서 통상 추세의 직전 저점이나 조정국면의 저점들이 지지역할을 합니다. 반면 저항이란 매수세를 이겨내기에 충분한 매도 의사를 가진 세력이 있는 가격수준이나 가격영역으로 추세의 직전 고점이나 반등기의 고점들이 저항역할을 합니다.

좀 더 구체적으로 생각해 볼까요? 시장에서는 가격이 하락하다가 더 이상 하락하지 않고 멈추는 움직임을 흔히 볼 수 있습니다. 이것은 수요공급의 원칙이 그대로 반영된 결과입니다. 가격이 하락했을 때는 싼 가격이 매수세력의 수요를 유발하고, 반대로 매도세력의 공급은 줄어들기 때문입니다. 이러한 현상을 시장에서는 지지라고 하며, 일반적으로 '지지를 받는다, 지지가 예상된다'라고 이야기합니다. 또한 가격이 상승하다가 더 이상 상승하지 못하고 멈추는 현상은 비싼 가격이 매도세력을 부추겨 공급을 유발하고 반대로 매수세력은 비싼 가격으로 매입하기를 거부하기 때문입니다. 이러한 현상을 저항이라고 하며, '저항을 받는다, 저항이 예상된다'라고 말합니다.

02

지지선과 저항선

CHART ANALYSIS

보통 지지선은 바로 직전의 반등이 이루어진 저점의 가격대를 말하며, 저항선은 바로 직전의 반락이 시작된 고점의 가격대를 말합니다. 상승추세에서는 지지선과 저항선이 점차 높아지는 것을 볼 수 있으며, 하락추세에서는 지지선과 저항선이 점차 낮아지는 것을 볼 수 있습니다. 또한 상승추세에서의 저항선이나 하락추세에서의 지지선은 추세가 지속되는 한 주가가 일시적으로 멈춘 후 다시 돌파되는 가격대를 말합니다. 그런데 상승추세에서의 저항선이나 하락추세에서의 지지선을 돌파하지 못하고 주가가 반대로 움직일 때는 추세전환의 가능성을 예고하는 첫 번째 신호가 됩니다.

제1차 세계대전이 끝난 후 프랑스가 대독일 방어선으로 국경에 구축했던 마지노선 maginot line 을 생각하면 지지선과 저항선의 개념을 훨씬 쉽게 이해할 수 있을 것입니다. 프랑스는 마지노선을 절대로 돌파되지 않을 막강한 방어선으로 믿었으나 1940년 독일군에게 쉽게 돌파당한 바 있지요.

지지선 support line 은 지지를 받는 특정한 가격을 기준으로 수평선을 그린 것이며, 저항선resistance line은 저항을 받는 특정한 가격을 기준으로 수평선을 그린 것입니다. 지지선은 단기적으로는 직전의 저점에서 형성되고, 저항선은 직전의 고점에서 형성되는 것으로 알려져 있습니다. 그러나 시장에서 형성되는 수많은 저점과 고점이 모두 지지선과 저항선으로 작용하지는 않습니다. 따라서 상당한 기간에 걸쳐 형성된 중요한 저점과 정점을 기준으로 지지선과 저항선을 파악하는 방법을 추천합니다.

| 그림 5-3. 상승추세의 지지선

| 그림 5-4. 하락추세의 저항선

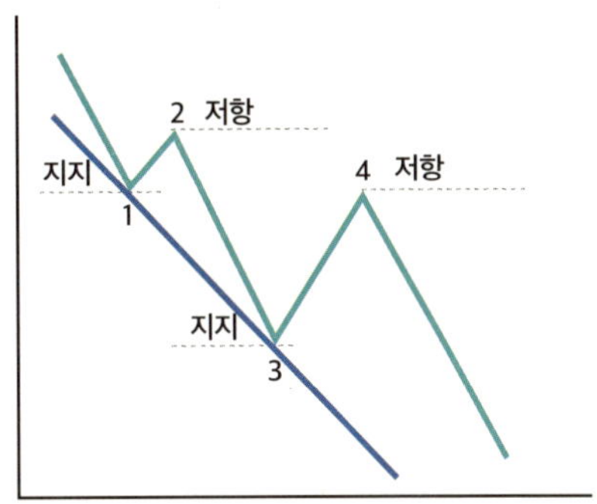

여기서 '상당한 기간'이라는 애매한 표현을 쓸 수밖에 없는 이유는 분석대상이나 시장에 따라, 일간차트냐 주간차트냐에 따라 그 기간도 달라질 수밖에 없기 때문입니다. 지지선과 저항선은 과거의 중요한 저점에서 형성된 지지선이 상당 기간 경과한 후에 다시 지지선으로 작용하기도 하며, 과거의 중요한 고점에서 형성된 저항선이 상당 기간 경과한 후 다시 저항선으로 등장하는 경우가 많습니다.

03

지지와 저항의 추세전환

CHART ANALYSIS

지지와 저항수준을 해석할 때 주의해야 할 점은 상승추세에서 저항수준은 그 추세가 잠시 쉬는 것이며 하락추세에서 지지수준 역시 하락이 완전하게 멈춘다는 의미는 아닙니다. 따라서 상승추세에서 저항수준을 극복하지 못하면 추세가 끝나는 초기 경고이며 지지수준조차 무너지면 추세는 반전됩니다.

[그림 5-5]는 추세전환의 전형적인 예를 보여주고 있습니다. 그림에서 상승추세 진행 중에 점 5에서 직전 고점인 3 수준을 돌파하지 못하고 주가가

| 그림 5-5. 상승추세의 추세전환

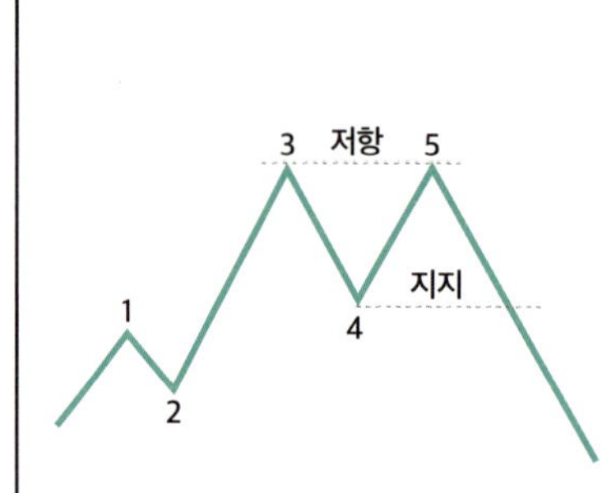

| 그림 5-6. 하락추세의 추세전환

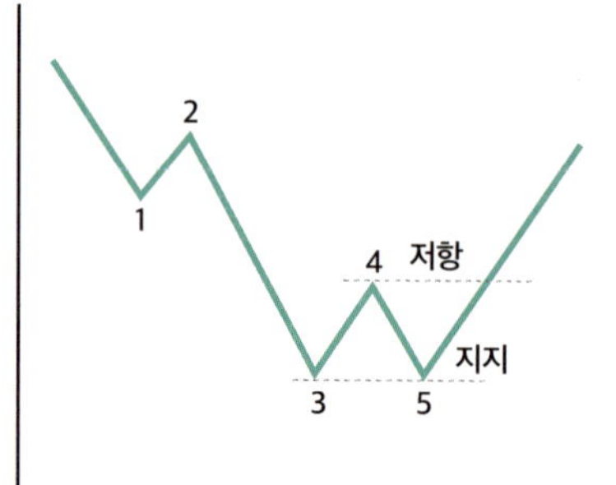

반락하기 시작하면 일단 상승추세가 멈출 수 있다는 것을 생각해야 합니다.

직전 저점 4에서 지지받지 못하고 하락하면 그때 비로소 추세가 전환되었다고 인식해야 합니다.

마찬가지로 하락추세에서의 추세반전은 진행 중인 추세의 지지수준이 극복되면 새로운 추세를 알리는 초기신호이며 저항수준조차 뛰어넘으면 추세는 반전됩니다.

[그림 5-6]에서 점 5는 직전 저점 3 수준 밑으로 하락하지 않고 직전 고점 4 수준마저도 상회함으로써 하락추세가 전환되었음을 나타낸 것입니다.

이러한 추세전환 패턴을 이중천장double top과 이중바닥double bottom이라고 하는데 이는 11장에서 상세하게 다루겠습니다.

[그림 5-7]은 비에이치아이의 일간차트로 2025년 2월은 하락추세로의 전환, 2025년 4월에는 상승추세로의 전환을 각각 나타내고 있습니다. 2025년 4월 저항선을 상향 돌파하면서 하락추세에서 상승추세로 전환이 이루어졌고, 이후 지지선의 지지를 받으면서 상승흐름을 이어가고 있는 모습입니다.

| 그림 5-7. 추세전환의 실제사례

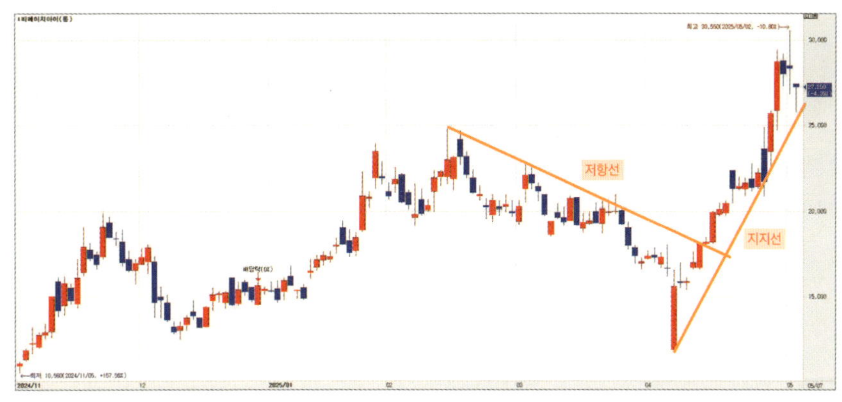

출처: 국내 증권사 HTS

04

지지선과 저항선만 알아도 성공할 수 있을까요?

CHART ANALYSIS

지금까지 설명한 지지선과 저항선은 기술적 분석에 있어서 가장 기초가 되는 이론 중 하나입니다. 실제로 이 지지선과 저항선의 개념을 철저히 지켜 큰 수익을 거둔 투자자가 미국 월가에 있었습니다. 바로 1만 달러로 3억 달러를 번 월스트리트의 증권왕 제럴드 로브Gerald M. Loeb입니다.

제럴드 로브는 1888년에 태어나 1974년까지 살았는데 누군가에게 주식을 배운 것이 아니라 독학으로 공부하였습니다. 1921년 월스트리트에 진출하게 되는데 그가 얼마나 노력파였냐면 회사 근처에 숙박시설을 잡고 매일 새벽 5시에 일어나 주식에 집중했습니다.

그의 저서 《목숨을 걸고 투자하라(The Battle for Investment Survival)》에서 주식투자의 성공 이유는 오로지 용감하게 주식에 미쳤기 때문이라고 할 정도로 그는 주식에 대한 마음이 진심이었습니다. 무일푼으로 시작하여 단기 차익으로만 엄청난 수익을 냈는데 주식을 하면서 번 돈은 1만 달러로 시작하여 3억 달러이며 40년 동안 30,000%라는 수익률을 기록하였습니다.

제럴드 로브의 투자기법은 가장 많이 알려졌고 투자자들 사이에서 '투자의 공식'으로 불릴만큼 성공적이고 쉬운 투자 방법입니다. 주가 움직임이 활발한 블루칩(주식시장에서 대형 우량주를 통틀어 가리키는 용어) 중에서 저항선을 돌파하는 주식을 매입하는 방법으로 제럴드 로브는 부를 쌓았습니다. 주가가 예측과 반대로 움직이면 즉시 매도하였고, 예측대로 움직일 때만 계속 보유하였습니다.

또한 많은 종목을 운영한 것이 아니라 소수 종목만을 집중적으로 연구했으며 현금 보유 기간이 주식 보유 기간보다 길도록 하였습니다. 투자 원금 대비 100% 수익을 올리면 이익금을 떼 내어 위험을 분산시키면서 투자하는 방법으로 운영하였습니다. 저항선을 오랫동안 돌파하지 못하던 주식이 저항선을 돌파하는 것을 강력한 매수 신호로 보았으며 지지선을 이탈하면 필사적인 매도로 대응하여 손절매와 매도를 했습니다.

05

지지선과 저항선의 돌파 및 지지영역과 저항영역

CHART ANALYSIS

지지와 저항의 돌파는 추세선의 돌파와 더불어 기술적 분석을 하는 투자자들의 행동을 유발하는 중요한 포인트가 됩니다. 저항선이 상향 돌파되는 것과 지지선이 하향 돌파되는 것은 새로운 시세의 형성을 의미하기에 중요한 의미를 지닙니다. 예를 들어 시장가격이 한동안 유지되던 지지선을 확실히 돌파하면 가격은 앞으로도 상당히 하락하리라는 점을 암시하는 것입니다. 따라서 지지선의 돌파를 확인한 기술적 분석가들은 매도 포지션을 만들거나 이미 가지고 있던 매수 포지션을 처분하게 됩니다.

반대로 저항선의 상향 돌파, 즉 시장가격이 한동안 유지되던 저항선을 확실히 돌파하면 가격은 앞으로도 상당히 상승하리라는 점을 암시합니다. 따라서 저항선의 상향 돌파를 확인한 기술적 분석가들은 매수 포지션을 만들거나 이미 가지고 있던 매도 포지션을 처분하게 됩니다.

투자를 하다 보면 더러 불규칙한 가격 움직임이 발생합니다. 즉 시장의 가격 움직임이 지지선이나 저항선을 침범했을 경우 돌파된 것으로 판단하여 행동을 개시할 것인지, 아니면 일시적으로 발생한 의미 없는 움직임인지를 판단하는 기준이 필요한 것입니다.

지지선과 저항선 돌파의 신뢰성을 높이기 위한 또 하나의 방법은 영역area, zone 또는 수준level의 개념을 도입하는 것입니다. 차트에서 지지와 저항을 선으로만 표시했을 때 가격이 일시적으로 그 선을 뚫고 넘어섰다가 곧바로 되돌아오는 움직임을 발견한 독자라면 지지선과 저항선을 이용한 매매가 쉽지 않게 느껴질 것입니다. 따라서 이처럼 일시적인 과도한 움직임이 주는 혼란을 피하고자 최근에는 지지선이나 저항선의 개념을 개선해 지지영역 및 저항영역으로 표시하는 것이 점차 보편화되고 있습니다.

[그림 5-8]은 롯데관광개발의 일간차트입니다. 2024년 11월 중순 이후 12월 초까지 지지영역을 형성한 것을 볼 수 있습니다. 2024년 12월에서 2025년 4월 초까지 저항영역을 형성하였으며, 주가는 이 가격대를 돌파하지 못하고 그 아래에서 머물렀습니다. 이후 저항영역을 돌파하면서 주가는 상승세로 전환되었음을 볼 수 있습니다.

▎그림 5-8. 지지영역과 저항영역의 실제 사례

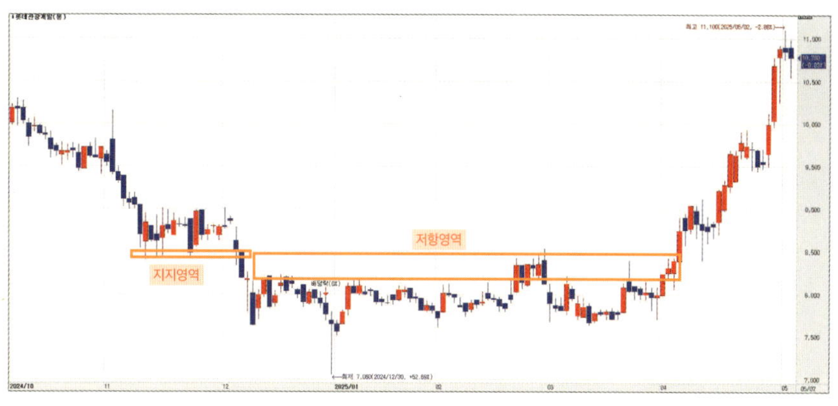

출처: 국내 증권사 HTS

06

지지와 저항의 강도

CHART ANALYSIS

지지와 저항수준이 그 역할을 얼마나 잘 수행할 것인가는 그 수준에서 거래된 기간과 거래량, 그리고 시기에 달려 있습니다. 즉 저항과 지지수준에서 거래된 기간이 길수록, 거래량이 많을수록, 최근 일일수록 그 수준은 강력합니다. 예를 들면 주가 상승시 형성된 저항수준에서의 거래량이 많을수록 투자자들은 그 수준을 매물벽으로 인식하게 되며, 또한 저항받고 되밀렸던 횟수가 역사적으로 반복되었을수록 이 수준을 뚫고 돌파하기 어렵게 인식된다는 것입니다.

07

지지선과 저항선의 역할 변경

CHART ANALYSIS

지지선과 저항선에서 재미있는 현상은, 지지선과 저항선이 서로 역할을 바꾸는 경향이 있다는 것입니다. 한때의 지지선이 돌파되어 가격 하락이 지속되다가 다시 반등할 때는 그 지지선이 저항선으로 작용하고, 반대로 저항선이 돌파되어 상승을 계속하던 가격이 다시 하락할 때는 그 저항선이 지지선으로 작용하게 됩니다.

지지와 저항의 심리적 구조는 왜 이러한 역할 변경 현상이 생기는지를 이해하는 데 도움을 줄 것입니다. 예를 들어 시장이 지지수준보다 낮아지면 지지수준에서 매수 포지션을 가진 투자자는 자신의 판단이 잘못되었다는 것을 깨닫게 되고 다음에 주가가 매수가격에 도달할 때 보유주식을 처분하려는 계획을 세우게 됩니다. 따라서 이전 지지수준에서 우세했던 매수주문은 하락 이후 반등시 가격이 지지수준에 도달하면 매도 주문으로 바뀌어 저항수준이 되는 것입니다.

[그림 5-9]의 왼쪽 그림 상승추세에서는 1의 저항선이 돌파된 후 4지점에

I 그림 5-9. 지지와 저항의 역할 변경

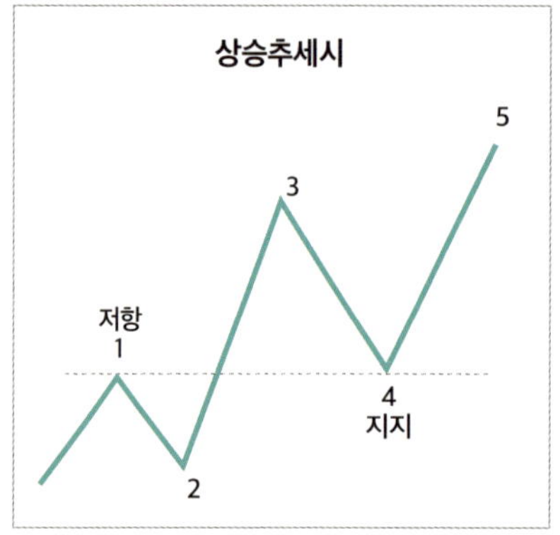

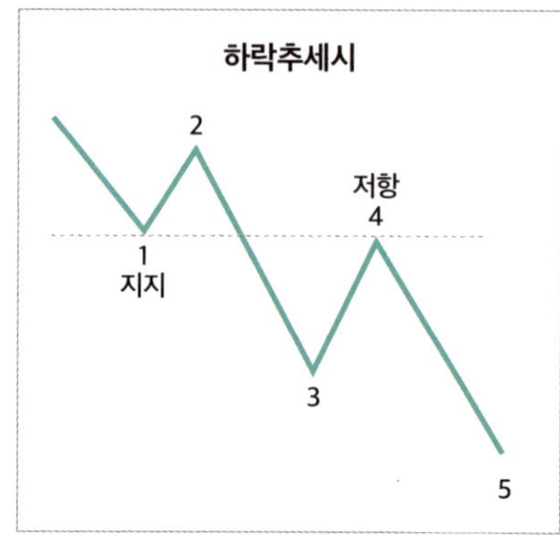

I 그림 5-10. 지지와 저항의 역할 변경 실제 사례

출처: 국내 증권사 HTS

서는 지지선이 되며, 오른쪽 그림의 하락추세에서는 1의 지지선이 하향 돌파된 후 4지점에서는 저항선이 됩니다. 그리면 지지선과 저항선이 뚜렷하게 돌파되었다는 것은 어느 정도를 말하는 것일까요? 이 기준을 명확하게 말하기는 힘들지만 대략 주추세(장기추세)상에서는 10% 정도 그리고 소추세(단기추세)상에서는 3~5% 정도를 범위로 정할 수 있습니다. 일반적으로 지지선이나 저항선을 돌파하는 범위가 넓을수록 그 역할 반전도 뚜렷하다고 할 수 있습니다.

[그림 5-10]은 유한양행의 일간차트입니다. 2024년 11월 이후 2025년 1월 초에 걸쳐 형성된 저항선을 돌파하며 2025년 2월 중순까지 이 가격대가 지지선으로 바뀐 것을 볼 수 있습니다. 2025년 3월에 형성되었던 지지선이 2025년 4월에는 저항선으로 작용하는 모습입니다.

08

지지선과 저항선의 영역과 거래량의 관계

CHART ANALYSIS

지지대 근처에서는 많은 거래량이 발생하며, 그로 인해 지지대는 더욱 중요해집니다. 주어진 지지 또는 저항선 영역에서 거래량은 ❶ 시장가격이 그 수준으로 하락 또는 상승하기까지의 소요기간, ❷ 그 수준에서의 거래량, ❸ 최근 거래량 세 가지에 의해 다음과 같이 영향을 받게 됩니다.

첫째, 시장가격이 지지영역 또는 저항영역에서 유지되는 기간이 길수록, 이러한 범위(지지 또는 저항의 범위)의 중요성은 더 커지게 됩니다. 만약 가격이 상승하기 전에 이와 같은 가격대(가격 범위)에서 3주 동안 보합세를 유지한다면, 그동안 보여주었던 지지영역은 더욱 중요해집니다.

둘째, 거래량 역시 지지와 저항의 중요성을 측정해 줍니다. 만약 지지수준에서 거래량이 많다면, 지지수준은 상승을 위한 기초 가격이라는 중요한 의미를 제공하는 것입니다.

셋째, 지지영역과 저항영역은 최근에 거래가 어떻게 발생했는가를 보여줍니다. 시장가격변동에 대한 거래자들의 반등 행위와 그에 대한 가능성을 이러한 영역(가격 범위)을 통해 추정할 수 있습니다.

만약 가격이 하락하거나 지지영역 아래로 이동한다면, 투자자들이 매수보다는 매도를 하게 되어 가격이 더욱 하락하게 됩니다. 이런 경우에 지지영역은 매수하는 가격수준이 아니라 매도하는 가격수준으로 바뀌어 저항영역으로 전환됩니다. 따라서 지지와 저항영역의 결정은 매입, 매도, 관망의 세 가지 유형의 투자자 행위로 결정됩니다.

09

지지와 저항을 만드는 투자심리

CHART ANALYSIS

지지와 저항은 어떤 투자심리에 의해서 형성되는 것일까요? 주식시장의 투자자들을 ❶ 현재 주식을 매수해서 가지고 있는 사람, ❷ 주식을 공매도 한 사람, ❸ 매매에 참여하지 않은 사람(이 중에는 가지고 있던 주식을 팔아버린 사람과 아직 투자의사 결정을 하지 못한 사람이 있을 것입니다)으로 분류해보겠습니다.

먼저 주가가 한동안 횡보하다가 상승하기 시작한다고 가정해 볼까요? 이 경우 주식을 가지고 있는 사람은 아주 기뻐하며 주식을 더 많이 갖고 있지 않은 것을 후회할 것입니다. 주가가 횡보했던 가격대까지 다시 하락한다면 그들은 주식을 더 사야겠다고 생각합니다. 주식을 공매도한 사람들은 잘못된 판단을 후회하며, 주가가 다시 떨어져 손해를 보지 않는 수준까지만 되면 공매도한 주식을 다시 매수해 상환하려고 할 것입니다. 주식을 이미 팔아버린 사람은 주가가 오르는 것을 보고 가슴 아파하며 주가가 떨어지면 다시 사야겠다고 기회만 보고 있을 것입니다. 마지막으로 의사결정을 하지 못했던 사람들은 주가가 오르고 있다는 확신이 생겨 이제는 주식을 사야겠다고 생각할 것입니다. 이와 같이 네 그룹의 사람들은 주가가 오르기 시작하면 주식을 사기 위해 주가가 다시 떨어지기만을 기다립니다.

따라서 주가가 앞에서 말한 한동안 횡보했던 수준까지 떨어진다면 이 네 그룹의 사람들은 주가를 끌어올리는 세력으로 작용하는 것입니다. 이러한 투자심리가 지지선을 만드는 것입니다.

다음에 주가가 하락할 때는 반대 현상이 나타납니다. 주가가 떨어지면 주식을 매수한 사람은 크게 후회합니다. 공매도한 사람은 기뻐하며, 매매에 참여하지 않은 사람들은 다행으로 생각할 것입니다. 주가가 하락하는 추세에서는 주가가 다시 반등한다면 매도의 기회로 삼으려는 사람밖에 없습니다. 이러한 투자심리가 저항선을 만드는 것입니다. 지지나 저항은 투자자들의 심리 때문에 생겨나는 것입니다.

10

지지와 저항의 신뢰도

CHART ANALYSIS

지지와 저항은 어떤 경우에 신뢰도나 중요성이 커질까요? 이에 대해서는 몇 가지로 나누어 볼 수 있습니다.

첫째, 같은 지지와 저항대에서 오랜 기간 거래될수록 의미가 커집니다. 가령 3주 이상 거래가 된 가격대와 3일 정도 거래된 가격대를 비교하면 3주 이상 거래된 가격대가 지지와 저항의 의미가 커집니다.

둘째, 최근 만들어진 지지와 저항대가 오래된 것보다 중요합니다. 그 이유는 최근에 시장에 참여한 사람들일수록 가격변동에 즉각적으로 대응할 가능성이 높기 때문입니다.

셋째, 거래량이 보조지표로서 중요한 역할을 합니다. 어떤 지지나 저항대에서 많은 거래가 이루어질 경우 그 지지와 저항의 의미는 크다고 할 수 있습니다. 왜냐하면 거래가 많다는 것은 그 가격대에서 많은 사람들이 거래에 참여했다는 표시이며, 따라서 그 가격대에 관심이 많을 것이기 때문입니다.

11

심리적 지지선과 심리적 저항선인 라운드넘버

C H A R T A N A L Y S I S

심리적 지지선과 심리적 저항선이란 대체로 우수리가 없는 매끈한 숫자인 라운드넘버round number가 지지선이나 저항선 역할을 하는 것을 말합니다. 지지와 저항에 있어서 중요한 역할을 하는 것 가운데 하나가 라운드넘버입니다. 라운드넘버는 우수리가 없도록 끝수를 반올림한 수입니다. 사람들은 일반적으로 10, 20, 25, 50, 75, 100과 같은 우수리 없는 숫자를 목표가격이나 목표지수로 생각하고 이에 맞춰 투자행동을 하는 경향이 있습니다. 따라서 이러한 숫자들이 걸쳐있는 지수나 가격대는 심리적인 지지나 저항의 역할을 할 때가 많습니다. 그러므로 이러한 지수나 가격대를 목표치로 삼거나 지지 혹은 저항선으로 설정할 수 있습니다.

라운드넘버는 개별종목의 매매에도 응용할 수 있습니다. 가령 가격이 9,000원인 주식을 매수한다면 9,000원보다는 9,010원에 매수주문을 내고, 매도할 때도 9,000원보다는 8,990원에 매도 주문을 내면 체결가능성이 높아집니다. 왜냐하면 보통 사람들은 라운드넘버에 익숙해져 있어 대부분 9,000

원에 주문을 낼 것이기 때문입니다.

예컨대 저평가된 주식이 8,000원 근방에서 지속적으로 상승해 왔고, 10,000원이라는 라운드넘버가 최근 몇 년간의 정점으로 기록됐다면, 투자자들은 10,000원에서 이익실현매도profit-taking sales를 시도할 확률이 높습니다. 이는 투자자들이 주식을 매입할 때 이익 실현의 목표설정을 당연히 라운드넘버를 조건으로 수행하기 때문입니다.

지지와 저항을 이용한 목표치 계산

가격이 고점이나 저점을 형성했다가 전환된 경우, 이후 가격이 같은 수준에 도달할 경우 투자자의 심리에 영향을 미칩니다. 즉 가격이 직전 고가를 돌파하여 상승하다가 다시 반락할 경우 돌파된 직전 고가 이하로는 하락하지 않는 성질이 있습니다. 또 직전 저점을 돌파한 이후 가격이 다시 반등할 때 직전 저점 이상으로 가격이 상승하지 않는 성질이 있습니다. 이러한 가격의 성질을 이용하면 가격변동의 기준을 세워 볼 수 있습니다. [그림 5-11]은 저항이었던 고점 1이 돌파되어 새로운 고점 3이 형성된 이후 반락하는 경우입니다. 이 경우 전 고점 1의 가격수준은 지지역할을 하므로 반락의 예상 저점으로 목표치를 잡을 수 있습니다. 물론 저점 2, 고점 3까지 상승 높이의 조정비율인 1/3, 1/2, 2/3의 적용도 가능한데 지지수준과 저항수준의 원리를 이용하여 목표치를 잡을 수도 있습니다. [그림 5-12]는 지지역할을 했던 저점 1이 돌파되어 새로운 저점 3이 형성된 이후 반등하는 경우입니다. 이 경우 전 저점 1의 가격수준은 저항역할을 하게 되므로 반등의 예상 고점으로 목표치를 잡을 수 있습니다. 상승의 경우와 마찬가지로 고점 2, 저점 3까지 하락 높이의 조정비율인 1/3, 1/2, 2/3의 적용도 가능한데 지지수준과 저항수준의 원리를 이용하여 목표치를 잡을 수 있을 것입니다.

그림 5-11. 저항이 지지로 역할 변경

5
3
1
4
2

그림 5-12. 지지가 저항으로 역할 변경

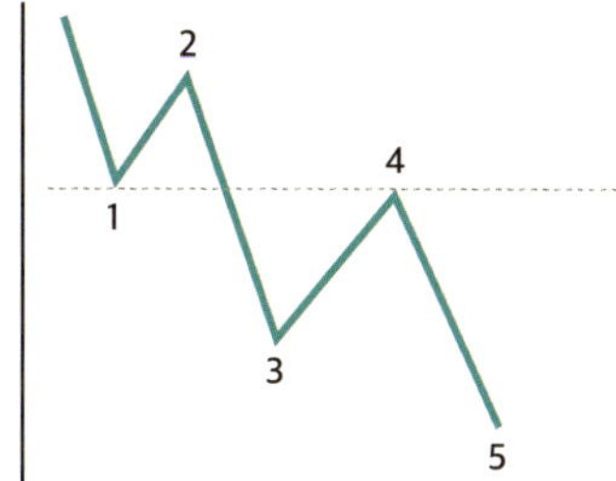

Chapter

6

언제 사고,
언제 팔아요?

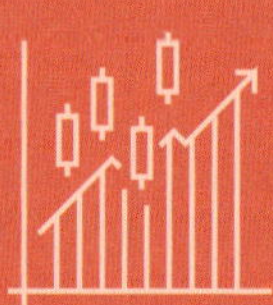

”

성공적인 투자란 경제적 생존을 위한 전투다.

- 제럴드 로브 Gerald M. Loeb

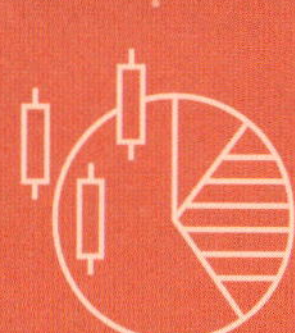

01

무릎에 사서 어깨에 팔라고 하던데요

CHART ANALYSIS

처음 투자를 시작하는 분들은 매매타이밍을 어떻게 잡아야 할지 막막할 것입니다. 주식시장에 전해 내려오는 대표적인 격언 중 하나가 "무릎에 사서 어깨에 팔아라."입니다. 바닥에 사서 꼭지에 팔아야지, 이 무슨 겸손한 말인가? 의문을 품는 분도 있을 것입니다. 실제로 시장을 경험해 보면, 주가의 저점과 고점을 안다는 것은 낙타가 바늘구멍을 통과하는 일보다도 어려운 것임을 인식하는 데 그리 오랜 시간이 걸리지 않습니다. 누구도 예상할 수 없는 게 주가이고 욕심을 부리다가 살 기회나 팔 타이밍을 놓치기 마련이어서 이러한 격언이 나온 것입니다.

투자를 하는 사람이라면 당연히 최대한 많은 수익을 원할 것입니다. 그러려면 주식을 최저점에서 사서 최고점에서 파는 것이 가장 이상적입니다. 이는 어디까지나 이상적인 목표이고, 현실에서는 주식 고수들에게도 매우 어려운 일입니다. 주식을 가장 낮은 가격에 사고 싶어서 기다리고 또 기다리다가 결국 사야 할 타이밍을 놓쳐버릴 수 있기 때문이죠. "무릎에 사서 어깨에 팔라"는 격언은 최저점이 아닌 중저점에서 매수하고, 최고점이 아닌 중고점에서 매도해 적당한 수익을 남기라는 뜻을 담고 있습니다. 욕심을 부리다가 살 기회도 팔 타이밍도 놓치는 우를 범하지 말란 얘기입니다.

무엇보다 가장 큰 문제는 어디가 무릎이고 어디가 어깨인지 시원하게 답해줄 사람이 아무도 없다는 점입니다. 물론 각자 사고자 하는 주식의 가격 범위를 어느 정도 정해두고 매수하는 것도 하나의 방법이 될 수 있습니다. 어깨에서 팔라는 말도 같은 맥락에서 생각해볼 수 있습니다. 주가가 계속 올라 이득을 볼 수 있는 상황임에도 욕심을 내서 '조금만 더, 조금만 더' 하다가 절반으로 떨어질 수 있습니다. 머리가 아닌 어깨에서만 팔아도 이득인데 머리까지 올라가 봤기 때문에 이걸 손해라고 생각해 매도하지 못하는 상황을 맞게 되는 것입니다.

사실 이 격언은 "바닥을 확인하고 반등이 시작되는 무릎에서 사고, 천장을 확인하고 하락추세의 초기 단계인 오른쪽에 형성되는 어깨에 팔라"는 의미로 이해해야 합니다.

바닥을 확인하는 것은 어렵습니다. 그래서 바닥을 미리 예단하지 말고 바닥을 확인한 후에 매수하라고 하는 것입니다. '무릎에서 매수'는 이 책에서 이야기할 기회가 있을 것입니다. 먼저 간단히 설명하면 ❶ 60일 이동평균선 돌파시 매수, ❷ 주요 이동평균선이 바닥권에 밀집했을 경우, ❸ 볼린저밴드(1980년대 존 볼린저가 개발하고 2011년 상표권 취득한 주가 기술적 분석 도구)가 좁아진 상태에서 밴드 상단을 돌파했을 때, ❹ 주요 이격도(주가와 이동평균선 간의 괴리 정도를 보여주는 지표)의 과매도 상태 등입니다.

주식이 하락하는 국면에서 바닥을 확인하는 것은 불가능합니다. 따라서 바닥을 찍고 올라가는 오른쪽 방향의 무릎을 말하고 이때를 매수 기회로 활용하라는 것입니다. 하락하는 무릎에서는 바닥을 알 수 없기에 투자자들이 공포감에 휩싸여 버티기 힘든 국면을 맞이하게 됩니다. 이러한 이유로 바닥을 확인하고 거래량이 증가하는 것을 확인한 후 반등하기 시작하는 오른쪽 무릎에서 매수하라는 것입니다.

그림 6-1. 무릎에 사서 어깨에 파는 경우에 대한 이해

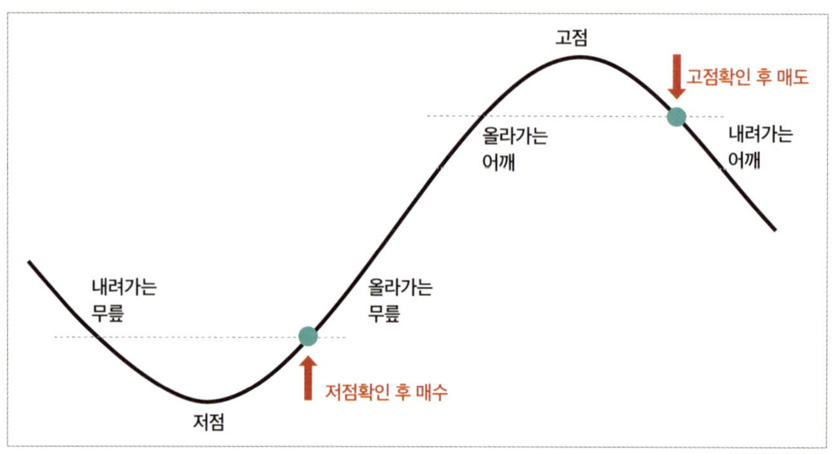

"어깨에 팔라"는 말도 참으로 애매하게 느껴질 것입니다. 무릎에 사서 얼마 정도가 올라야 어깨라고 말할 수 있을까요? 이거야말로 주관적인 것 아닌가요? 어떤 사람은 소박하게 15% 정도를 어깨로 생각하고, 적어도 30~40%는 올라야 어깨라고 이야기하는 사람도 있고, 장기 투자자들 중 일부는 100% 이상을 말하기도 하더군요. 도대체 어느 정도 상승해야 어깨가 될까요? 이 말을 풀이하면 '고점을 확인하고 더불어 시세가 완전히 꺾인 것을 확인한 후에 매도하라'는 말이 될 것입니다. 여기서 말하는 어깨는 무릎에 사서 그 진행 방향에는 없고 그 반대쪽에 존재하게 됩니다. 고점을 찍고 내려오는 오른쪽 어깨라고 보면 되겠습니다.

매수보다 매도가 훨씬 어렵다는 사실을 시간이 흐를수록 느끼게 됩니다. 매도할 기회가 그야말로 바람처럼 스쳐 가기 때문입니다. 이런 이유로 "바닥은 깊고 천장은 짧다" "사는 것은 기술, 파는 것은 예술" 같은 격언들이 나오는 것 같습니다.

[그림 6-2]는 산일전기의 일간차트로 최저점은 2024년 9월 9일에 형성되었습니다. 그러나 본격적인 매수신호가 나타나는 것이 2024년 11월 초입니다. 이때를 무릎으로 생각하고 매수할 시기입니다. 5일선, 20일선, 60일선이 밀집한 가운데 방향성이 위쪽으로 솟으면서 주요 이동평균선을 상향 돌파하고 있기 때문입니다. 최고점은 2025년 1월 15일에 형성되었습니다. 본격적인 하락신호는 25년 2월 중순으로 20일선과 60일선을 잇달아 하회하였습니다. 바로 이때를 오른쪽 어깨가 형성된 것으로 판단하고 매도에 나서야 할 때입니다.

▎그림 6-2. 무릎과 오른쪽 어깨에 대한 실제 사례

출처: 국내 증권사 HTS

02

내가 사고 싶은 종목, 지금 사도 되나요?

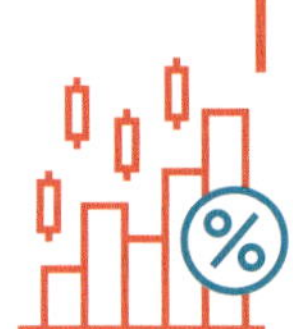

CHART ANALYSIS

'사고 싶은 종목이 있는데 과연 언제 매수해야 될까?'라는 고민에 빠진 분들이 있을 것입니다. 시가총액 1위 종목인 삼성전자도 비싸게 사면 결코 수익을 보장할 수 없습니다. 그렇다면 기술적으로 종목을 언제 사야 할까요?

이격도란 무엇인가?

예전에 리서치센터에서 주식시황을 쓸 때가 있었습니다. 시장이 예기치 않은 변수로 인해서 펀더멘탈fundamental로는 설명이 안 될 때가 가끔 나타납니다. 이럴 때 현재의 주가 수준을 이야기할 때 적절한 기술적 지표가 있었으니 바로 이격도disparity였습니다. 시장이 지나친 변동성을 보일 때 과연 현재 주가 수준이 과매수권인지 과매도권인지를 나타내는 지표가 이격도입니다.

이격도는 주가와 이동평균선 간의 거리가 얼마나 떨어져 있는지를 나타내는 지표입니다. 주가는 이동평균선으로부터 멀어지면 언젠가는 다시 이동평균선으로 되돌아오려는 특성이 있는데, 이 성질을 수치화한 지표라고 볼 수 있습니다.

그림 6-3. 이격도에 대한 이해

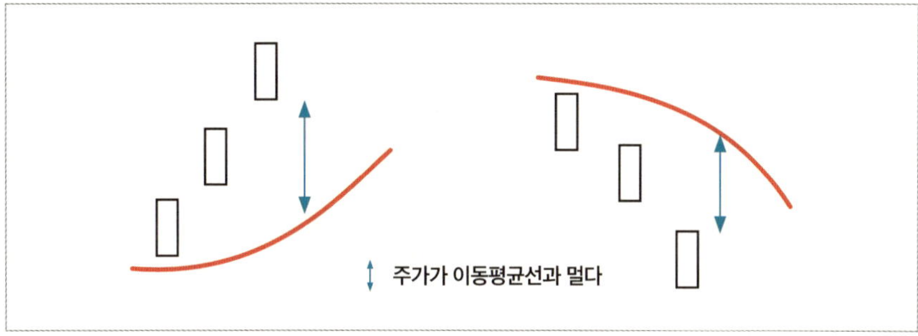

이격도는 다음과 같이 구합니다.

$$이격도 = \frac{당일\ 종가}{당일의\ n일자\ 이동평균} \times 100(\%)$$

20일 이격도 = 당일 종가 / 20일 이동평균지수 × 100(%)
60일 이격도 = 당일 종가 / 60일 이동평균지수 × 100(%)

이격도는 이동평균선마다 존재하게 됩니다. 기본값으로는 5일선, 20일선, 60일선, 120일선, 200일선 등이 사용됩니다. 우리가 통상적으로 사용하는 이격도란 20일 이동평균선 이격도를 말합니다.

이러한 이격도 분석은 매도보다 매수시점 선택시 유리하고 단기보다는 중, 장기 투자에 유리한 면이 있습니다. 이격도 분석에서 사용되는 이동평균 기간은 보통 20일과 60일을 많이 사용합니다. 예를 들어 20일 이격도가 105%이면 매도신호, 95%를 밑돌면 매수신호, 60일 이격도가 110% 이상이면 매도신호, 90%를 밑돌면 매수신호로 볼 수 있습니다.

그런데 이러한 것은 각 종목이나 지수마다 다르게 적용될 수 있습니다. 최근 2~3년 간의 데이터를 중심으로 이러한 종목이나 지수의 상황을 이해하는 것이 중요합니다.

표 6-1. 일간차트에 나타난 이격도 수준 예시

주가	8,000	9,000	10,000	11,000	12,000
20일 이동평균선	10,000	10,000	10,000	10,000	10,000
20일 이격도	80%	90%	100%	110%	120%

이격도는 어떻게 해석할까요? 이격도가 100 이상이라면 현재 주가가 이동평균선보다 위에 있음을, 100 이하라면 주가가 이동평균선 아래에 있음을 나타냅니다. 주가는 이동평균선으로부터 멀어지면 언젠가는 다시 이동평균선으로 되돌아오려는 경향이 있습니다. 만약 주가가 이동평균선보다 훨씬 위에 있다면 현재 주가가 과열되었을 확률이 높으며, 언젠가는 다시 주가가 내려갈 것으로 예측할 수 있습니다. 반대로 주가가 이동평균선보다 훨씬 아래에 있다면, 주가가 상승할 여력이 있다고 볼 수 있습니다.

다만 이격도가 벌어졌다고 해서 즉시 주가가 이동평균선으로 되돌아오는 것은 아닙니다. 주가가 이동평균선에 언제 수렴하는지를 알아내는 것이 중요한데, 따라서 이격도의 변곡점 발생이나 기준값 돌파 등의 신호를 주의 깊게 관찰할 필요가 있습니다.

❙ 그림 6-4. KB금융 일간차트와 20일선 이격도

출처: 국내 증권사 HTS

❙ 그림 6-5. KB금융 일간차트와 60일선 이격도

출처: 국내 증권사 HTS

[그림 6-4]와 [그림 6-5]는 KB금융 일간차트에 각각 20일선 이격도와 60일선 이격도를 비교한 그림입니다. 개별종목이나 주요 지수 차트 중에서 어떤 것은 20일선 이격도, 어떤 것은 60일선 이격도가 정확한 것이 있습니다. 무엇이 더 낫다고 할 수 없는 이유입니다. KB증권의 경우 60일선 이격

도가 비교적 정확히 저점을 알려주고 있습니다. 반면 단기 고점의 경우 20일선 이격도가 105 부근에서 알려주고 있습니다. 따라서 이격도의 경우 20일선과 60일선 이격도를 비교해 가면서 판단하면 도움이 됩니다.

❙ 이격도를 이용한 매매전략

이격도가 하단선 아래에 있을 때, 주가가 이동평균선에 비해 많이 떨어져 있다는 뜻이기 때문에 상승을 염두에 두고 매수 기회를 살펴보는 것이 좋습니다. 다만 이격도가 하단선 아래에 있다고 해서 곧바로 주가가 상승한다는 보장은 없습니다. 진행 중인 하락추세가 더 심화할 수도 있기 때문에, 이격도가 하단선을 상향 돌파할 때까지 기다렸다가 매수함으로써 이러한 위험을 줄일 수 있습니다.

이격도를 활용한 매매 전략은 다음과 같습니다. 하단선 돌파 시에는 매수합니다. 이격도가 하단선을 돌파하면 매수하여 추세 반등을 노리는 전략입니다. 이격도가 상단선을 돌파할 때는 매도합니다. 이격도가 상단선을 돌파하면 매도하여 추세 반전을 노리는 전략입니다.

이격도가 주가의 저점과 고점을 알 수 있는데 유효한 지표이지만, 반드시 정확한 매매타이밍을 알려주는 것은 아닙니다. 이격도가 높다고 해서 주가가 항상 과열 상태에 있는 것은 아닙니다. 기업가치가 오랜 시간 동안 가파르게 우상향하는 경우, 이격도 역시 오랫동안 높은 상태로 지속될 수 있습니다. 예를 들어, 2020년 초부터 2021년 말까지 미국의 대표적인 기술주인 애플과 마이크로소프트의 주가는 지속적으로 상승하면서 이격도가 높게 유지되었습니다. 하지만 이 기간동안 해당 기업들의 실적은 꾸준히 증가하고 있었기 때문에, 이격도가 높다고 해서 주가가 과열 상태에 있다고 단정지을 수 없었습니다.

한편, 이격도만으로는 주가가 이동평균선에 언제 수렴하는지 예측하기 어렵습니다. 이격도는 주가의 단기적인 움직임과 추세전환의 신호를 제공하지만, 이격도가 제시하는 신호는 다른 기술적 지표나 재무 정보와 함께 종합적으로 고려되어야 합니다.

03

주가가 제한적인 범위에서 움직일 때 어떻게 대응하죠?

CHART ANALYSIS

시장이 추세적으로 움직이면 그 흐름에 맞춰서 적절하게 대응할 텐데, 그렇지 못하고 제한적인 범위에 갇혀 있으면 과연 매매해야 될지 망설이게 됩니다. 제한된 범위를 오고 간다면 거기에 맞춰 매매를 하고 이후 나타나는 방향성에 따라서 추가 매매를 진행하면 될 것입니다.

박스권 rectangle pattern, trading range 이란 주식시장에서 주가 흐름 또는 주가지수가 일정한 가격 범위 안에서 오르고 내리기를 반복하는 움직임을 보일 때 그 가격의 범위와 폭을 말합니다. 이는 주식 가격이 틀 안에 갇혀 있어서 상승이나 하락이라는 뚜렷한 방향을 가리키지 않는 것을 뜻합니다. 조금 더 쉽게 이야기하자면 박스권은 투자자의 주관적 판단으로 수평적 지지, 저항 구간을 하나의 박스로 표현한 것을 의미합니다.

박스권 돌파를 활용한 추세 매매의 도구로 사용할 수도 있고 박스권을 하나의 구간(밴드)으로 인지하여 저점 매수와 고점 매도의 전략을 취할 수도 있습니다. 다만 이에 해당하는 움직임을 보이는 주식이 있지만, 아닌 경우도 상당히 많으며 박스를 구성하는 기간도 종목이나 지수에 따라 천차만별이므로 주의할 필요가 있습니다.

박스권에서의 매매전략

가장 기본적인 원리는 박스권 하단에서의 저점매수와 박스권 상단에서의 고점매도입니다. 가장 직관적이며 쉬운 매수·매도 방법입니다. 당연한 이야기지만 박스권 저점 근처에서 매수하고 고점 부근에서 매도하면 됩니다. 박스권을 발견한다면 과거의 흐름에 비추어 보아 매수가격, 목표가 및 매도가격 등의 매매계획을 세울 수 있습니다.

그림 6-6. 기본적인 박스권 모양

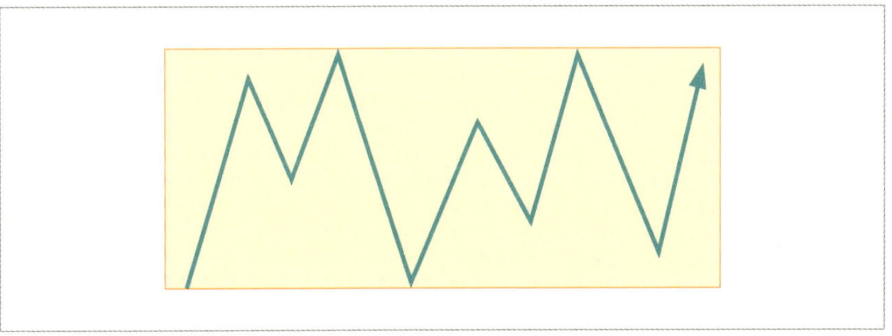

좀 더 구체적으로 살펴보겠습니다. [그림 6-6]에서 차트가 박스권의 하단에 도달할 경우 매수하는 방법입니다. 이전 지지 구간의 범위를 수평으로 연결하고 해당 구간에서 다시 반등할 것을 기대하고 매수를 하며 추가적으로 하락하여 박스권 이탈시에는 손절로 대응합니다. 기본적인 이익 매도 구간은 이전에 많이 분포한 저항 구간을 매도 구간으로 정합니다.

좀 더 신중한 투자자라면 박스권의 하단 도달 후 약간의 반등으로 박스권 하단의 지지력을 확인하고 진입하는 방법이 있습니다. 앞의 방법에 비해 한 번 더 안정성을 확인하고 진입하는 방법이지만 때때로 주가가 곧바로 크게 반등하여 진입 기회 자체를 놓치는 경우도 흔하게 목격할 수 있습니다.

그림 6-7. 박스권 전후의 거래량과 박스권에서의 거래량

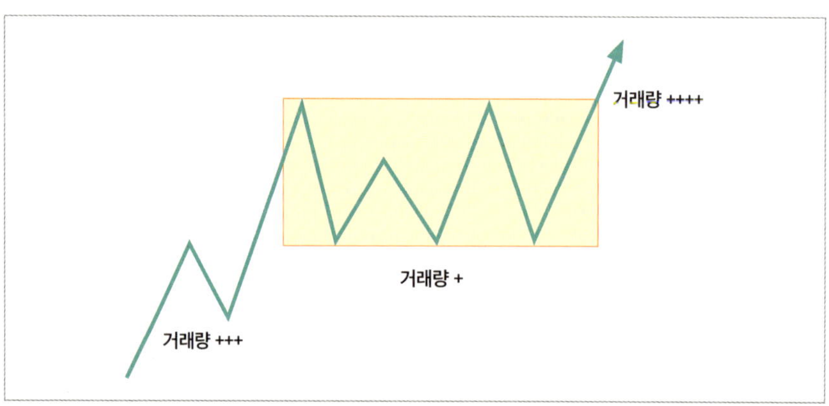

반면에 기존의 박스권이 유지되는 것으로 판단하고 박스권 상단에서 매도하였는데, 강하게 박스권 상단을 돌파하는 경우가 있습니다. 이때는 긴장하고 시세를 관찰해야 합니다. 박스권 돌파시 강력한 거래량을 동반하였다면 추가 상승의 가능성이 큰 만큼 추격매수를 고려해야 합니다. 다음에서 언급할 박스권 매매의 대가인 니콜라스 다비스Nicolas Darvas의 경우 오히려 박스권 돌파를 강력한 매수신호로 보았기 때문입니다.

[그림 6-8]은 파마리서치의 2024년 2월 이후 2025년 4월까지의 일간차트입니다. 크게 보면 세 번의 큰 박스권 돌파(A, B, C)가 있었습니다. 박스권

그림 6-8. 박스권 돌파의 실제 사례

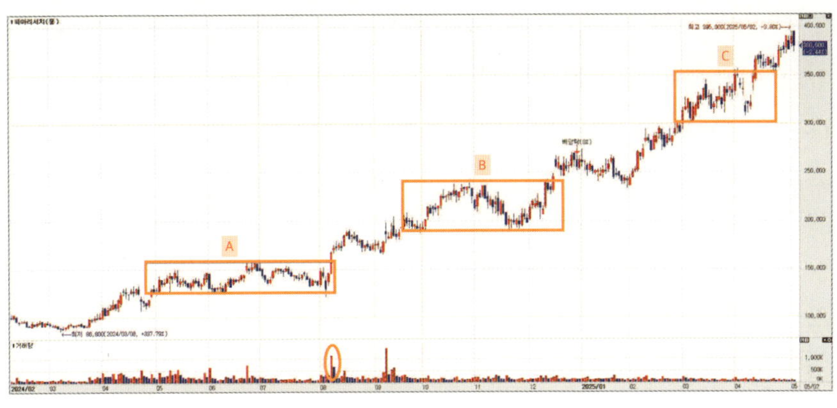

출처: 국내 증권사 HTS

기간은 2개월에서 3개월 반에 걸쳐 형성된 것을 볼 수 있습니다. 특히 처음 박스권 돌파시(A국면) 대량 거래량이 수반되었음을 볼 수 있습니다. 아래에 설명하겠지만 A국면이 형성 기간이 가장 길고, 폭이 좁아서 가장 믿을만한 박스권 돌파구간입니다.

박스권에서 주의해야 할 것들

먼저 박스권의 기간인데, 박스권이 형성된 기간이 길수록 돌파의 잠재적 의미 또한 커집니다. 즉 기간이 길었던 박스권이 돌파될수록 돌파되는 방향으로 시세가 상당 기간 형성될 가능성이 높다는 것입니다. 또한 폭이 좁은 박스권으로부터의 돌파는 특별히 믿을 만한 매매신호를 제공하게 됩니다.

주가가 박스권으로부터 잠시 이탈하거나 며칠간 이탈하고 나서 다시 박스권으로 되돌아오는 것이 일반적입니다. 한동안 머무른 시세에 대한 회귀 본능이라고 할까요. 굳이 이유를 들자면 박스권 내외로 매물대가 형성되어 있고, 이에 따른 차익매물이 집중될 수 있기 때문이지요. 박스권 상향 돌파나 하향 돌파할 때 무엇보다 거래량에 주의를 기울여야 합니다. 거래량이 수반되지 않은 박스권 돌파는 다시 박스권으로 돌아올 가능성이 높습니다.

따라서 박스권 돌파에서는 기간과 몇 %가 벗어났는지를 살펴봐야 합니다. 박스권의 돌파가 갖는 신뢰성은 돌파가 이루어진 후 최소한 며칠간 지속될 때 확증할 수 있습니다. 거래량이 대량으로 수반되면서 대형 양봉이 형성된다면 손바뀜이 일어나면서 매수세력이 압도적 우위라고 보지만 그렇지 않을 경우도 있습니다.

박스권 돌파의 신뢰성을 확증해주는 또 다른 방법은 일정한 기간 중에 박스권으로부터 최소한 몇 퍼센트 벗어났는지를 고려해 보는 일입니다. 여기서도 대략 3일 이내와 3% 이내의 벗어남은 기다려볼 만합니다. 박스권을 벗어났더라도 이내 박스권으로 복귀한다면 아직 추세가 형성되지 않은 것입니

| 그림 6-9. 박스권 하단 이탈 후 주가의 실제 사례

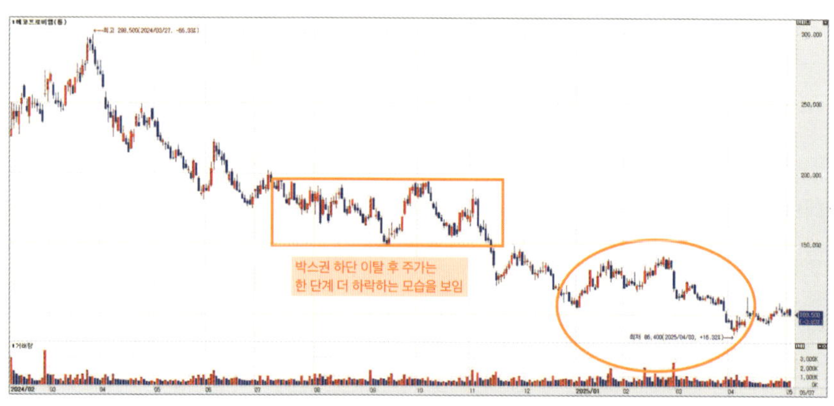

출처: 국내 증권사 HTS

다. 따라서 성급한 매매보다는 여유를 가지고 추세를 지켜보는 것도 바람직합니다.

[그림 6-9]는 에코프로비엠의 2024년 2월 이후 일간차트입니다. 일간차트로만 보면 최고가가 2024년 3월 27일 형성한 298,500원입니다. 주간차트를 보면 2023년 7월 24일에 584,000원을 기록했습니다. 박스권을 형성한 2024년 7월에서 11월 중순까지 주가는 150,000원~194,500원 사이에서 움직였습니다. 고점 대비 낙폭이 워낙 컸기에 박스권 상단 돌파에 대한 기대감을 안고 박스권에서 매수에 나선 투자자들이 제법 있었을 것입니다. 그러나 박스권 하단을 이탈하면서 주가는 한 단계 더 하락하는 모습을 보였습니다. 박스권 하단 근처에서 반등을 기대하고 매수한 투자자들이 있었다면 박스권 하단을 이탈하는 순간 매도에 나서야 했습니다. '매수가 기술이면, 매도는 예술'이라고 하는 이유가 여기에 있습니다.

04

박스권 매매전략으로 부자가 된 투자자도 있나요?

CHART ANALYSIS

박스권 매매가 처음 시장에 참여하는 투자자들에게 쉬운 방법은 아닙니다. 먼저 박스권을 분별하는 일 자체가 어렵습니다. 이러한 박스권을 이용하여 부를 축적한 투자자도 있습니다.

니콜라스 다비스는 1950년대 헝가리에서 태어났습니다. 무용수 출신의 아마추어 투자자로 단돈 1만 달러로 250만 달러를 벌어들였으며 25,000%라는 엄청난 수익률을 달성하였습니다. 그의 대표적인 '박스 이론Box Theory'은 여러 투자자의 지지를 받으며 현재까지도 기술적 분석의 중요한 지표로 쓰이고 있습니다.

그의 명성이 하루아침에 이루어진 것은 아닙니다. 그도 초반에는 남들이 좋다고 하는 '소문'에 이끌려 거래했던 적이 있었습니다. 그러나 결과는 처참했습니다.

그는 증권시장에서의 머니게임은 쟁쟁한 전문가들을 상대로 하는 실전임을 인지했습니다. 탐욕, 두려움과 같은 감정을 억제하고 원칙, 기법 등의 객관적인 잣대들이 중요하다는 사실도 깨달았습니다. 그리고 그는 8년 동안 주식투자와 관련된 연구를 하며, 매매시에는 반드시 매매일지를 기록했습니다. '무용수'라는 그의 직업 특성 때문에 해외 공연이 있을 때조차 그는 국제전신으로 주식투자를 할 정도로 열정적이었습니다.

그가 설명하는 박스이론은 다음과 같습니다. '주가 변동이란 우연히 발생하지 않으며 일단 방향성이 정해지면 지속적으로 따라 움직이며, 동시에 일정한 방향성을 가지고 있더라도 그 안에서 오르고 내리는 과정을 반복한다. 다시 말해 주가는 저점과 고점 사이에서 일관성 있게 진동하며 이러한 진동은 박스모양을 형성한다. 그리고 주가는 각각의 박스에서 불규칙하게 진동하고 그 진동은 역동적일수록 좋다. 반대로 변동 폭이 작으면 침체를 의미한다. 매수 신호는 주가가 거래량의 증가를 수반하며 박스권을 벗어나 다음 박스로 상향이동을 할 때이다.'

그는 박스이론에 다음과 같은 비유를 덧붙였습니다. "정숙한 영부인이 격렬한 춤을 추는 것 같은 주식을 선택하라." 즉 조용하던 주식이 변동 폭이 커지면 놀란 투자자들은 보유 주식을 매각하게 되는데, 이는 주가를 더 빠른 템포로 상승하게 도움을 주는 신호라는 의미입니다. 실제로 그는 그래프가 일정한 박스를 형성한 후 이를 막 돌파하는 주식 매입에 주력했습니다.

Chapter

7

투자에 있어서 중요한 것은 심리를 이해하는 것이라고 하던데요?

"

현명한 투자자일지라도 대중을 따라가지 않으려면
대단한 의지력이 필요하다.

\- 벤저민 그레이엄 Benjamin Graham

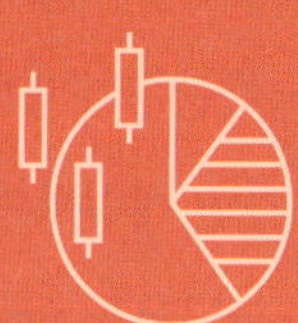

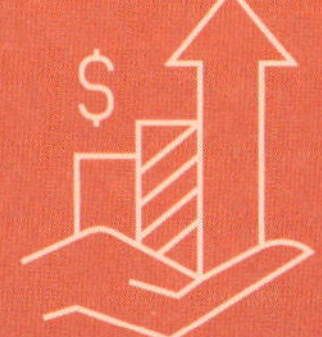

01

외국인, 기관투자자, 개인이 치는 고스톱과 흡사한 주식시장

CHART ANALYSIS

투자는 정보만 충분하면 쉽게 이득을 볼 수 있을 것으로 생각하는 사람이 많습니다. 그러나 아무리 많은 정보를 가지고 있어도 투자에 실패하는 경우를 흔히 볼 수 있습니다. 일반 투자자들은 물론이고 주식 전문가로 불리는 외국인이나 국내 기관투자자들도 투자 판단을 잘못하는 경우가 많습니다. 이러한 판단 착오는 정보 부족 때문이 아닙니다. 투자의 성공과 실패 사이에 있는 중요한 힘에 대해서 모르기 때문입니다. 그 힘이 바로 투자심리입니다.

본격적으로 투자심리를 설명하기 전에 주식시장의 3대 투자자인 외국인, 기관투자자, 개인투자자들의 투자행태를 살펴보겠습니다.

주식시장이 외국인, 기관투자자, 개인 등 3명이 치는 고스톱이라고 할 때, 주로 개인은 잃는 경우가 대부분이었습니다. 왜 그럴까요? 단순하게 외국인이나 기관투자자보다 정보가 부족해서만은 아닐 것입니다. 고스톱판에 비유하자면 개인투자자 가운데엔 자기 패만 생각하고 거기에 집착하느라 남의 패를 살펴보지 않는 사람이 많습니다. 그러나 남의 패도 항상 주시해야 합니

| 그림 7-1. 주식시장의 3대 투자자

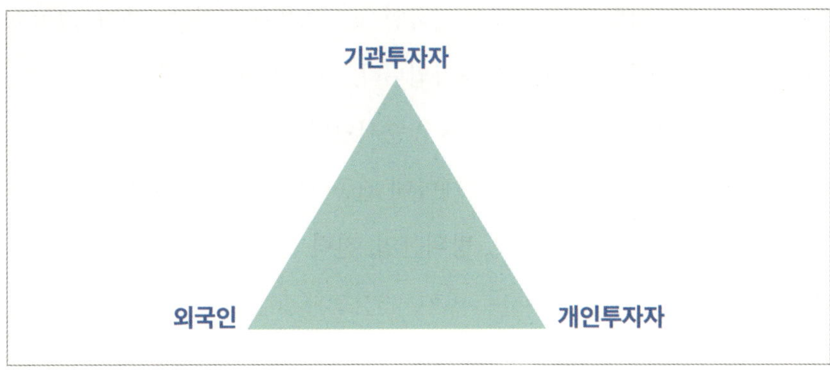

다. 외국인이 어떤 업종을 사는지, 기관이 어떤 종목을 매수하는지 살펴봐야 합니다. 초보 개인투자자들은 항상 급등하는 종목을 선호하는데, 고스톱에서 흔히 부르는 '호구'가 될 수도 있으니 주의해야 합니다.

| 표 7-1. 2024년 주체별 순매수 상위 종목(연간)

개인		외국인		기관	
삼성전자	−31.59%	현대차	5.65%	신한지주	20.42%
삼성SDI	−47.46%	SK하이닉스	23.32%	셀트리온	−6.26%
LG화학	−50.50%	HD현대일렉트릭	376.28%	LG화학	−50.50%
SK하이닉스	23.32%	삼성바이오로직스	22.89%	POSCO홀딩스	−49.25%
엔켐	51.57%	삼성물산	−10.58%	하나금융지주	32.72%
한화오션	47.01%	크래프톤	60.12%	고려아연	106.22%
한화솔루션	−60.89%	한화에어로스페이스	147.68%	메리츠금융지주	71.74%
NAVER	−11.74%	알테오젠	205.58%	KB금융	57.12%
호텔신라	−43.65%	두산에너빌리티	10.82%	제이시스메디칼	상장폐지
유한양행	63.23%	우리금융지주	18.38%	HD현대미포	59.01%

* 기준: 1월 2일~12월 27일 순매수
* 수익률은 지난해 연말 종가 대비 12월 27일 종가 비교

해마다 연말이면 기관이나 언론 등에서 주체별 순매수 동향을 발표하는데, 항상 제일 수익률이 높은 것은 외국인이고 그다음이 기관투자자, 그리고 수익률이 제일 낮은 것은 개인투자자입니다. 이것은 항상 변함이 없습니다.

[표 7-1]은 2024년도 주체별 순매수 순서입니다. 2024년 한 해 동안 외국인 투자자들이 주요 글로벌 주식 테마에 집중하며 놀라운 성과를 거두었습니다. 특히 AI(인공지능), 바이오, 방위산업, 전력 분야 등에서 두각을 나타내며 높은 수익률을 달성했습니다. 반면, 개인투자자들은 부진한 실적을 기록하며 상위 종목의 하락에 직면했습니다.

한국거래소에 따르면, 2024년(1월 2일~12월 27일) 개인 순매수 상위 10개 종목의 주가 수익률은 평균 -6.07%로 집계되었습니다. 즉 한 해 동안 개인이 순매수한 종목을 구매했다면 적자였다는 것인데, 그중 삼성전자는 31.59% 하락하며 개인 투자자들이 가장 많이 손실을 본 종목이었고, 삼성SDI와 LG화학 역시 각각 47.46%, 50.5% 하락했습니다. 그 외에도 한화솔루션은 60.89% 하락, NAVER와 호텔신라 등도 큰 손실을 봤습니다. 개인 투자자들이 대형주에 대한 물타기 매수에 나섰지만, 반등 없이 손실이 확대된 상황이었습니다.

여기서 우리가 생각해 봐야 할 것은 외국인들이 집중하는 업종이나 종목을 관심있게 살펴보며 투자에 나서야 된다는 사실입니다. 일반적인 경제원칙에서와 마찬가지로 주가 변동도 주식에 대한 수요 및 공급의 변화를 반영합니다. 즉 수요가 공급을 초과하면 가격은 상승하고, 공급이 수요를 초과하면 가격이 하락합니다. 따라서 주가 움직임을 분석하는 기술적 분석은 결국 시장 내 주식의 수요와 공급 변화를 파악하고, 더 나아가 이에 영향을 미치는 다수의 투자자, 즉 대중의 심리를 연구하는 것임을 알아야 합니다.

02

투자에서 중요한 것은 심리, 심리에서 밀리지 말자

CHART ANALYSIS

대부분 투자자는 투자에 실패한 후 과거의 판단을 후회하며 자책하곤 합니다. 그러면서도 그때에는 그렇게 판단할 수밖에 없었다고 합리화합니다. 잘못 판단할 수밖에 없었던 근본적인 이유에 대해서는 생각하지 않는 경우가 많습니다. 우리가 투자판단을 할 때 인간의 본능만을 따라간다면 실패할 확률이 높습니다.

대부분 사람은 주가가 오를 때 주식을 사고 주가가 떨어질 때 팔아야 편안함을 느낍니다. 그러나 실제 투자에서는 그 반대로 행동하는 것이 필요할 때가 많습니다. 이와 같이 행동하려면 남들과 다른 판단력과 용기가 필요한데 그것이 쉽지 않은 게 현실입니다. 주위 환경이 우리가 다른 판단을 하게 놓아두지 않기 때문이죠. 여기에 휩쓸리지 않으려면 투자심리를 잘 알아둘 필요가 있습니다. 주위의 정보나 분석자료, 전문가 의견 등을 참고하여 투자를 할 경우에도 우리의 심리를 극복하는 방법을 모른다면 성공하기 힘듭니다.

그러므로 투자를 할 때는 두 가지 관점에서 시장을 분석할 필요가 있습니다. 하나는 시장 표면에 나타난 현상에 관한 분석이고, 다른 하나는 시장 내부에서 이루어지고 있는 투자심리 분석psychological analysis입니다. 투자심리 분석을 강조하는 입장에서는 증권시장의 분석방법을 기본적 분석, 기술적 분석, 투자심리 분석 등으로 나누기도 합니다.

개인의 투자심리

개인들이 투자에 나시면서 실제로 경험하게 되는 몇 가지 심리상태를 살펴보겠습니다. 투자자들이라면 변동성이 큰 주식시장에서 일반적으로 겪게 되는 심리적 변화상태입니다. 이런 심리적 요인들을 극복해야만 그 보상으로 수익률을 얻을 수 있습니다.

❶ 두려움

시장에서 가장 많이 표출되는 것은 두려움fear입니다. 근심, 걱정, 불안은 두려움과 본질적으로 같음을 인식해야 합니다. 흔히들 두려움은 매수 후 손실이 나는 경우에만 발생하는 것으로 잘못 인식하고 있으나 시장에는 다양한 형태의 두려움이 존재합니다.

❷ 탐욕

탐욕greed은 시장에서 두려움과 함께 가장 많이 나타나는 심리적인 장애물입니다. 탐욕은 자본주의 사회를 활성화시키는 이윤추구라는 경제활동의 정상적인 욕망desire과 구분되어야 합니다. 탐욕의 특징은 '단시간에 큰 부를 획득하려는 과도한 욕망'입니다. 탐욕은 시장뿐만 아니라 사회생활 전반에서 손실을 불러일으키는 가장 일반적인 심리적 덫입니다.

시장에서 객관성이 흐려진다는 것은 시장에 내재된 수익과 위험에 대한 균형 잡힌 분석이 불가능해진다는 뜻이기도 합니다. 탐욕은 시장이나 종목의 선택이나 시장에 들어가는 시점에 발생하며, 또한 보유한 주식에서 약간의 이익이 생긴 후에 발생하게 됩니다.

❸ 복수심

시장에서 잦은 손실이 누적되거나 한두 번의 거래에서 큰 손실이 발생하는 경우 복수심이 생기게 마련입니다. 시장참가자가 복수심을 갖게 되면 앞뒤를 생각하지 않습니다. 그러나 시장은 어떤 특정인을 원수로 삼을 생각도 없고, 동시에 어떤 사람의 처지를 동정하여 관대함을 베풀지도 않습니다. 그저 무형으로 존재할 뿐입니다. 시장에서 발견되는 복수심의 또 다른 유형은 시장이 아닌 일반사회에서 생긴 실패나 손실을 시장에서 만회하려는 경우입니다. 지나친 복수심은 결국 투자에 대한 판단을 흐릴 수 있습니다.

❹ 과신

과신overconfidence은 두 가지 형태로 나타납니다. 첫째는 자신의 능력을 과신하는 것이며, 둘째는 기술적 지표에 대한 과신입니다. 자신의 능력에 대한 과신은 시장에서 큰 수익을 올린 후에 일어납니다. 만약 초보자가 큰 수익을 얻었다면 우연히 얻은 횡재라는 것을 망각하고 자신의 분석능력, 과감한 용기, 타이밍 덕분이었다고 과신합니다. 심지어 자신의 천재성에 도취되기도 합니다. 이런 유형의 과신은 리스크를 고려하지 않은 과도한 매수를 만들거나 축적해가는 결과를 가져오며, 경험이 없는 시장에 진출하기도 하고, 사전에 투자자 스스로 수립한 규칙 무시(특히, 약속된 손절인 스톱 로스 규칙을 무시), 현재의 매수상황을 반영한 기술적 지표를 무시하는 결과로 나타납니다.

❙ 집단의 투자심리

개인의 투자심리가 집단화되면서 집단 투자심리market sentiment 또는 군중심리를 형성하게 됩니다. 이러한 집단 투자심리는 처음에는 단순히 주위의 투자권유를 받아들인다든지 또는 단기간에 큰돈을 벌어보자는 심리에서 출발하게 됩니다. 그러나 나중에는 투자위험에 대한 인식을 못할 뿐만 아니라 막연한 불안감마저도 확고한 믿음으로 착각하게 됩니다.

❶ 집단 투자심리의 형성

결정을 내리기 어려울수록, 틀릴 위험이 높을수록, 그리고 객관적인 평가척도가 적을수록 인간의 행동은 일치하는 경향이 강합니다. 이러한 인간심리의 특성으로 인해 집단 투자심리가 만들어지는 것입니다.

집단심리는 처음에는 불확실한 환경에서 시작됩니다. 어떤 유행이 투자자들의 관심을 끌게 되면 주위 사람들은 (확실한 믿음이 없기 때문에) 주저하면서도 이를 따라 해봅니다. 그 후 유행이 퍼지면서 확산되는 단계를 거칩니다. 이 단계에서 유행이 얼마나 빨리 그리고 넓게 확산하느냐는 일반의 지지를 얼마나 얻느냐에 따라 달라집니다. 그다음에는 유행이 확인되는 단계에 이릅니다. 이 단계에서는 주위의 환경도 바뀌게 됩니다. 사람들이 유행에 반응하는 것입니다.

이렇게 널리 퍼진 유행을 사람들이 따라 하고, 동참하지 않는 사람을 이상하게 만듭니다. 주위 사람들이 똑같은 생각을 할 때 혼자만 다른 생각을 한다는 것만큼 힘든 일은 없습니다. 이 단계에 이르면 유행이나 투자자가 안정화되는데 이때에는 참여자들이 합리적인 판단을 할 수 없게 됩니다. 집단심리가 한번 형성되면 개인의 능력이나 생각은 무시됩니다. 집단의 규모가 클수록 거기에 미치는 개인의 영향력은 적어지기 때문입니다. 큰 집단에서 개인의 의견은 다른 사람들과 일치되는 부분에서만 영향을 미칠 수 있습니다.

❷ 집단 투자심리의 특징

집단심리가 한번 형성되면 합리적인 판단이 어려워집니다. 투자자들은 남들이 하는 대로 따라 하는 것에 만족하게 됩니다. 그런데 집단이 만드는 결정은 다수의 힘을 기준으로 하기 때문에 개인의 결정보다 항상 합리성이 떨어집니다.

개인 심리와 집단심리 간에는 일반적으로 다음과 같은 관계가 있습니다. 첫째, 집단심리 속에는 자기의 판단에 따라서 행동하는 개인이란 존재하지 않습니다. 둘째, 사람들은 무의식적으로 집단심리에 이끌려 행동하는 경향이 있습니다. 셋째, 개인이 집단심리에 전염되면 집단의 감정적이고 습관적인 결정을 자연스럽게 따르게 됩니다. 넷째, 개인이 모여서 집단이나 군중이 되면 그들은 합리적인 판단을 하기보다는 맹목적이고 감정적으로 그들 앞에 제시된 상황을 따르게 됩니다.

03

심리의 대가, 앙드레 코스톨라니

CHART ANALYSIS

주식시장만큼 이해하기 어려운 곳도 없을 것입니다. 온갖 풍문이 떠돌아다니는 것은 물론 비이성적이고 비논리적인 일들이 횡행하기 때문이지요. 이 같은 특성을 놓고 전문가들은 증권시장에서의 투자가 결국 심리 게임 문제로 귀결된다고 정리합니다.

투자의 귀재로 불리는 앙드레 코스톨라니Andre Kostolany는 그의 책 《투자는 심리 게임이다(Kostolanys Borsenpsychologie)》에서 "증권시장에서의 심리학 역할은 아무리 강조해도 지나치지 않다. 단기적 그리고 중기적으로 심리학은 증권시장의 90%를 결정한다"고 말했을 정도니까요. 그는 주식시장은 객관적인 정보와 방대한 데이터에 의해 조직적으로 움직이는 시장이 아니라 '심리'라는 인간적인 요소의 영향을 받는다고 단언했습니다. 이에 대한 반론이 없는 것은 아니나 실제 투자자들은 심리 게임이라는 명제에 대해 어느 정도 수긍을 합니다. 아마도 경제는 심리라는 말도 그래서 널리 통용되는 것인지도 모르겠습니다.

그는 '역발상 투자'로 상당한 부를 손에 쥔 인물입니다. 2차 세계대전 직후 패전국인 이탈리아 자동차회사와 독일의 국채에 투자해 각각 10배와 140배의 시세차익을 올렸습니다. 또한 1989년에는 옛 러시아제국의 국채에 투자하면서 60배의 시세차익을 얻기도 했습니다.

코스톨라니는 [그림 7-2]와 같이 타원형의 달걀을 여섯 국면으로 나눠 주식시장의 순환과 투자 시점을 설명했습니다. 그가 정립한 달걀 모형을 간단히 말하자면 많은 사람이 주식에 관심이 없을 때 주식을 매수하고, 주식에 관심을 가질 때 매도하라는 이론입니다.

달걀의 가장 아랫부분인 A1은 상승 국면으로 주식 거래량과 보유자 수가 적습니다. 코스톨라니에 따르면 투자자는 이때 주식을 매수해야 한다고 했습니다. 그다음인 A2는 거래량과 보유자 수가 늘어나는 시기로 투자자는 매수한 주식을 쥐고 가격이 오르길 기다려야 합니다. 사람들이 상승장에 뛰어드는 A3에서는 주식 거래량이 급증합니다. 주가가 가장 높아지는 시기로 투자자는 보유 주식을 매도해 차익을 실현해야 합니다.

투자자는 달걀의 정점을 넘은 B1 국면에서도 주식 매도를 이어가야 합니

그림 7-2. 앙드레 코스톨라니의 달걀 모형

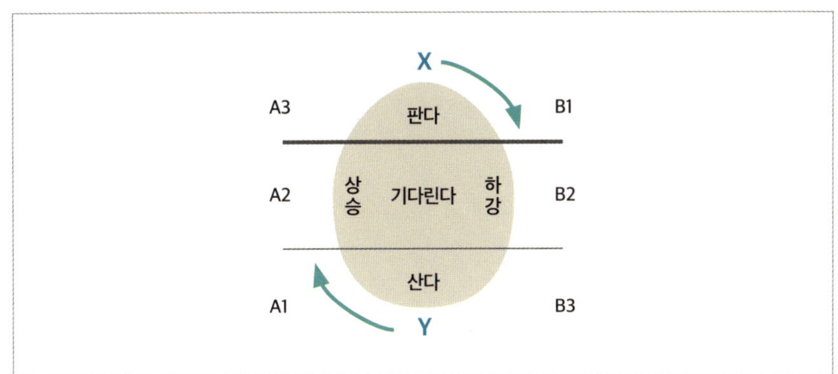

다. 이 시점부터는 주식 거래량과 보유자 수가 줄어들기 시작합니다. B2는 고점에서 주식을 매수한 투자자들이 대거 빠져나가며 거래량이 증가하는 모습을 관망할 시기입니다. 하락장의 막바지인 B3는 투매(투자자들이 불안과 공포를 느낀 나머지 손해를 감수하고 대량으로 급매도하는 현상)가 나오며 거래량이 폭증합니다. 코스톨라니는 이때 가격이 낮아진 주식을 다시 매수하라고 말합니다.

호황과 불황은 자본주의의 숙명과도 같습니다. 달걀모형에 따르면 주식으로 돈을 벌기 위해서는 대중과 반대로 움직여야 합니다. 사람들이 주식에 관심이 없을 때가 바로 주식을 매수해야 하는 시점이고, 반대로 사람들이 주식에 열광할 때 주식을 매도해야 할 시점입니다. 하지만 이는 시장에 처음 참여하는 개인투자자들에게는 결코 쉽지 않은 일입니다.

04

심리지표의 기본인 투자심리선

CHART ANALYSIS

투자심리는 감정적인 현상이므로 이를 직접 측정하는 것은 어렵습니다. 그러므로 현실적으로는 증권시장에 나타난 현상을 이용해서 투자심리를 측정하게 됩니다. 투자심리선psychological line은 투자 심리의 변화를 보여주는 오실레이터형 지표로, 현재 시장 상태가 과열 혹은 침체 상태인지를 알려줍니다. 최근 기간 동안 주가가 상승한 날의 비율로 측정되며, 50을 기준으로 높을수록 과열, 낮을수록 침체상태라고 볼 수 있습니다. 투자심리도는 RSI, 스토캐스틱stochastic 등 본격적인 기술적 지표가 만들어지기 이전부터 존재했던 지표입니다.

투자심리선 = (일정기간 중 주가 상승일수 / 기간값) × 100

투자심리선은 최근 N일(12일을 주로 사용) 동안 상승한 날의 비율로 계산됩니다. 예를 들어, 최근 12일 동안 주가가 상승한 일자가 9일이라면, 투자심리선의 값은 9/12×100=75가 됩니다. 투자심리선의 값이 높을수록 주가가 과열상태, 낮을수록 침체상태라고 해석할 수 있습니다.

투자심리선은 오실레이터 지표로, 0에서 100 사이에서 움직입니다. 만약 주가가 10일 내내 상승한다면 투자심리선은 100으로 나타납니다. 반대로 10일 내내 하락하면 투자심리선은 0이 될 것입니다. 이와 같은 극단적인 경우가 발생하는 일은 드물지만, 10일 동안 주가가 상승한 기간이 상대적으로 길수록 현재 시장이 과열 상태에 놓여있고, 주가가 하락한 기간이 상대적으로 길수록 침체 상태에 놓여 있다고 판단할 수 있습니다.

그림 7-3. 투자심리선으로 본 매도 및 매수 구간 실제 사례

출처: 국내 증권사 HTS

[그림 7-3]은 KOSPI의 2024년 8월 이후 2025년 5월 초까지의 일간차트입니다. 그림을 통해 투자심리선을 이용한 분석 방법을 좀 더 자세히 알아보겠습니다. 첫째, 투자심리선이 상·하단선을 돌파시 매매하는 전략을 사용할 수 있습니다. 투자심리선이 25선을 상향 돌파시 매수하는 전략입니다. 만약 투자심리선이 25선 이하로 떨어졌다면, 현재 시장이 침체권에 놓여있고 매

도물량이 지나치게 많다고 판단할 수 있기 때문에 매수를 검토해 볼 수 있습니다. 침체권을 가리키던 투자심리선이 25선을 상향 돌파했을 때를 과매도 해소에 대한 반등을 확인하고 진입하는 매수신호로 사용함으로써 불확실성에 대한 리스크를 줄일 수 있습니다.

둘째, 투자심리선이 75선을 하향 돌파하면 매도하는 전략입니다. 마찬가지로, 투자심리선이 75선 위로 올라왔다고 해서 즉시 매도했다가는 추가적인 상승으로부터 얻는 이익을 놓칠 수 있습니다. 따라서 이때도 투자심리선이 75선을 하향 돌파했을 때를 매도신호로 사용함으로써 더 높은 기대수익률을 목표할 수 있습니다.

투자심리선 매매방법이 모든 경우에 적용되는 것은 아닙니다. 투자심리선은 단순한 지표이기 때문에, 다른 지표와 함께 종합적으로 고려해야 합니다. 또한, 주가 움직임에 따라 변동하기 때문에 정확도가 떨어질 수 있다는 점을 유의해야 합니다.

투자심리선 매매방법은 투자자들의 심리를 파악하는 데 도움이 되는 유용한 방법입니다. 투자심리선과 다른 지표를 함께 활용하고, 주가의 움직임을 주의 깊게 관찰하면 보다 효과적인 판단을 할 수 있을 것입니다.

투자심리선과 함께 활용할 수 있는 지표들로는 이동평균선, MACD, RSI, 볼린저밴드bollinger band 등이 있습니다. 이런 지표들을 함께 활용하면 투자심리선의 단점을 보완하고, 보다 정확한 투자 판단을 할 수 있을 것입니다.

05 그 밖의 투자자 심리지표

CHART ANALYSIS

주식시장에는 대표적인 심리지표가 많습니다. 그중에서도 가장 많이 사용되는 것들은 아래와 같습니다. 이들을 하나씩 공부해 보겠습니다.

한국형 변동성지수

한국형 변동성지수VKOSPI는 KOSPI200의 옵션 가격을 이용해 옵션 투자자들이 예상하는 주식시장의 미래 변동성을 측정하는 지수입니다. 이 수치는 미국 시카고옵션거래소CBOE가 S&P500지수옵션을 토대로 발표하는 변동성지수VIX와 유사한 개념으로, 한국거래소KRX가 2009년 4월 13일부터 국내 주식시장에 맞게 고안해 낸 아시아 국가 최초의 변동성지수입니다. 주가가 급락할 때 변동성지수는 급등하는 역상관관계를 보였기 때문에 '공포지수fear index'라고도 불리며 시황 변동의 위험을 감지하는 중요한 투자지표로 활용되고 있습니다.

주식시장에서의 변동성이 클 것이라고 예상하는 투자자가 많은 경우 지수가 올라갑니다. VKOSPI가 상승하지 않는 것은 급락에 대한 불안감이 줄어들었다는 의미로, 투자심리가 견고하다는 뜻이 됩니다. VKOSPI 수치의 해석은 10 이하는 과도한 낙관 상태, 10~20은 정상 범위, 20~30은 불안 심리 확산, 30 이상은 공포 국면으로 증시 급락 가능성이 있다는 것입니다.

이 지수는 한국거래소 홈페이지(www.krx.co.kr)에서 오전 9시 15분부터 오후 3시 15분까지 30초 간격으로 갱신됩니다. 단 코스피200 옵션 시장이 중단되면 VKOSPI도 산출되지 않습니다.

그림 7-4. VKOSPI와 KOSPI200의 실제 사례

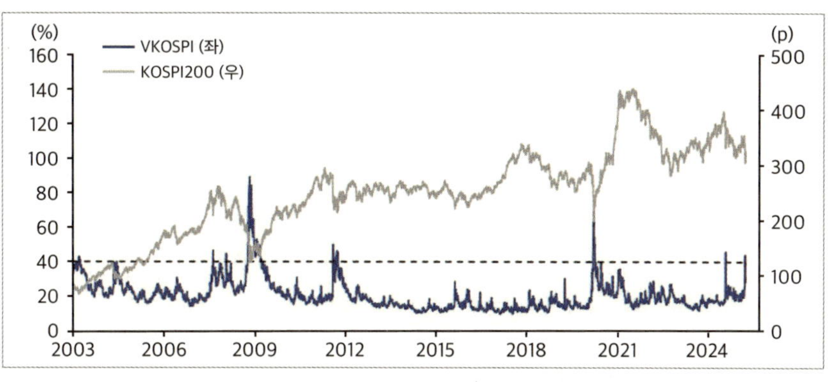

출처: 한국거래소(KRX)

CNN 공포탐욕지수

CNN 공포탐욕지수fear & greed index는 미국 주식시장의 투자 심리를 나타내는 대표적인 지표입니다. 이는 시장에 공포심이 얼마나 팽배해 있는지, 혹은 투자자들이 지나친 욕심에 사로잡혀 있는지를 파악하기 위해 고안되었습니다. 주가 모멘텀stock price momentum, 주가 강도stock price strength, 주식 거래량stock price breadth, 풋옵션과 콜옵션 비율put and call options, VIX, 안전자산 선호safe haven demand, 위험채권 수요junk bond demand 등 7개 지표에 동일한 비중을 부여하여 최종적으로 CNN 공포 탐욕지수가 산출됩니다. 시장을 다각도로 분석해 투자 심리를 종합적으로 판단하고 있다고 볼 수 있습니다.

이 지수는 0부터 100까지의 범위로 표시됩니다. 0에 가까울수록 시장에 극도의 공포감이 퍼져 있다는 뜻이고, 반대로 100에 근접할수록 투자자들이 지나친 탐욕에 빠져 있음을 시사합니다. 일반적으로 0~25는 극도의 공포extreme fear, 25~50은 공포fear, 50~60은 중립neutral, 60~75는 탐욕greed, 75~100은 극도의 탐욕extreme greed을 나타냅니다.

이처럼 CNN 공포 탐욕지수는 시장에 깔려 있는 심리를 직관적으로 보여줍니다. 공포지수가 높을 때는 투자자들이 위험 회피 성향을 보이며 주식을 팔아치우는 경향이 있고, 탐욕지수가 높을 때는 무모할 정도로 주식을 사들이는 경향이 있습니다. 이런 투자심리는 주가에 상당한 영향을 미치게 됩니다.

| 그림 7-5. CNN 공포탐욕지수(Fear & Greed Index)

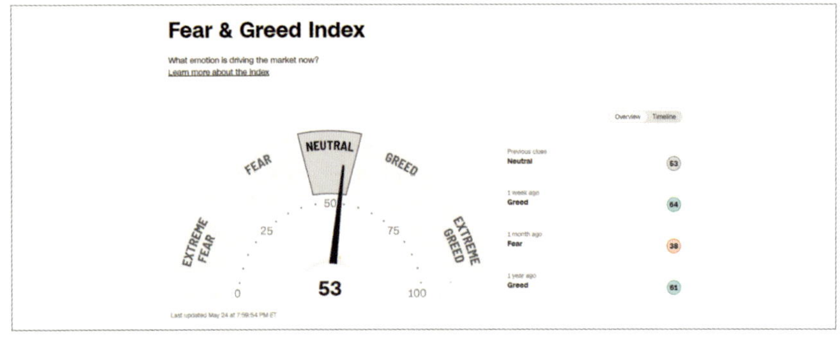

출처: CNN Business

AAII 미국 개인투자자 심리지수

1987년 미국 개인투자자 협회AAII에서 산출하기 시작한 심리지표로, 개인투자자들을 대상으로 향후 6개월 동안 시장이 어디로 향할지에 대한 생각을 설문하여 통계화한 심리지수입니다. 이를 통해 투자자들의 전체적인 심리 상태를 확인할 수 있습니다. 설문조사를 통해 향후 6개월 동안 주식시장의 방향 예측에 대해 상승bullish, 중립neutral, 하락bearish 중 하나의 의견을 받습니다. 이러한 조사는 일주일 단위로 진행되며, 매주 목요일 아침에 업데이트됩니다.

그림 7-6. AAII 미국 개인투자자 심리지수

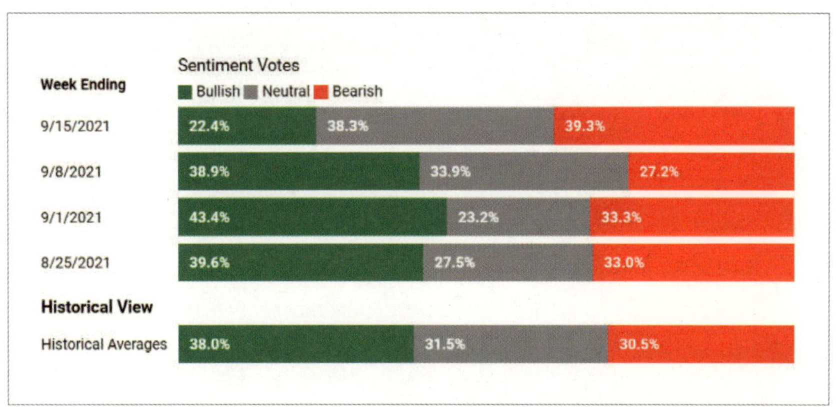

출처: AAII(https://www.aaii.com/sentimentsurvey)

자료에 대한 해석은 강세 의견 비중이 역사적 평보다 높을수록 투자자들의 심리상태가 긍정적인 것으로 판단합니다. 반대의 경우에는 투자자들의 심리가 비관적이라고 해석합니다. 시간의 흐름에 따른 의견 비중 변화를 통해 전체적인 투자심리 체크가 가능합니다.

미국 액티브 매니저 노출지수

미국 액티브 매니저 노출지수NAAIM Exposure Index는 미국 액티브 매니저들의 주식시장 노출 정도 확인을 통해 앞으로의 증시에 대한 기관투자자들의 전망, 투자 심리 상태를 확인할 수 있는 지수입니다. NAAIM(전국 액티브 투자 관리자 협회) 회원사의 액티브 매니저들을 대상으로 매주 수요일 시장 마감 후 조사를 진행하며, 각 매니저들의 롱·숏 포지션 현황을 수집하여 통계화

그림 7-7. 미국 액티브 매니저 노출지수(NAAIM Exposure Index)

Date	NAAIM Number Mean/Average	Bearish	Quart1	Quart2	Quart3	Bullish	Deviation
11/19/2025	86.56	-100	76.25	100.00	100.00	200	51.59
11/12/2025	87.87	0	68.25	100.00	100.00	200	39.42
11/05/2025	90.06	0	77.50	100.00	100.00	200	40.86
10/29/2025	100.83	-100	96.00	100.00	110.00	200	55.36
10/22/2025	90.35	-100	83.75	100.00	100.00	200	52.10
10/15/2025	84.87	-100	77.50	100.00	100.00	200	50.98
10/08/2025	84.57	-200	86.50	100.00	100.00	200	69.27
10/01/2025	80.66	-200	81.50	100.00	100.00	200	71.13
09/24/2025	86.24	-100	80.00	100.00	100.00	200	66.77
09/17/2025	84.76	-200	90.00	100.00	100.00	200	71.96

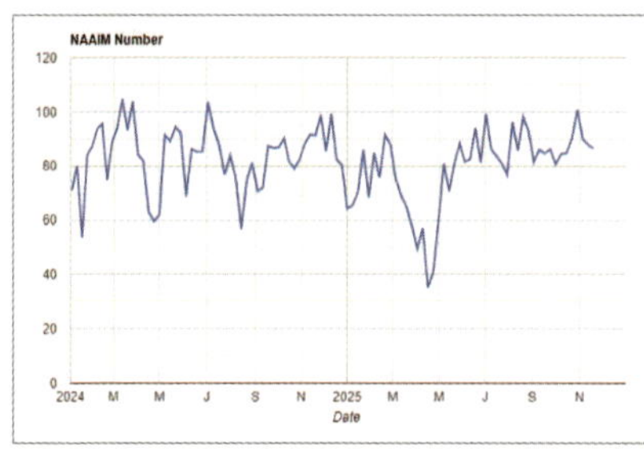

출처: NAAIM(https://naaim.org/programs/naaim-exposure-index/)

한 것입니다. 주식 노출 응답범위는 0에서부터 200%까지입니다. 이렇게 설정한 것은 현금보유에서부터 레버리지를 일으킨 것까지 측정하기 위해서입니다. 주식노출도가 높을수록 주식시장에 대한 긍정적 심리로 해석하며, 상승 기대감이 높아집니다. 반대의 경우는 주식시장에 대한 부정적 심리가 높을수록 하락 기대감이 상승하게 됩니다.

Chapter

8

추세를 파악하는 일이 중요하다고 하던데요?

”

추세는 변하기 전까지는 우리의 친구이다.

- 에드 세이코타 Edward Arthur Seykota

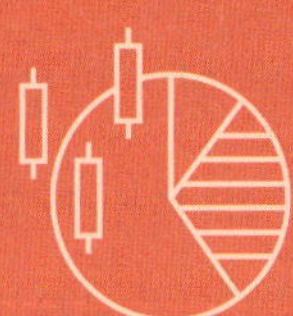

01

추세, 흐름을 타면 그 방향으로 움직인다

CHART ANALYSIS

증권시장의 주가가 일직선으로 움직이는 경우는 거의 없습니다. 오히려 등락, 즉 지그재그 움직임의 연속입니다. 이러한 등락 움직임은 주가의 고점과 저점을 계속해서 만들어 갑니다. 증권시장에서 추세란 이러한 주가의 고점과 저점이 만드는 주가흐름의 방향, 즉 주가가 움직이는 방향이라고 할 수 있습니다. 추세분석은 기술적 분석의 출발점입니다. "항상 추세방향으로 매매하라" 혹은 "추세를 거스르지 말라"는 격언을 들어본 적이 있을 것입니다. 추세가 그만큼 중요하다는 것입니다.

좀 더 쉽게 이야기해 볼까요? 추세는 이윤을 낼 수 있는 가장 유리한 기회를 제공하기 때문에, 차트분석의 가장 기본적 목표는 추세를 정의하고 식별하는 것입니다. 언뜻 보기에는 주가가 제멋대로 움직이는 것처럼 보이는데, 주가는 일단 방향이 설정되면 상당 기간 같은 방향으로 향하려는 특성(관성)을 가집니다. 이렇게 주가가 같은 방향으로 진행되는 것을 추세라 합니다. 투자자 입장에서는 추세가 상승하는 초기에 매수하여 추세가 반전되는 시점에 매도함으로써 최대의 성과를 얻을 수 있으며, 추세형성과 반전의 정확한 인식과 예측이 투자전략상 무엇보다도 중요한 과제가 될 것입니다.

추세매매의 대가들이 투자에 성공한 사례는 많습니다. 월스트리트의 황제로 불렸으나 네 번의 파산 끝에 권총 자살로 삶을 마감한 제시 리버모어 Jesse Livermore는 추세매매의 대부로 일컬어집니다. 단타매매로 주식투자를 시작한 리버모어는 몇 번의 파산을 통해 배워가며 시장 추세에 주목하는 그만의 투자법을 정립했습니다. 추세를 읽고 확인하기 위해 '물타기'(하락시 추가 매수)가 아니라 '불타기'(상승시 추가 매수)를 택하는 방식이었습니다.

"손실은 자르고 이익은 달리게 놔둬라."라는 데이비드 리카도 David Ricardo의 말처럼 오르는 자산에 더 투자해야 한다고 주장했습니다. 1987년 주식시장 붕괴(블랙먼데이) 당시 추세매매를 성공적으로 활용한 전설의 트레이더 폴 튜더 존스 Paul Tudor Jones의 사례도 있습니다. 그는 시장에 심각한 하방추세가 발생할 징조를 파악하고 시장 공매도를 선택했으며, 시장이 폭락했을 때 상당한 수익을 냈습니다.

02

추세의 방향과 종류

CHART ANALYSIS

추세의 방향

추세는 그 진행방향에 따라 상승추세 up trend, 하락추세 down trend, 횡보추세 side way trend 세 가지로 구분됩니다. 상승추세는 고점과 저점이 이전보다 점차 상승하는 경우이며, 하락추세는 고점과 저점이 이전보다 점차 낮아지는 경우를 말합니다. 횡보추세는 고점과 저점이 수평으로 이동하는 것을 의미합니다.

그림 8-1. 추세의 구분과 방향

상승추세

하락추세

횡보추세

추세의 종류

추세의 종류에는 기간에 따라 주추세(대추세), 중간추세, 단기추세 세 가지로 분류할 수 있습니다. 추세별 진행 기간은 일률적으로 말하기 어려우며 아주 짧게는 수 분 또는 수 시간에서부터 길게는 수백 년에 이르기까지 다양하게 분류할 수 있습니다.

참고로 상대적으로 매매 기간이 짧은 선물시장에서 일반적으로 주추세는 6개월 이상의 추세이며, 중간추세는 3주에서 수개월에 걸친 추세이고, 단기추세는 2~3주 이내의 추세입니다. 추세구분의 중요한 원리는 각 추세는 더 큰 추세의 일부분이 된다는 점입니다.

그림 8-2. 추세의 종류

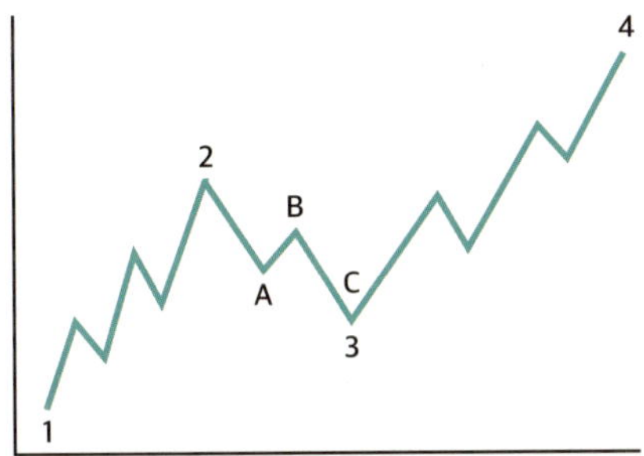

[그림 8-2]는 추세의 구분원리를 나타낸 것입니다. 그림에서 1, 2, 3, 4는 상승 주추세를 나타내고 있습니다. 한편 2, 3은 상승 주추세의 중간조정추세로 하락추세를 나타냅니다. 즉 상승추세를 보이는 기간에도 얼마든지 그 아래 단위의 하락 조정추세가 출현함을 의미합니다. 또 이러한 하락 조정추세는 다시 A, B의 보다 작은 단위의 상승 조정추세를 가질 수 있음을 나타냅니다.

다우이론[Dow Theory]은 찰스 다우[Charles Dow]가 만든 기술적 분석의 시초로, 주식 시장의 주요 추세를 읽는 방법입니다. 다우이론에서 횡보추세는 매수세력과 매도세력 간에 팽팽한 힘의 균형에 의해 형성된다고 했으며 라인[line]이라고 표현했습니다. 다우는 일반적으로 시장이 횡보추세시에 추세분석가, 특히 컴퓨터에 의해 기계적으로 매매하는 추세순응형 투자자들이 낭패를 보는 경우가 많다고 지적했습니다.

| 그림 8-3. 추세의 종류 실제 사례

출처: 국내 증권사 HTS

[그림 8-3]은 2019년 8월 이후 현대건설의 주간차트입니다. 1, 2, 3, 4, 5, 6은 상승 주추세이고 2, 3과 4, 5는 중간추세이며 A, B, C는 단기추세로 해석할 수 있습니다.

03

추세선의 도출과 이용

CHART ANALYSIS

주가가 상승추세인지 하락추세인지 판단하려면 두 개의 고점이나 저점을 연결한 선인 추세선이 필요합니다. 앞에서 본 바와 같이 추세는 상승추세, 하락추세, 횡보추세 세 개가 있는데 이중 상승추세선은 두 개의 저점을 연결한 선이 상승하는 경우를 말하며, 하락추세선은 두 개의 고점을 연결한 선이 하락할 경우입니다.

| 그림 8-4. 상승추세선

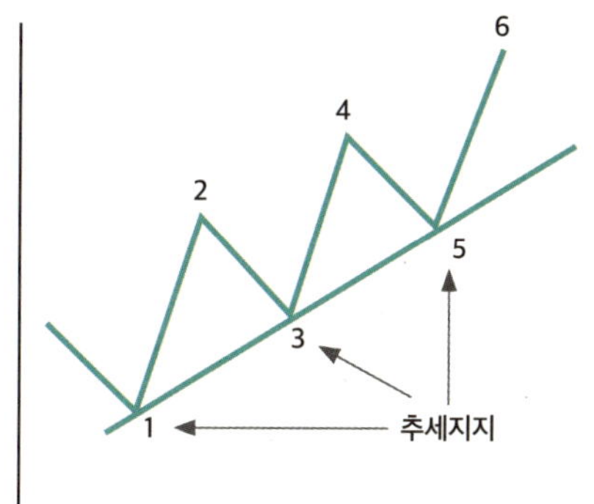

| 그림 8-5. 하락추세선

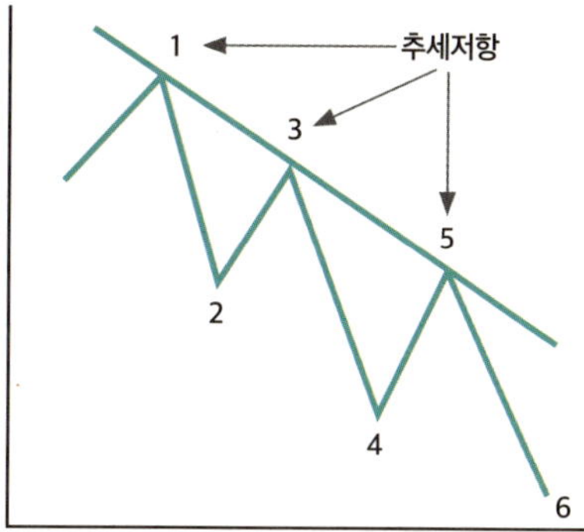

횡보추세선은 두 개의 저점이나 고점을 연결한 선이 수평 또는 작은 기울기를 가져 전체적으로 주가의 움직임이 크지 않을 때 나타나는 추세선입니다. [그림 8-4]는 상승추세선의 예입니다. 두 개의 저점 1과 3으로 잠정적인 추세선을 그릴 수 있으며 점 5와 같이 다시 한번 이어질 때 진정한 추세선이 됩니다.

[그림 8-5]는 하락추세선입니다. 그림처럼 접점이 많을수록, 추세선의 길이가 길수록 신뢰성이 높아집니다.

▎그림 8-6. 상승추세선과 하락추세선의 실제 사례

출처: 국내 증권사 HTS

[그림 8-6]은 브이엠의 일간차트입니다. 2024년 6월 중순부터 12월 초까지 하락추세선 아래에서 주가가 움직였고, 2024년 12월 중순부터 2025년 5월 초까지 상승추세선 위에서 주가가 움직인 것을 볼 수 있습니다.

이렇게 확인된 추세선은 기울기와 변화폭이 지속되는 경향이 있습니다. 따라서 이러한 성질을 이용하면 조정의 폭뿐만 아니라 추세가 전환되는지를 알 수 있습니다. 추세분석은 추세가 진행되는 동안에 동일한 매매 전략(상승추세선일 경우 매수 또는 보유)을 지속하므로 추세선의 이탈은 매매전략을 재수립해야 하는 첫 신호가 될 수 있습니다. 그렇다면 추세선의 붕괴를 어떻게 확인할까요? 특히 일시적으로 이탈하는 경우가 많아 추세선의 붕괴를 판단하는 데는 몇 가지 기준을 사용합니다.

먼저 하루 중 가격이 추세선 이하로 하락하였으나 종가는 추세선 위로 회복했을 때는 이탈한 것으로 보지 않습니다. 이 외에 추세선 붕괴의 거짓신호 whipsaw를 제거하기 위해 일정수준의 필터 filter를 사용하게 되는데 추세선을 3% 이상 돌파해야 한다는 가격필터 price filter를 사용하기도 하고, 3일 연속 종가가 추세선을 이탈하면 정말로 이탈한 것으로 간주하는 시간필터 time filter를 사용하기도 합니다.

I 그림 8-7. 상승추세선의 붕괴

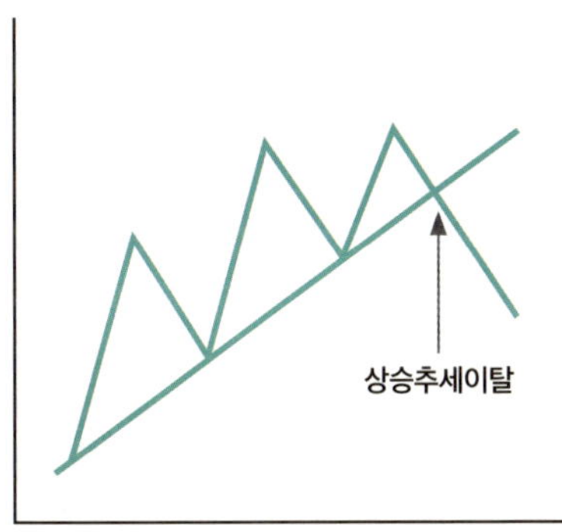

I 그림 8-8. 하락추세선의 붕괴

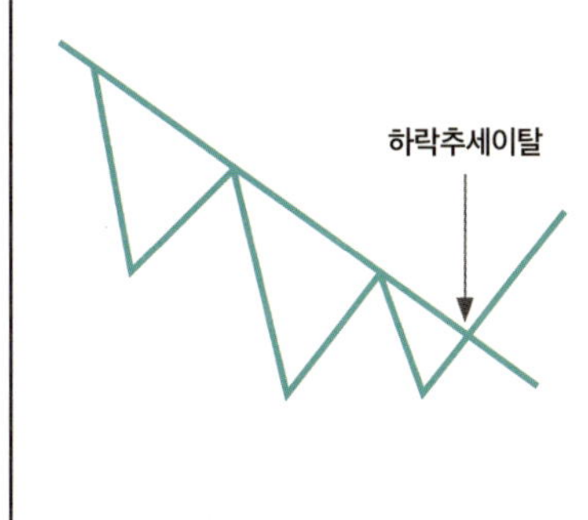

04

추세선의 역할 변경과 팬원리

CHART ANALYSIS

일반적으로 지지와 저항수준이 극복되면 그 역할이 반대로 바뀌게 됩니다. 이와 같은 원리는 추세선에도 적용됩니다. 즉 지지선 역할을 하던 상승추세선이 일단 붕괴되면 저항선이 되고, 저항선이던 하락추세선이 붕괴되면 지지선이 되는 것입니다. 이는 가격이 지금까지 형성된 추세선을 돌파해서 방향전환 신호를 나타낸 경우에도 그동안 진행되던 방향으로 되돌아가려는 성질이 있기 때문입니다.

그림 8-9. 상승지지선의 역할 변경

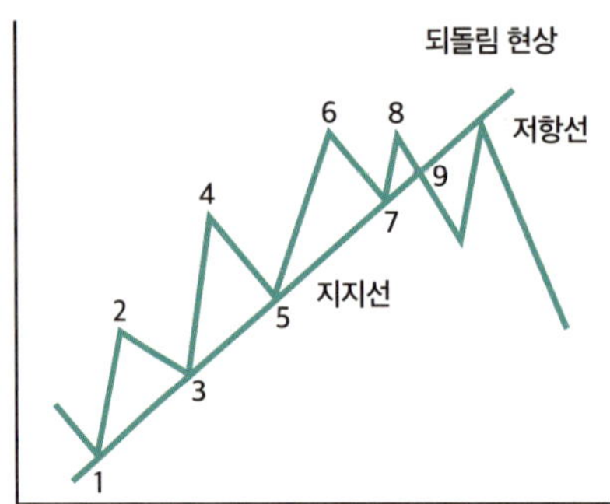

그림 8-10. 하락저항선의 역할변경

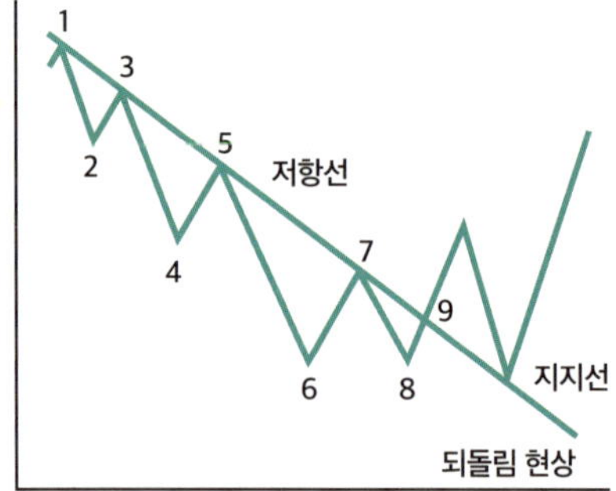

[그림 8-9]는 상승추세선이 돌파되면서 그 역할이 변하는 것을 보여주고 있습니다. 그림에서 1~8까지는 상승추세선이 지지역할을 하고 있으며 점 9에서 상승추세선이 돌파break out 되었습니다. 그 이후 하락하던 주가는 다시 반등하게 되는데 이때는 기존 상승추세선의 연장선까지 반등한다는 것입니다.

이와 같이 원래의 추세로 향하는 현상을 되돌림pull back이라 하고 지지역할을 해왔던 기존추세선은 이제 저항선으로 역할을 전환하게 됩니다.

따라서 투자자 입장에서는 추세선 돌파시 방향전환을 인식해야 하며 되돌림으로 주가가 반등할 때 기존추세선을 연장한 저항선 수준을 매도기회로 활용하여야 합니다. [그림 8-10]은 하락추세선 이탈 이후 반등과 되돌림에 의한 지지 및 매수 신호 출현을 나타냅니다.

I 그림 8-11. 하락추세선 지지선의 역할변경 실제 사례

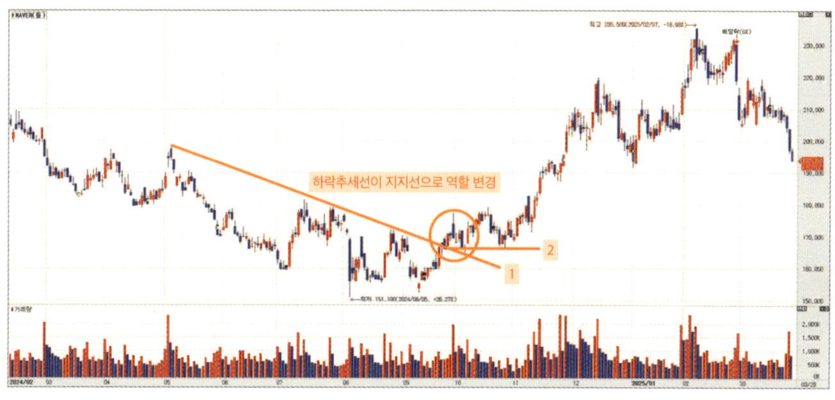

출처: 국내 증권사 HTS

[그림 8-11]은 NAVER의 일간차트입니다. 2024년 5월 초 고점 이후 형성된 하락추세선 1이 9월 말에 돌파되자 10월 들어 돌파에 대한 반발로 되돌림 현상이 나타났는데 그동안의 추세선 1이 지지선으로 역할이 전환되었습

니다. 이후에 이 가격대 2가 추가 반등 후 가격조정시 다시 지지선 역할을 하는 것을 볼 수 있습니다. 이는 실전에서 자주 나타나는 모습입니다.

한편 이러한 지지선과 저항선의 역할 변경이 연속적으로 이루어지면 이른바 부채꼴 모양의 추세선이 생기는데 이를 팬원리fan principle라고 합니다. [그림 8-12]는 상승추세가 팬원리에 의해 하락추세로 전환되는 것을 나타냅니다.

I 그림 8-12. 상승추세에서의 팬원리

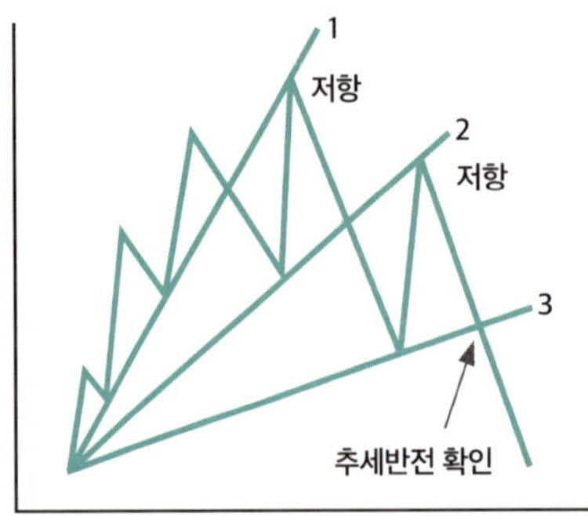

I 그림 8-13. 하락추세에서의 팬원리

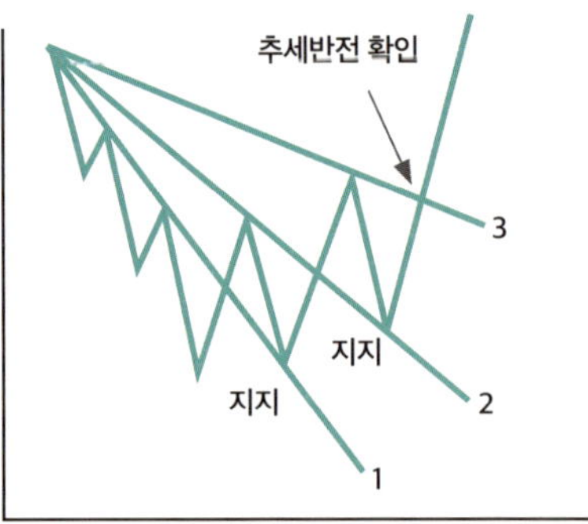

[그림 8-12]에서 상승추세의 지지선이던 추세선 1이 돌파되면 추세선 1은 저항선으로 역할이 바뀌고 새로운 2차의 추세지지선이 형성되었습니다.

다음으로 2차 추세지지선이 돌파되면 2차 추세선은 저항선으로 바뀌고 새로운 3차 지지선이 형성됩니다.

마지막으로 3차 추세지지선이 하향 돌파되면 이제 상승추세는 확실히 하향추세로 반전되었다고 파악해야 합니다.

그림에서 선 1~3을 부채꼴 추세선fan line이라 하고 3선을 돌파하는 시점이 바로 추세반전의 확인시점이 됩니다.

일반적으로 세 번째 부채꼴 추세선이 돌파되면 가격은 급등락합니다.

부채꼴 추세선은 추세반전 이외에도 이를 사전에 그려봄으로써 가격움직임을 예측하는 기법으로도 널리 사용됩니다. [그림 8-13]은 하락추세에서의 부채꼴 추세선을 나타냅니다.

| 그림 8-14. 상승추세에서의 팬원리 실제 사례

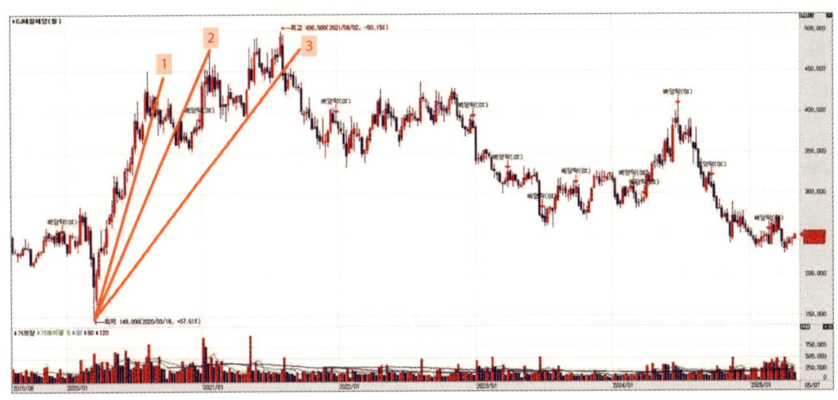

출처: 국내 증권사 HTS

[그림 8-14]는 CJ제일제당의 2019년 8월 이후 주간차트입니다. 1차 지지선인 1선이 2020년 8월 말에, 2차 지지선인 2선은 2020년 10월 말에, 3차 지지선인 3선은 2021년 8월 중순에 각각 붕괴되었습니다. 또 각 지지선은 상승추세의 저항선으로 작용하였습니다. 따라서 2021년 상반기 주가급등시 주가가 어느 정도까지 상승할 것인가는 2선을 이용할 수 있다는 점이 팬원리의 실전 응용이 될 것입니다. 2021년 8월 중순의 지지선 붕괴는 2020년 3월부터 이어진 상승주추세가 확실히 끝났음을 의미합니다.

▎그림 8-15. 하락추세에서의 팬원리 실제 사례

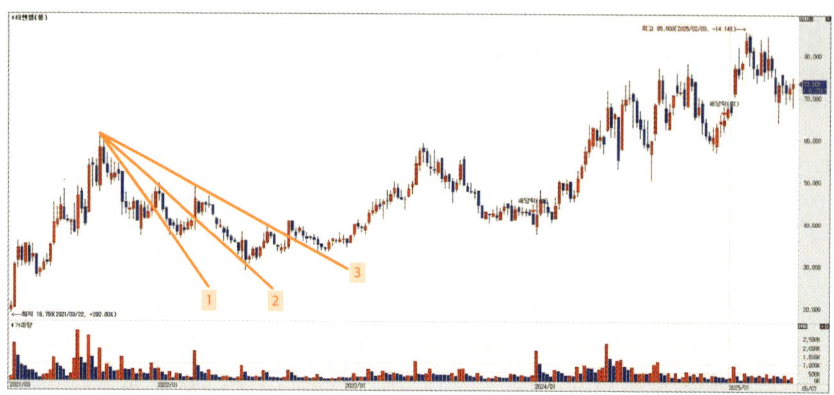

출처. 국내 증권사 HTS

[그림 8-15]는 티앤엘의 주간차트입니다. 1, 2, 3선은 모두 추세저항선이었다가 지지선으로 전환되었습니다. 2022년 9월 중순 거래량이 수반되며 주가급등으로 3선이 돌파되면서 1년간 이어진 하락주추세가 반전된 것으로 판단됩니다.

05

추세선의 기울기와 조정

CHART ANALYSIS

추세선은 일반적으로 45도 기울기를 가지는 경향이 있습니다. 그러나 추세는 가격움직임을 반영해 주어야 하므로 가격움직임이 급해지거나 완만해지면 추세선도 이에 맞춰 조정해야 합니다. 한편 추세가 너무 가속화 또는 감속화되면 기울기가 큰 새로운 추세선을 이용하는 것보다 이동평균선을 이용한 곡선추세선을 이용할 수도 있습니다.

윌리엄 델버트 갠W. D. Gann에 의하면 대수차트에서 45도의 각도를 가지는 상승 또는 하락이 가장 안정적이라고 합니다. 실제로 많은 차트에서 어느 일정 기간 이러한 속도 이상 또는 이하의 속도를 나타내는 국면을 많이 볼 수 있습니다. 따라서 추세의 가속 또는 감속이 일어나게 되며 이 경우 각 증권사 HTS 시스템에 구현된 격자형의 45도선으로 구성된 갠 라인gann line을 이용하면 유용합니다.

그림 8-16. 추세선의 감속조정

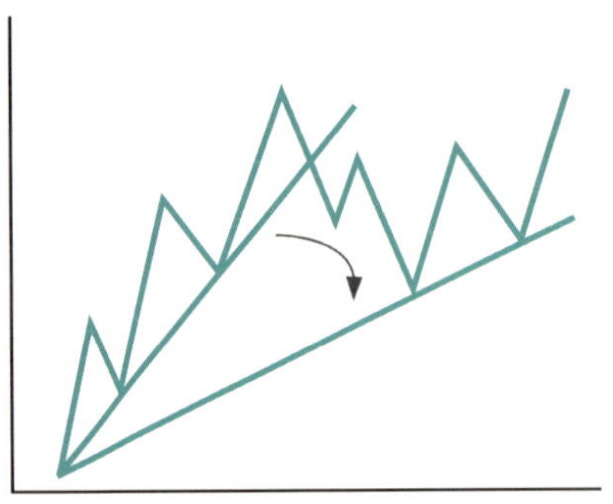

그림 8-17. 추세선의 가속조정

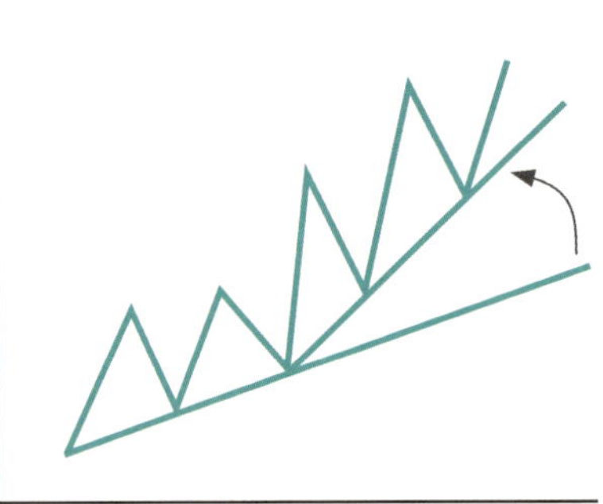

그림 8-18. 추세선의 조정사례

출처: 국내 증권사 HTS

[그림 8-18]은 산일전기의 일간차트입니다. 2024년 9월 초 이후 형성된 상승추세에서 1선에서 2선으로 추세 가속 후 2선에서 3선으로 추세 감속이 된 것을 볼 수 있습니다.

06

추세대의 정의와 외곽선

CHART ANALYSIS

앞서 언급했듯이 추세선 분석은 기본적으로 추세순응형 매매전략을 위한 것입니다. 그러나 추세선을 잘 관찰하면 주가가 추세선으로부터 일정 폭 괴리된 이후에는 추세선으로 회귀되는 힘을 받게 됩니다. 따라서 보다 단기적 관점에서는 현재 주가 수준이 추세선으로부터 어느 정도 괴리되었는가도 중요한 정보입니다.

I 그림 8-19. 상승추세대

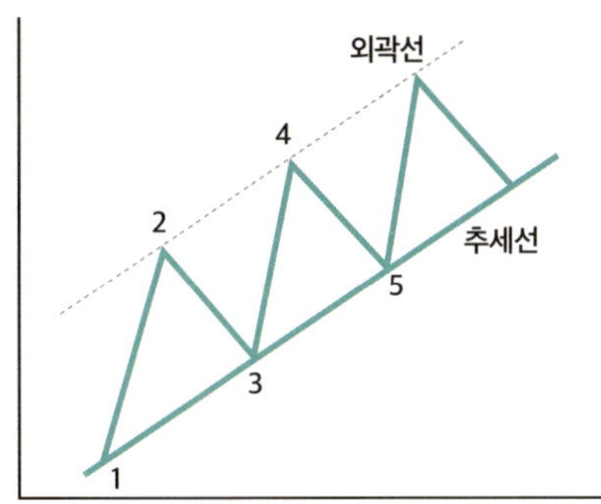

I 그림 8-20. 하락추세대

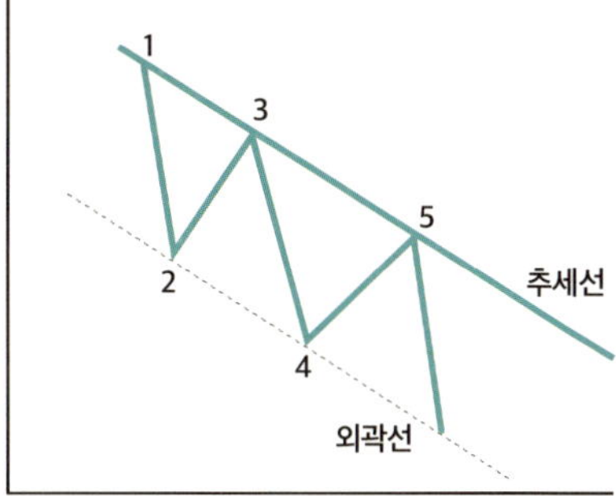

이때 추세선으로부터 일정하게 괴리된 폭을 나타내는 선을 외곽선channel line 또는 회귀선return line이라고 하는데 상승(하락) 추세에서 추세선이 그려지고 난 후 첫 번째 고점(저점)에서 추세선과 평행하게 이동한 선을 말합니다. 추세대trend channel란 바로 이 추세선과 외곽선 사이의 영역이라고 정의됩니다.

즉 [그림 8-19]와 [그림 8-20]에서 1, 3을 연결하는 추세선을 점 2에서 평행이동한 선이 외곽선이 되고 실선과 점선 사이가 추세대입니다.

07

추세대의 수정

CHART ANALYSIS

주가가 외곽선을 돌파하면 기존추세가 가속화되고, 못 미치면 추세가 약화되는 신호로 해석할 수 있습니다. 즉 주가가 필터를 감안하고도 의미 있게 채널라인을 돌파하면 기존 주추세를 조정해야 하며, 못 미치면 새로운 외곽선에 의한 추세대 형성으로 해석해야 합니다. 이때 기존 채널라인이 파괴되더라도 그 채널 폭을 유지하는 게 일반적입니다.

그림 8-21. 추세대의 상승가속

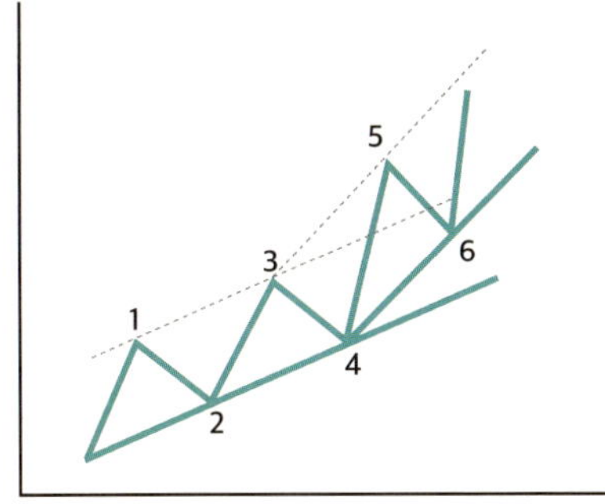

그림 8-22. 추세대의 하락 전환

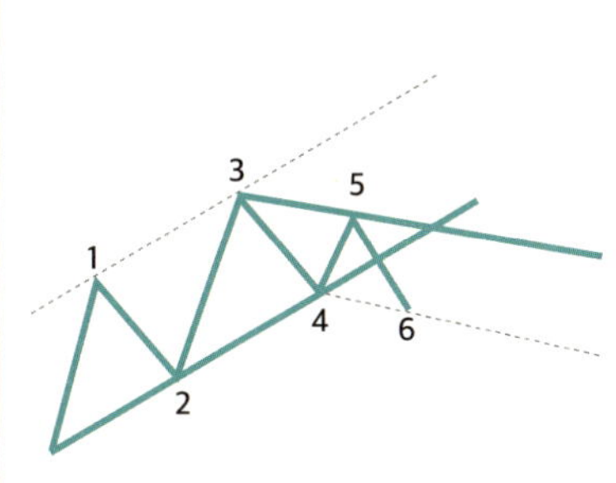

[그림 8-21]을 보면 점 4에서 추세지지 이후 기존의 외곽선을 돌파하고 점 5까지 상승한 후 반락하는 새로운 추세대를 형성하고 있습니다.

공격적 투자자들은 이러한 추세대의 외곽선 돌파를 추가 매수기회로 활용합니다.

이번에는 반대의 경우를 살펴보겠습니다.

[그림 8-22]는 기존의 외곽선에 못 미치는 점 5에서 반락하고 있습니다. 이 경우 투자자는 추세전환의 가능성이 높아졌음을 인식하여야 합니다. 이때에는 결국 기존의 상승추세대가 하락 전환하게 됩니다.

기존추세선의 하향 이탈시점이 매도신호가 되며 목표치 계산object counting상 가격 하락 폭은 점 3과 5를 연결한 새로운 추세선과 평행한 외곽선을 점 4로부터 그려 맞닿는 점 6 부근까지로 예상할 수 있습니다.

여기서 목표치 계산이란 차트 해석시 각종 기술적 분석 원리technical principle를 적용할 경우 가격이 어느 정도까지 상승 또는 하락할 것인가를 계산해내는 과정을 말합니다.

즉 추세대의 폭을 측정함으로써 추세선이 붕괴되었을 때 그 이후의 가격 움직임을 예측할 수 있게 됩니다.

내용을 요약하면 결론적으로 추세대는 추세의 속도변화와 매매시점의 포착에 매우 유용한 도구임을 알 수 있습니다. 외곽선을 뚫으면 추세 가속, 못 미치면 추세 감속이라고 판단하고 상승추세대에서 추세선은 매수시점, 외곽선은 매도시점, 반대로 하락추세대에서는 추세선 접근시 매도시점, 외곽선 접근시 매수시점으로 활용하면 됩니다. 또 목표가격의 측정은 추세대의 형성 폭이 기준이 됩니다.

❙ 그림 8-23. 추세대의 수정 실제 사례

출처: 국내 증권사 HTS

[그림 8-23]은 JYP엔터의 2024년 12월 이후 일간차트입니다. 2025년 1월 초부터 뚜렷한 상승추세선과 외곽선이 형성되었습니다. 2025년 2월 말의 주가 상승시 기존의 외곽선에 미치지 못한 후 추세대가 하락 반전하였습니다.

08

추세대를 이용한 투자전략

CHART ANALYSIS

추세대를 이용한 투자전략의 기본은 주가가 추세대의 바닥에 도달하면 매수하고, 천장에 도달하면 매도하는 것입니다. 그러나 이 같은 전략은 주가가 추세대에 머문다는 기본 가정에서만 유효할 뿐 추세대를 이탈할 경우 상승이나 하락이 가속화되는 위험을 안고 있습니다. 따라서 주가뿐만 아니라 거래량 등 제반 사정을 동시에 고려해야 하며 주가가 추세대를 이탈해 일정 수준(예를 들면 3%) 이상 상승(하락)할 경우 빨리 반대매매를 행하여야 합니다.

추세대를 이용한 매매 중 매수 전략은 다음과 같습니다.

❶ 주가가 상승추세선을 상향 돌파한 경우
❷ 주가가 평행추세선을 상향 돌파한 경우
❸ 다른 지표들은 매수신호를 보이는 반면 주가가 하락추세선을 밑돌고 있다가 추세선을 상향 돌파한 경우

❹ 추세대의 상단 외곽선이 확산되는 상승추세를 보이고 주가가 외곽선에 접하는 경우

❺ 하락추세가 진행되면서 추세대가 점점 수렴하고 있는데 주가가 상단 외곽선에 접할 경우는 매도 유보

❻ 추세선과 외곽선이 평행을 이루며 상승하고 주가가 외곽선에 접하는 경우

❼ 추세선이 상향하는 상승삼각형에서 주가가 외곽선에 접하는 경우

❽ 추세선이 상승하고, 외곽선이 하락하는 대칭삼각형에서 주가가 많은 거래량을 동반하면서 외곽선을 상향 돌파하는 경우

이에 비해 추세대를 이용하는 매도 전략은 다음과 같습니다.

❶ 주가가 하락추세선을 하향 돌파할 경우

❷ 주가가 평행추세선을 하향 돌파할 경우

❸ 다른 지표들은 매도신호를 보이는 반면 주가는 상승추세선 위에 있다가 상승추세선을 하향 돌파하는 경우

❹ 추세대의 하부 외곽선이 확산되면서 하락세를 보이고 주가가 외곽선에 접하는 경우

❺ 상승추세가 진행되면서 추세대가 점점 수렴하고 있는데 주가는 하단 외곽선에 접할 경우는 매수 유보

❻ 추세선과 외곽선이 평행을 이루며 하락하고 주가가 외곽선에 접하는 경우

❼ 추세선이 하락하는 하락삼각형에서 주가가 외곽선에 접하는 경우

❽ 추세선이 하락하고, 외곽선이 상승하는 대칭삼각형에서 주가가 많은 거래량을 동반하면서 외곽선을 하향 돌파하는 경우

Chapter

9

조정이 시작되면 얼마나 빠지나요?

”

손해 보고도 팔 줄 알아야 해요. 투자자 잘못됐을 땐 이를 인정하고 재빨리 손을 빼는 게 결정적입니다. 저는 매수한 주식이 10% 이상 떨어지면 눈을 똑바로 뜨고 매도 여부를 검토하죠. 물론 대부분은 매도합니다.

- 제럴드 로브 Gerald M. Loeb

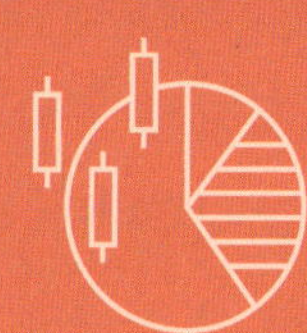

01

주가가 급등하면 일정 부분 조정을 보이던데요?

CHART ANALYSIS

주식시장이나 주가가 무조건 오르는 경우는 거의 없다고 봐도 무방합니다. 대부분 주가가 광범위하게 상승한 후 일시적으로 하락하는 현상이 나타납니다. 이러한 현상을 기술적 조정technical adjustment이라고 합니다. 이는 주로 기술적 분석 지표를 사용하는 투자자들에 의해 주도되며, 과열되거나 과매수된 상태에서 벗어나려는 시장의 자연스러운 반응으로 이해하면 됩니다.

기술적 조정의 원인을 살펴보겠습니다. 시장 참여자들은 과열된 주가가 지나치게 높은 수준까지 상승하면 과열상태로 판단합니다. 이러한 상황에서는 기존 투자자들이 고점에서 이익 실현을 위해 주식을 매도하기 시작하며, 신규 투자자들은 가격 부담으로 매수를 보류하게 됩니다. 기술적 지표들이 과매수 신호를 나타내면서, 단기적으로 주가 조정이 필요하다는 신호를 보내게 됩니다. 이러한 지표들을 통해 투자자들은 주가의 추가 상승 여부를 판단하는 것입니다.

매수 후 상당한 이익을 얻은 투자자들이 단기 고점에서 주식을 팔기 시작하면서 주가는 하락 압력을 받게 됩니다. 이 단계에서는 일시적으로 매도세가 강력해지면서, 주가는 빠르게 하락할 수 있습니다. 빠르게 하락한 이후 주가는 안정화에 접어드는데, 단기적인 매도세가 잦아들면서 주가는 일정 범위 내에서 등락을 반복하게 됩니다. 앞에서 말한 것은 가격 조정이며, 뒤에서 말한 것은 기간조정이라고 합니다. 기간조정의 시기에 주가는 새로운 지지선을 구축하면서, 시장 참여자 간의 투자의견이 엇갈리게 됩니다. 이러한 기간 조정 후반에는 시장 참여자들이 주가의 현재 수준을 재평가하기 시작하면서, 주식의 기본적 가치와 미래 가치에 대한 분석이 이뤄집니다.

주식시장에 처음으로 나선 투자자 입장에서는 처음 겪는 조정으로 심리적인 불안이 나타나게 됩니다. 이런 순간에는 투자자들의 투자심리가 위축될 수 있습니다. 시장의 불확성실 증가로 주변의 매수심리도 급격히 위축되는 것을 경험하게 됩니다. 주가의 변동성도 커질 가능성이 있습니다. 경우에 따라 이러한 변동성 증가는 시장 전체에 확산될 수도 있습니다. 그러나 큰 그림으로 본다면 이러한 기술적 조정은 저평가된 주식을 매수할 수 있는 기회를 제공하기도 합니다. 장기적인 투자의 관점에서 본다면 이러한 조정을 매수의 기회로 활용하는 전략이 필요합니다.

기술적 조정을 활용하는 전략 중 가장 일반적인 것은 매수와 매도의 적절한 타이밍을 찾는 것입니다. 이러한 타이밍 분석에 기술적 분석을 적절히 활용하여 과매수 또는 과매수 상태를 파악하고 이에 대응하는 것입니다. 주식 포트폴리오를 업종별, 종목별로 다각화하여 위험을 관리하는 것이 필요합니다. 예를 들어 IT 관련주가 좋다는 이야기를 듣고 무조건 IT 종목에 투자하는 것이 아니라 실적주, 내수주, 배당주 등 포트폴리오를 다각화할 필요가 있습니다.

02

주가가 조정을 보이면 얼마나 빠지나요?

CHART ANALYSIS

추세의 진행을 보면 추세진행 방향으로 일정 폭 움직인 뒤 다시 추세진행과는 반대방향으로 일정 폭 움직임이 나타납니다. 여기서 추세와 역으로 일정 폭만큼 움직이는 것을 조정retracement이라 합니다. 이러한 조정은 예측 가능한 비율로 움직이는데, 50% 조정이 가장 잘 알려진 것이면서 일반적입니다. 즉 주가가 상승추세 진행 이후 조정국면에 접어들면 상승 폭의 50% 정도 하락하는 게 일반적이라는 의미입니다. 이 외에 최소·최대 조정비율이 사용되기도 합니다.

일반적으로 1/3 조정이 최소비율이고, 최고 조정비율은 2/3입니다. 시장의 분위기가 오름세를 보이는 강세시장일 경우 상승 폭의 1/3만큼은 조정을 받고, 시장의 분위기가 취약할 경우 2/3 정도 조정을 받습니다. 그러나 2/3 이상은 단순한 조정이 아닙니다. 오히려 추세의 전환을 의심해 보아야 하며 만일 추세가 전환됐다면 이 경우 상승 폭의 100%까지 하락하게 됩니다.

한편, 앞에서 제시된 50%, 1/3, 2/3의 비율은 임의로 정한 것이 아니라 다우이론에 기초하고 있습니다. 엘리어트 파동이론과 피보나치 급수에 따른다면 38%와 62%의 조정비율을 따라야 합니다. 따라서 조정폭의 계산은 50%를 일차적으로 고려하되, 33~38%의 최소비율과 62~66%의 최대비율을 고려하는 것도 좋은 방법입니다.

그림 9-1. 추세의 조정비율

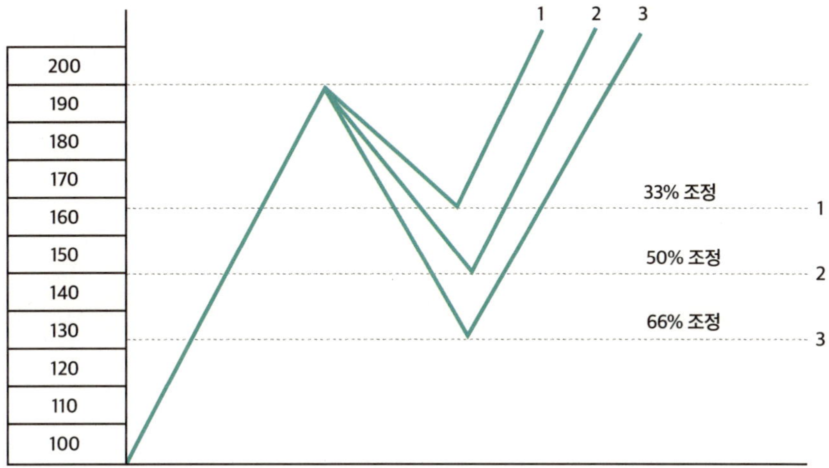

그림 9-2. 추세의 조정비율 실제 사례

출처: 국내 증권사 HTS

[그림 9-2]는 HMM의 2024년 11월 중순 이후 상승추세에 조정의 폭을 나타낸 것입니다. 2025년 3월 10일 고점 이후 하락폭을 예측할 때 바로 33%, 50%, 66%의 조정선을 설정하면 주가예측에 도움받을 수 있다는 것입니다. 만약 66% 조정비율인 19,100원 근처마저 깨진다면 확실한 하락추세로 전환이며 이 경우 예상 하락폭은 상승폭의 100%입니다.

피보나치 되돌림선

피보나치 되돌림선(비율)은 특정 가격 구간에서 되돌림이 발생할 수 있는 구간을 예측하는 데 사용하는 도구입니다. 레오나르도 피보나치 Leonardo Fibonacci는 이탈리아의 수학자로 중세유럽에 아라비아 숫자 체계를 소개한 사람입니다. 피보나치는 학문적인 업적도 뛰어났지만 '피보나치 수'로 인해 증권시장에서 더 유명한 수학자입니다. 피보나치 수는 0과 1로 시작하며, 앞의 두 수를 더하여 다음 수가 만들어집니다. 피보나치 수는 0, 1, 1, 2, 3, 5, 8, 13, 21, 34, 55, 89, 144, 233, 377로 끝없이 이어지는데, 인접한 수끼리 사칙연산을 하다 보면 다음과 같은 특이한 현상이 발견됩니다. 예를 들어 앞의 수를 뒤의 수로 나누면 점점 0.618에 근접합니다(21/34, 34/55). 앞의 수를 한 번 더 뒤로 이동한 수로 나누면 점차 0.382에 근접합니다(21/55, 34/89). 반대로 뒤의 수를 앞의 수로 나누면 점차 1.618로 수렴하게 됩니다(55/34, 89/55).

피보나치 되돌림선은 피보나치의 수열에서 유래한 비율을 활용하며, 대표적으로 23.6%, 38.2%, 50%, 61.8%, 78.6% 등이 사용됩니다. 이 비율들은 상승 혹은 하락추세 이후 가격이 어디까지 되돌아갈지 예측하는 데 쓰입니다. 투자자들은 이 도구를 활용해 지지선과 저항선을 판단하고, 매수 및 매도타이밍을 포착하는 데 활용합니다. 특히 주가 흐름이 일정한 추세를 이탈할 때 피보나치 되돌림 구간을 참고하면 부수적이고 전략적인 투자 판단을 할 수 있습니다.

| 표 9-1. 피보나치 주요 비율에 관한 설명

피보나치 비율	설명
23.6%	가장 얕은 되돌림, 약한 조정 구간
38.2%	일반적인 되돌림 구간
50%	중간 조정, 강한 지지 및 저항 가능성
61.8%	가장 많이 활용되는 황금비율
78.6%	깊은 되돌림, 추세 반전 가능성 있음

각 증권사의 HTS에서 피보나치 도구를 선택한 후 차트에서 분석하려는 시작점(예: 저점)과 끝점(예: 고점)을 터치해 연결하면 자동으로 되돌림 비율선이 표시됩니다. 상승추세에서는 저점에서 고점 방향으로, 하락추세에서는 고점에서 저점 방향으로 설정해야 정확한 분석이 가능합니다. 적용 후에는 각 비율선이 가격대에 맞춰 자동 표시되며, 해당 지점에서 지지나 저항이 발생할 가능성이 높습니다. 특히 38.2%, 61.8% 라인은 투자자들이 주의 깊게 관찰하는 주요 구간입니다.

피보나치 되돌림은 단순한 지표가 아닌 실전 매매 전략 수립에 효과적으로 사용됩니다. 예를 들어, 주가가 상승하다가 되돌림 구간에 진입하면 38.2%~61.8% 사이에서 매수 진입을 고려할 수 있습니다. 반대로 하락추세에서는 같은 구간을 저항으로 보고 매도 진입 타이밍을 잡습니다. 투자전략으로는 ❶ 38.2% 지지 확인 시 1차 매수, ❷ 50% 돌파 시 추가 매수, ❸ 61.8% 이탈 시 손절 고려 등을 들 수 있습니다. 한편으로 다른 지표(MACD, RSI 등 보조지표)와 병행하여 신호를 보완하면 더욱 신뢰도 높은 매매 전략을 수립할 수 있습니다.

그림 9-3. 상승추세에서 피보나치 되돌림비율로 본 저항선 실제 사례

출처: 국내 증권사 HTS

[그림 9-3]은 삼성물산의 일간차트입니다. 2025년 2월 중순에서 4월 초까지의 하락추세를 마감하고 이후에는 상승추세로 전환된 상태입니다. 피보나치 되돌림비율로 보면 23.6%선에서 일차적으로 저항받은 후 돌파하였고 5월 현재 50%선에서 저항을 받는 중입니다.

알아두면 유용한 탄력선

추세를 삼등분하는 개념으로 조정비율 이외에 탄력선 speed line 분석이 있습니다. 탄력선은 강세탄력선과 약세탄력선으로 나누어지며 추세의 상승속도와 하락속도를 나타냅니다. 강세탄력선을 그리려면 먼저 현재 추세의 최고점에서 추세가 시작된 바닥점까지의 수직선을 구한 다음 삼등분합니다. 바닥점과 첫 삼등분점을 이은 선이 2/3 탄력선이고 두 번째 삼등분점을 이은 선은 1/3 탄력선입니다. 약세탄력선을 그리는 방법도 강세탄력선과 같은 원리입니다.

그림 9-4. 강세탄력선

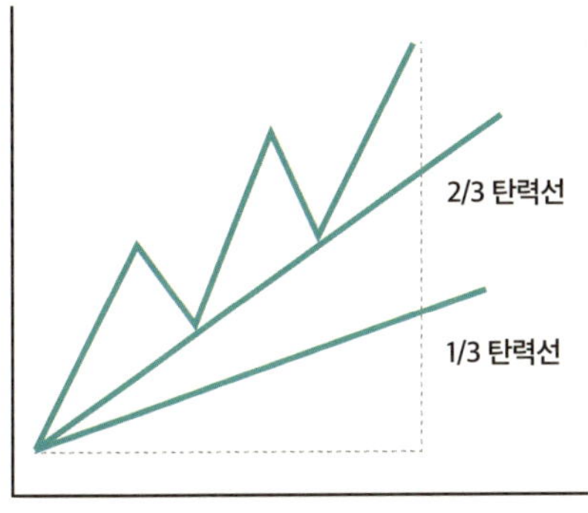

그림 9-5. 약세탄력선

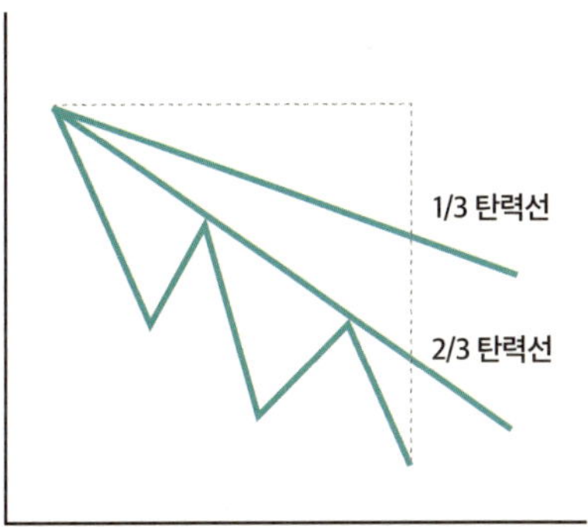

이러한 탄력선 접근법은 조정비율인 33%, 67%와 크게 다르지 않습니다. 상승추세에서 조정시 2/3 탄력선 수준에서 끝나거나 1/3 탄력선 수준까지 조정받게 됩니다. 또 강세탄력선도 한번 붕괴되면 그 역할이 저항으로 바뀌게 됩니다. 1/3 탄력선이 붕괴되면 추세시작점까지 하락하게 됩니다. 하락추세에서도 같은 원리가 반대로 작용합니다.

이 기법은 에드슨 굴드Edson Gould가 창안한 기법으로 추세의 조정비율과 거의 같으나 탄력선은 추세의 상승률과 하락률, 즉 추세의 속도를 측정하여 이용한다는 점만 다릅니다.

▎그림 9-6. 탄력선 분석의 실제 사례

출처: 국내 증권사 HTS

[그림 9-6]은 LG화학의 2019년 8월 이후의 주간차트입니다. 2020년 3월 이후 상승추세에 조정 폭을 나타낸 것입니다. 2021년 1월의 고점 이후 하락 폭을 예측할 때 바로 33%, 50%, 66%의 조정선을 설정하면 주가예측에 도움을 받을 수 있습니다.

03

조정할 때는 어떤 행동을 취해야 하나요?

CHART ANALYSIS

주가가 조정을 보인다면 우리가 할 수 있는 행동은 세 가지입니다. 첫 번째는 상승세가 꺾인 것을 기술적 지표들을 통해서 확인하고 매도에 나서는 것입니다. 이동평균선, 패턴, 캔들차트, 보조지표 등을 통해서 매도 신호를 확인하는 것인데, 매도 신호들이 일괄적으로 발생하는 것이 아니어서 여러 가지 기술적 지표를 종합적으로 판단해야 하는 어려움이 있습니다. 가장 바람직한 것은 스스로 고점 대비 몇 %가 하락하면 기계적으로 매도하는 원칙 등이 있으면 더 좋을 것입니다.

두 번째는 위에서 말한 조정의 폭을 예상하고 기다려보는 것입니다. 우량주에 투자했다면 추세가 유지되는 한 우상향한다는 믿음을 가지고, 주요 이동평균선이나 지지선을 확인하면서 면밀히 주가의 움직임을 분석하는 태도가 필요합니다. 본격적인 하락추세로 전환되기 전까지는 기존의 상승추세에 대한 믿음을 가질 수 있어야 합니다. 다만 의미 있는 이동평균선이나 지지선 등을 이탈한다면 매도의 관점에서 매매하는 것이 필요할 수 있습니다.

세 번째는 기존 추세에 대한 믿음으로 의미 있게 느껴지는 저점에서 매수에 나서는 것입니다. 저점 매수 역시 기존의 추세가 유지되는 것을 전제로 하는 것이기에 앞에서 설명한 상승폭의 1/3, 1/2, 2/3 조정 지점에서 매수할 수 있습니다. 그러나 이러한 지점들을 모조리 하회하거나 단기 상승분을 모두 돌리는 심각한 조정이 나온다면 일단은 현금화해야 심리적으로 흔들리지 않는 투자를 할 수 있습니다.

앞에서 말한 조정시 매수의 투자행동은 일반적으로 시장의 성격과 무관하지 않습니다. 주식시장이 대세 상승기라면 단기 조정이 상승국면에서의 일시적인 방편으로 간주할 수 있지만, 우리가 경험했던 금융위기국면, 경기 침체국면 등 주식투자로 수익을 내기 어려운 국면이라면 일단은 현금 비중을 늘려가는 움직임이 바람직하다고 할 수 있습니다.

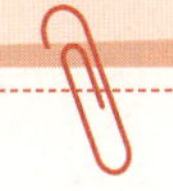

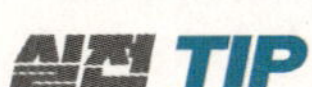

1만 달러로 3억 달러를 번 월스트리트의 증권왕 제럴드 로브의 투자기법

1. 주가 움직임이 활발한 블루칩 중에서 저항선을 돌파하는 주식을 매입한다. 장단기 이동평균선의 상향 돌파가 주된 신호다.
2. 주가가 예측과 반대로 움직이면 즉시 매도하고, 예측대로 움직일 때만 계속 보유한다. 주 매매방식은 단타로 매수 후 2~3일 동안 움직이지 않으면 매도한다.
3. 잘 아는 소수 종목만을 집중적으로 연구하고, 현금 보유기간이 주식 보유기간보다 길도록 한다. 3개 종목 이상은 거래하지 않고 평균 보유기간은 1개월을 넘기지 않는다. 신문읽기와 종목분석을 게을리하지 않는다.
4. 투자 원금 대비 100% 수익을 올리면 즉시 이익금을 따로 떼 내어 위험을 분산시킨다.
5. 저항선을 오랫동안 돌파하지 못하던 주식이 저항선을 강력히 돌파하는 것은 가장 중요한 매수 포인트다.
6. 자기가 설정한 지지선을 주가 하향 이탈하면 필사적인 매도로 대응하며 손절매와 매도에 나선다.
7. 투자란 학문이 아니라 훈련이며 스스로 세운 원칙을 벗어나지 않아야 비로소 성공한다. 용감하게 미쳐야 한다.
8. 나 자신이 완벽한 존재가 아니라는 사실을 분명히 깨닫고 있느냐가 바로 시장에서 얼마큼 성공할 수 있느냐를 가늠해 주는 열쇠다.
9. 서두르면 일을 망친다. 매번 가진 돈 전부를 투자하는 행동은 시작부터 지는 게임을 하는 것이다.
10. 목표는 가능한 높게 잡아야 절반이라도 성공한다.

Chapter 10

주가의 움직임에서 거래량도 중요하다고 하던데요?

"

모음이 자음에 의미를 부여하는 것과 동일한 방식으로 거래량은 주가에 의미를 부여한다. 거래량 없이 주가를 해석하려는 것은 모음 없이 글을 읽으려는 것과 같다.

\- 버프 도르마이어 Buff Dormeier

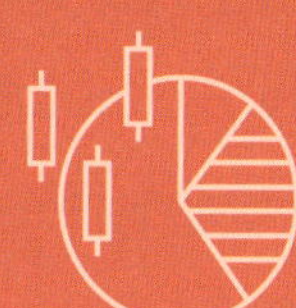

01

거래량이 왜 중요할까요?

CHART ANALYSIS

"시세의 원동력은 거래량이며, 주가는 거래량의 그림자이다"라는 말은 유명한 투자 격언 중 하나입니다. 이 격언은 거래량이 주식의 가격 움직임을 확인하거나 추세를 예측하는 데 있어 중요한 신호임을 강조합니다. 대다수의 투자자가 거래량을 활용하여 시장의 방향성을 읽었고, 성공적인 투자 결정을 내리는 데 큰 도움을 받았습니다. 거래량은 일정 기간 주식, 선물, 외환 등의 금융 자산이 시장에서 거래된 총량을 말합니다.

거래량은 일정 기간 얼마나 많은 거래가 이루어졌는지, 즉 시장에서 몇 주가 거래되었는지를 측정하는 지표입니다. 거래량에는 투자자의 심리와 시장에 대한 정보가 담겨 있기 때문에, 기술적 분석에 있어 중요한 지표로 여겨집니다.

이를 주식시장에서 생각해 보면 거래량이란 일정 기간(1일, 1주, 1개월 등) 동안 매매가 이루어지는 주식의 수를 말합니다. 주식시장 또는 개별종목의 움직임을 파악하는 데 있어 가장 중요한 요소는 가격입니다. 그리고 거래량은 이러한 가격의 움직임을 확인하는 보조지표로 활용됩니다. 여기서 보조 지표로 활용된다는 의미는 중요하지 않다는 의미가 결코 아닙니다.

일반적으로 거래량은 주가의 추세와 같은 방향으로 움직일 뿐만 아니라 주가에 선행하는 경향이 있기 때문에 주가 움직임을 확인할 수 있는 좋은 지표가 됩니다. 결론적으로는 거래량을 고려하지 않은 주가의 분석은 그 신뢰도가 떨어진다고 할 수 있습니다. 거래량 분석을 하는 이유는 ❶ 주가 변동의 원인을 찾아내기 위해, ❷ 매수와 매도 시점을 결정하기 위해, ❸ 시장의 흐름을 파악하기 위해서입니다. 거래량의 특징과 계산법을 간략히 살펴보면 다음과 같습니다.

거래량의 특징

❶ 거래량에는 투자자의 심리와 시장에 대한 정보가 담겨 있습니다.

❷ 거래량의 변화는 주가지수 변화와 함께 시황 판단의 기본 지표가 됩니다.

❸ 거래량은 주가의 허실을 진단하고 판단하는 유동성의 원천이며, 정보의 허실을 가늠하는 증거가 됩니다.

❹ 거래량은 주가의 타당성을 입증하고, 주식을 분석하는 데 결정적인 역할을 합니다.

거래량의 계산

❶ 거래량은 거래 단위(주식 수, 계약 등)로 측정됩니다.

❷ 거래량은 일별 또는 장중과 같은 시간 간격을 기준으로 추적할 수 있습니다.

❸ 거래량에 매매가 성립된 가격을 곱한 것을 거래대금이라고 합니다.

02

주가와 거래량에 대하여

CHART ANALYSIS

오늘도 주식시장에는 수많은 종목이 실시간으로 거래되고 있습니다. 이러한 종목 가운데는 인기가 많은 종목이 있는가 하면 상대적으로 투자자들의 관심을 받지 못하는 소외 종목이 존재합니다. 이런 시장에서의 인기를 한눈에 알아볼 수 있는 것이 거래량입니다. 거래량이 많다는 것은 현재 투자자들의 많은 관심을 받고 있다는 의미이며, 거래량이 적다는 것은 투자자들의 관심권에서 멀어져 있다는 방증입니다. 결론적으로 거래량은 가격 움직임의 강도를 측정하는 주요 지표입니다. 거래량이 증가한다면 시장의 신뢰도가 높아지고, 거래량이 감소한다면 신뢰도가 낮아질 가능성이 큽니다.

일반적으로 주가의 상승이나 하락이 거래량의 증가와 함께 나타나면 해당 추세는 신뢰할 만합니다. 반면, 거래량이 적은 상태에서의 움직임은 항상 주의를 기울이고 조심해야 합니다. 거래량의 급격한 변동은 가격의 급격한 변화 가능성을 예고합니다. 이를 통해 매수와 매도의 기회를 포착할 수 있습니다. 거래량은 시장의 과열 또는 냉각을 파악하게 해주는 도구입니다. 이를 통해 위험 요소를 사전에 관리할 수 있습니다.

거래량은 특히 단기 투자자에게 필수적인 데이터입니다. 시장에서 성공하기 위해서는 거래량을 단순히 지표로 보는 것을 넘어, 시장 심리와 결합하여 해석할 필요가 있습니다. 예를 들어, 거래량이 급증했는데도 주가가 크게 움직이지 않는다면 이는 매수자와 매도자 간의 균형을 의미하며, 이 균형이 깨질 경우 한쪽 방향으로 큰 움직임이 발생할 수 있음을 예고합니다. 따라서 방향성이 위쪽으로 나타났다면 매수에 동참해야 되지만, 아래쪽을 향했다면 보유한 주식을 즉시 손절해야 합니다.

일반적으로 초보 투자자들은 일 평균 거래량이 일정한 수준에서 꾸준히 발생하는 종목에 투자하는 것이 좋습니다. 이러한 종목으로는 소형주보다는 중형주나 대형주가 될 것입니다. 거래량이 너무 적게 되면 매수하는데도 애로사항이 발생하고, 나중에 주식이 하락국면에서는 거래가 급감하면서 원하는 가격에 팔지 못해 심각한 손실을 보는 경우도 발생하기 때문입니다. 따라서 초보자라면 거래량이 극히 적은 소외 종목이나 소형주에 투자하는 것을 권하지 않습니다.

03

거래량으로 판단하는 상승과 하락 시점

CHART ANALYSIS

주가와 거래량, 그 상관관계의 기본원칙에 대하여 살펴보겠습니다. 다음의 원칙들을 잘 적용하면 거래량의 증감에 따라 주가의 천장과 바닥권을 찾는 데 많은 도움이 될 것입니다.

거래량이 감소 추세에서 증가 추세로 전환되면 주가는 상승할 것으로 예상

조정은 처음에는 극심한 가격조정(하락)을 보입니다. 이후 가격조정이 어느 정도 이뤄지면 지루한 기간조정이 이어집니다. 이 기간은 종목마다 다른데 심한 경우 몇 년이 걸릴 수도 있습니다. 이 경우에는 시장의 관심권에서 멀어지면서 거래량도 미미한 상태로 지속되는 경우가 많습니다. 저점에서 조금씩 거래량이 증가하다가 결정적으로 대량거래를 동반한 장대 양봉이 나타났다면 이 종목은 주가가 상승할 가능성이 매우 높다고 볼 수 있습니다. 저점에서 대량거래가 발생했다는 것은 새로운 매수주체가 들어왔다는 것을 시사합니다. 그 세력이 기관일 수도 있고, 외국인일 수도 있고, 다른 세력일 수도 있습니다. 일반적으로 대량거래가 수반되는 경우에는 추세 자체가 상승세로 전환될 때가 상당히 많고 이러한 상승추세는 상당 기간 이어지는 경우가 많습니다. 이렇게 대량거래가 발생하게 되면 시장에 참여하고 있는 투자자들의 관심을 받게 됩니다. 여기에 여러 가지 호재성 기사나 애널리스트들의 긍정적인 리포트가 나오기 시작하면 상승추세는 한층 가속화됩니다.

주가가 횡보추세에서 상승추세로 바뀌면서 거래량도 함께 증가하면 매수신호

주가가 횡보추세에서 상승추세로 전환하면서 거래량이 함께 증가하는 것은 기술적 분석에서 매우 강력한 매수 신호로 해석됩니다. 이는 단순히 가격이 오르는 것을 넘어, 상승의 신뢰도와 지속 가능성을 높이는 중요한 현상입니다.

주가가 더 이상 상승하지 않고 거래량도 계속 감소하면 주가의 하락을 경계

주가가 상승추세의 정점 부근에서 더 이상 힘 있게 상승하지 못하고 정체되거나 횡보하는데, 이와 동시에 거래량이 지속적으로 감소하는 현상은 현재 상승추세의 힘이 약해지고 있음을 나타내는 중요한 하락 경고 신호입니다.

주가가 하락하기 시작하면서 거래량도 증가하면 본격적인 주가 하락 신호

저점에서 거래량이 증가하면서 상승하던 종목이 단기 고점 부근에서 대량거래를 수반하며 장대 음봉이 나타났다면, 이는 상승추세를 마감하고 하락 전환할 가능성이 높아졌음을 암시합니다. 단기 고점에서 장대 음봉이 나타났어도 거래량이 크게 증가하지 않는다면 아직 추세가 유지되면서 2차 상승에 대한 기대감이 남게 됩니다. 그러나 대규모 거래량이 나타나면서 장대 음봉이 발생했다면 일단 하락의 징조로 해석합니다. 이러한 경우 저점에 매수한 기관, 외국인, 기타 세력들이 대규모 매도에 가세한 것으로 판단해야 합니다. 아직 추세가 살아있는 것으로 오판한 개인 투자자들 가운데 오히려 저점매수를 한다고 물량을 받아주는 경우가 있는데 이러한 것은 투자시 유의해야 할 점입니다.

주가가 계속 하락하면 매수세력이 관망하기 때문에 거래량이 감소하기 시작

주가 하락과 거래량 감소는 바닥 탐색 및 매수 관망 단계라고 할 수 있습니다. '주가가 계속 하락할 때 매수세력이 관망하면서 거래량이 감소하기 시작한다'는 이야기는 하락추세의 후반부 또는 바닥권에 접근할 때 나타나는 전형적인 시장 심리와 현상을 잘 나타냅니다. 이는 하락추세가 마무리 국면에 접어들고 있으며, 시장 참여자들 사이에 공포와 무관심이 섞인 상태임을 시사합니다.

주가가 하락하고 있으나 거래량이 늘어나는 것은 추세가 바뀔 수 있다는 신호로 해석

주가가 하락하면서 거래량이 증가하는 것은 하락추세의 가속 또는 반전의 시작이 될 수 있습니다. 주가가 하락하고 있으나 거래량이 늘어나는 것은 기술적 분석에서 양날의 검처럼 해석될 수 있는 매우 중요한 현상입니다. 이는 하락추세가 강화되는 단계이거나, 혹은 추세가 바뀔 수 있는 결정적인 순간임을 시사합니다.

[그림 10-1]은 한국항공우주의 2024년 2월 이후 일간차트입니다. A국면을 보면 주가는 단기 저점을 기록하고 있지만, 거래량은 지속적으로 증가하는 모습입니다. 이후 B국면을 보면 주가가 상승추세로 전환하면서 거래량도

| 그림 10-1. 주가와 거래량의 상관관계를 보여주는 실제 사례

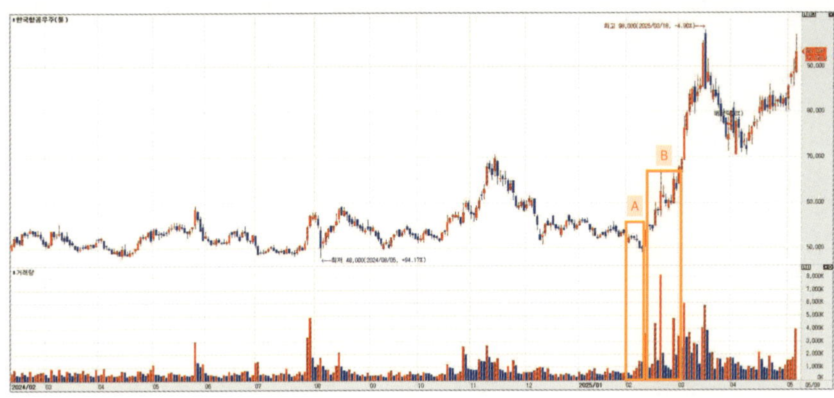

출처: 국내 증권사 HTS

폭발적으로 증가하고 있습니다. 이후 지속적으로 거래량이 수반되면서 주가도 우상향하는 모습을 보였습니다.

거래량을 볼 때 기억해야 할 것은 위에서도 잠깐 설명했지만, 캔들차트와 병행해서 보면 효과를 극대화할 수 있다는 점입니다. 양봉이 나타나면서 거래량이 증가하면 매수세가 더 강하다는 것으로 받아들여 더욱 긍정적으로 해석됩니다. 반면 음봉이 나타나면서 거래량이 증가하게 되면 매도세가 강한 것으로 판단하여 부정적으로 해석합니다. 따라서 주가가 상승추세에 있지만, 음봉이 나타나면서 거래량이 증가하는 것은 매도세가 만만찮은 것으로 해석해야 합니다. 따라서 보유한 종목이라면 매도의 관점에서 매매타이밍을 봐야 합니다.

거래량을 단독으로 판단하지 말고, 기술적 지표(이동평균선, 볼린저밴드)와 함께 활용하면 신뢰도를 높일 수 있습니다. 주가가 60일 이동평균선을 돌파할 때, 혹은 볼린저밴드의 상한선을 돌파할 때 거래량이 평소의 2~3배 증가하면 강력한 매수 신호로 판단할 수 있습니다. 거듭 강조하지만 거래량은 주가의 방향성을 확인하는 보조 지표 역할을 합니다.

초보 투자자들은 급등주에 특히 민감한 경우가 많습니다. 그러나 거래량 없는 급등주는 특별히 위험합니다. 급등주 중 거래량이 적거나, 일회성 이슈로만 상승한 종목은 매매를 자제할 것을 권합니다. 시세를 이끄는 테마주에 투자하는 경우도 많은데, 테마주의 경우 거래량 급감과 함께 하락할 경우, 미련 없이 빠르게 정리해 리스크를 줄이는 게 바람직합니다.

04

거래량 지표

C H A R T   A N A L Y S I S

이번에는 거래량 지표에 대해 알아보겠습니다. 대표적인 거래량 지표로는 OBV, VR 등이 있습니다.

OBV

OBV On Balance Volume는 주가와 이동평균선 간의 움직임으로 매매시점을 파악한 조셉 그랜빌이 고안한 지표로 거래량이 주가에 선행하는 특징을 이용한 것입니다. OBV 지표는 시장이 매집상태(기관, 외국인 등이 특정 종목을 대량 사들이며 가격 상승을 준비하는 과정)인지 아니면 분산상태인지를 파악하는 데 유용합니다. 특히 주가가 정체양상을 보일 때 시장변화를 예측하기 위해 많이 사용됩니다.

주가가 상승하는 강세장에서 거래는 증가합니다. 따라서 OBV의 고점이 이전 고점보다 높아집니다. 주가가 하락하는 약세장에서 거래가 줄면 OBV는 떨어져 저점이 이전 지점보다 낮아집니다. OBV의 상승은 매수세력이 강해 시장이 매집상태라는 뜻입니다. 하락하면 매도세가 우세해 분산상태가 됩니다.

OBV에 대한 해석 및 투자전략은 다음과 같습니다.

❶ 주가는 계속 하락하고 있지만 OBV는 횡보할 경우 조만간 주가 상승이 예상됩니다.

❷ 주가는 계속 상승하고 있지만 OBV는 횡보할 경우 조만간 주가 하락이 예상됩니다.

❸ 주가가 횡보하고 있을 때 OBV선의 고점이 계속 상승할 경우 조만간 주가 상승이 예상되고, OBV선의 고점이 계속 하락하는 것은 조만간 주가 하락이 예상됩니다.

[그림 10-2]는 KT&G의 2024년 2월 이후 일간차트입니다. 2024년 10월

| 그림 10-2. OBV를 이용한 주가 예측의 실제 사례

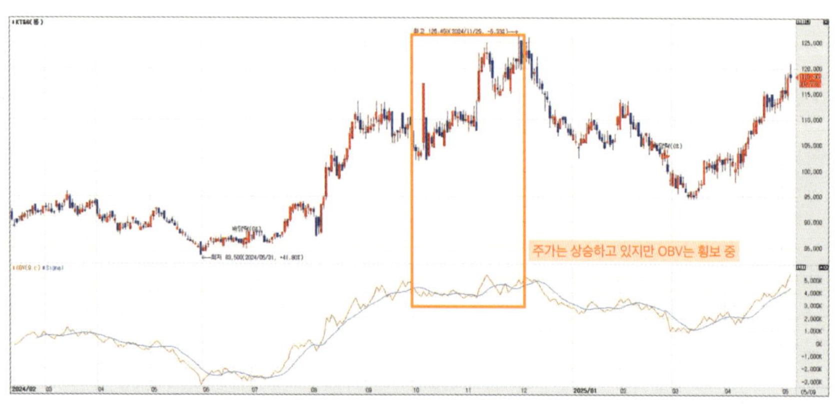

출처: 국내 증권사 HTS

에서 11월 말까지 주가는 꾸준히 상승했지만 OBV는 상승하지 않고 대체로 횡보하는 모습을 보였습니다. 12월 들어 주가는 급락하는 모습을 보였습니다.

OBV 지표 해석을 보면 약간 의아함을 가질 수 있습니다. 주가와 기술적 보조지표(예: OBV, MACD, RSI 등)가 다른 방향으로 움직이는 현상이 나타나기 때문이지요. 이러한 것을 '다이버전스divergence'라고 합니다. 쉽게 말해 '주가는 오르는데 지표는 하락'하거나 '주가는 내리는데 지표는 상승'하는 경우를 이야기합니다. OBV를 통해 이를 다시 한번 살펴보면 다음과 같습니다. 주가가 계속 오르는데 OBV가 횡보하거나 하락한다면, 이는 거래량이 받쳐주지 않는 상승이므로 상승이 오래 지속되기 어려울 가능성이 큽니다. 반면에 주가가 계속 하락하는데 오히려 OBV가 상승한다면 누군가 꾸준히 주식을 매수하고 있는 것으로 판단되므로 주가가 곧 반등할 가능성이 크다는 것입니다.

VR

VRVolume Ratio은 OBV의 문제점을 해결하기 위해 도입된 지표입니다. 구체적으로는 주가가 오르는 날과 내리는 날의 거래량 차이를 백분율로 표현한 것입니다. OBV의 문제는 기준일에 따라 값이 바뀌어 특정 시점의 분석은 가능하지만, 전반적인 시장 분석이나 과거 데이터 비교는 어렵다는 것입니다. VR은 일정 기간 주가 상승일의 거래량과 주가 하락일의 거래량을 더하고 빼는 것이 아니라 그 둘 사이를 비율로 표현하는 것으로서 현재 주가의 상황을 더 직관적으로 나타내 신뢰성을 더해줍니다. 또한 VR은 절대적인 수치를 나타내기보다는 거래량의 움직임을 비율화시켜 과거와의 비교 가능성을 높인 지표입니다. OBV와 같이 거래량을 이용한 지표라는 공통점이 있지만 값을 구하는 방식에 차이가 있습니다.

VR의 계산

• **미국식**

$$\frac{\text{(주가 상승일의 거래량 합계 + 보합일의 거래량 합계) / 2}}{\text{(주가 하락일의 거래량 합계 + 보합일의 거래량 합계) / 2}} \times 100$$

• **일본식**

주가 상승일의 거래량 합계 - {(주가 하락일의 거래량 합계 + 보합일의 거래량 합계) / (거래량 합계)} × 100

현재 미국식 VR을 사용하기에 보통 1개월인 20일(25일을 기준으로 한 것도 있음)을 기준으로 합니다. VR은 주가의 움직임에 비해 볼륨(거래량)이 얼마나 많은지 나타내는 지표입니다. VR이 높을수록 주가의 움직임에 대한 투자자들의 참여가 활발하다는 것을 의미합니다. 반대로, VR이 낮을수록 주가의 움직임에 대한 투자자들의 참여가 미미하다는 것을 의미합니다.

VR은 주가가 오른 날과 내린 날의 거래량을 비교해, 시장의 과열권과 침체권을 파악할 수 있게 합니다. 수식에서도 알 수 있듯이, VR은 일정 기간 동안 주가가 오른 날의 거래량 합계를 주가가 내린 날의 거래량 합계로 나눈 것입니다. 주가가 변동하지 않은 날에는 거래량의 반은 상승일에, 나머지 절반은 하락일의 거래량 합계에 더하여 계산합니다. 예를 들어, VR이 300%라는 것은 상승한 날의 거래량이 하락한 날의 거래량의 3배였다는 것을 의미합니다.

보통 상승한 날의 거래량이 하락한 날의 거래량보다 많으므로 VR은 평균적으로 150선에 머뭅니다. 하지만 강세장의 경우에는 VR의 값이 이보다 더 높아지게 되고, 약세장에서는 더 낮아지게 됩니다. VR의 값이 300 이상이라면 현재 시장이 과열권에 놓여있다는 것을 나타내고, 450 이상으로 올라간다면 천장권으로 여겨집니다. 반대로 VR의 값이 75 이하라면 침체상태, 40~60 사이에 있다면 바닥권이라고 해석할 수 있습니다.

일반적인 매매 전략은 침체권에서의 매수와 과열권에서의 매도가 있는데, 간단히 살펴보면 다음과 같습니다. 침체권에서의 매수는 VR이 75선 이하로 떨어지면, 주가가 침체권에 놓여있다는 것을 의미합니다. 이때는 VR이 75선을 상향 돌파하여 침체권을 벗어난 후 매수하는 전략입니다. 과열권에

▎그림 10-3. VR을 이용한 매매 전략의 실제 사례

출처: 국내 증권사 HTS

서의 매도전략은 VR이 300선을 넘어서면 주가가 과열권에 놓여있다는 것을 의미하므로, 이때는 VR이 300선을 하향 돌파하여 과열권을 벗어난 후 매도하는 전략입니다.

[그림 10-3]은 LG생활건강의 일간차트입니다. 2024년 5월 말에 VR이 400까지 급등한 후 300을 하회할 때가 매도타이밍이었습니다. 2024년 11월 이후 VR이 75를 돌파하며 침체권을 벗어난 1, 2, 3이 매수타이밍이었습니다.

VR은 과열과 침체 국면을 파악하는 데 유용하게 사용할 수 있는 기술적 지표입니다. 하지만 과열 국면에 놓여있다고 해서 반드시 주가가 하락하는 것은 아니며, 침체 국면이라고 해서 반드시 주가가 상승하는 것도 아닙니다. 주가의 추세는 연장되기도 하므로 과열권에 있는 주가가 더 오르거나 침체 상태인 주가가 더 내리기도 합니다. 따라서 VR지표를 맹신하여 단독으로 사용하기보다는, 다른 지표들을 함께 참고하여 다양한 측면에서 분석하는 것이 바람직합니다.

05

거래량을 이용한 투자전략

CHART ANALYSIS

거래량은 시장의 감정과 추세의 지속 가능성을 이해하는 데 중요한 지표입니다. 투자전략에 거래량을 효과적으로 통합함으로써, 투자자는 정보에 기반한 결정을 내리고 잠재적으로 높은 수익을 달성할 수 있습니다. 거래량은 가격 추세의 강도와 지속 가능성을 확인하는 데 사용됩니다. 상승추세에서 거래량이 증가하는 것은 강력한 매수 압력과 시장 참여자들의 추세에 대한 확신을 나타냅니다. 반면, 하락추세에서 거래량이 증가하면 매도 압력이 강함을 의미합니다. 투자자는 이러한 패턴을 활용하여 추세에 따라 매수 또는 매도 결정을 내릴 수 있습니다.

가격 추세의 잠재적 반전을 식별하는 데도 거래량을 사용할 수 있습니다. 가격이 상승하거나 하락하는 동안 거래량이 감소하면, 이는 현재 추세의 약화를 나타내며 가격 반전의 가능성을 시사합니다. 투자자는 이러한 신호를 사용하여 기존 포지션을 청산하거나 반대 방향으로 포지션을 취할 수 있습니다.

거래량 기반의 기술적 지표는 투자 결정을 내리는 데 유용한 도구입니다. 앞에서 설명한 OBV는 가격 변동과 거래량의 관계를 추적하여 추세의 강도를 평가합니다. 이를 보완한 것이 VR입니다. 투자자는 이러한 변동성을 활용하여 단기 매매 전략을 수립하거나, 변동성이 높을 때 포지션을 보호하는 전략을 사용할 수 있습니다.

거래량 분석을 가격 행동 분석과 결합하면 더 강력한 투자전략을 수립할 수 있습니다. 예를 들어 가격이 지지선이나 저항선에 도달했을 때 거래량의 증가를 관찰하면 이는 중요한 가격 수준에서의 시장 감정과 행동을 나타낼 수 있으며, 이를 통해 매수 또는 매도 결성을 보다 정확하게 내릴 수 있습니다.

거래량을 활용한 투자전략은 시장의 다양한 상황에서 유용할 수 있습니다. 투자자는 거래량 데이터를 해석하는 방법을 이해하고, 이를 자신의 투자 목표와 위험 성향에 맞게 적용하여 시장에서의 성공 가능성을 높일 수 있습니다.

실전 TIP

주식거래량과 거래대금

주식 유통시장에서 매매된 주식의 수량을 나타낸 것이 거래량이며 이를 금액으로 표시한 것이 거래대금입니다. 거래대금은 거래량에 해당 자산의 거래 가격을 곱한 값으로 계산됩니다. 예를 들어, A라는 주식이 하루 동안 1,000주 거래되었고, 각 주식의 가격이 50,000원이라면, 해당 주식의 거래대금은 50,000,000원입니다.

거래량과 거래대금은 주식시장의 장세를 나타내는 지표로서 주가지수와 함께 주식시장의 경기를 판단하는 중요한 자료로 활용되고 있습니다. 실제로 주식의 거래량과 주가는 서로 밀접한 관계로 움직이고 있음을 볼 수 있습니다. 거래량과 거래대금은 비슷해 보이지만, 서로 다른 의미를 가집니다. 거래량은 거래된 수량에 집중하고, 거래대금은 거래된 금액에 집중합니다. 이 두 가지 지표는 함께 분석해야 시장의 움직임을 더욱 정확하게 이해할 수 있습니다.

시장의 트렌드를 파악하기 위해서는 거래량과 거래대금의 변화 패턴을 주기적으로 관찰해야 합니다. 예를 들어, 특정 자산의 거래량이 급증하면서 거래대금도 함께 상승하는 경우, 해당 자산에 대한 시장의 관심이 증가하고 있음을 나타냅니다. 반면, 거래량이 감소하면서 거래대금이 유지되거나 상승하는 경우, 자산의 유동성 부족이나 시장 참여자들의 신중한 접근을 시사할 수 있습니다.

거래량과 거래대금은 단순한 수치 이상의 의미를 가집니다. 이는 투자자들의 심리 상태를 반영하는 중요한 지표로 활용될 수 있습니다. 예를 들어, 급격한 거래량 증가와 함께 거래대금이 급등하는 경우 '과열된 시장'의 신호일 수 있으며, 투자자들이 감정에 휩싸여 비합리적인 결정을 내릴 위험이 있습니다.

Chapter

11

주가는 패턴을 따른다고 하던데요?

”

어떤 투자자의 보유 종목 수가 너무 많다는 것은 그 투자자가 주도면밀하다는 의미가 아니라 자신에게 확신이 없다는 의미다.

- 필립 아서 피셔 Philip Arthur Fisher

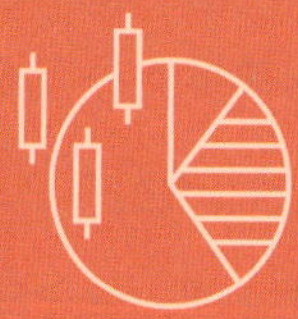

01

패턴이란 무엇인가?

CHART ANALYSIS

패턴분석도 기술적 분석에서 유용하게 쓰이는 분석방법 중 하나입니다. 패턴분석은 가격움직임의 형태를 분석하여 앞으로 가격이 상승인지 하락인지 및 가격움직임의 정도를 예측하는 방법입니다. 패턴은 차트에서 매수세와 매도세를 나타내는 추세선이 모여 형성된 일정한 형태이므로 추세선의 원리가 그대로 적용됩니다. 횡보국면에서의 주가 움직임은 특별한 모양을 만드는 경우가 많은데 이러한 모양을 패턴pattern이라고 합니다.

패턴분석은 주로 횡보국면에 대한 분석입니다. 추세분석은 주로 가격움직임이 상승추세나 하락추세일 때를 분석하였고 가격이 횡보하고 있는 경우 일반적으로 관망하는 것이 투자전략이었습니다. 그러나 횡보국면에는 이후의 가격움직임에 대한 정보가 들어 있어 면밀히 관찰할 필요가 있습니다.

횡보국면은 상승 또는 하락으로 진행되던 추세가 전환될 때 생기거나 추세 중에 일시적으로 발생합니다. 따라서 패턴의 종류도 추세가 전환되는 과정에서 생기는 전환패턴과 일시적인 조정 이후 기존추세로 지속되는 지속패턴이 있습니다.

패턴분석에서 유의할 점은 차트의 패턴이 엄밀한 법칙에 따라서 이루어지기보다는 일반적으로 그러한 경향을 정리한 것이라는 점입니다. 따라서 다소 애매한 면도 있습니다. 그러나 대부분 기술적 분석이 그렇듯 패턴분석도 주식 차트뿐만 아니라 가상화폐, 원자재 등 다양한 상품 차트에 그대로 적용될 수 있어 시장의 움직임을 예측할 수 있는 유용한 분석 도구가 됩니다.

패턴분석에서는 주가 움직임뿐만 아니라 거래량도 함께 분석되어야 합니다. 많은 경우 거래량의 변화가 패턴을 확인해 주는 지표가 되기 때문입니다. 일반적으로 주가의 패턴이 만들어지는 데 걸리는 시간이 길수록, 패턴이 만들어지는 동안 주가의 등락폭이 클수록, 그리고 거래량이 많을수록 패턴이 갖는 의미가 커집니다.

패턴분석의 유용성

패턴분석을 사용하면 매매전략뿐만 아니라 횡보 이후 가격움직임에 대한 몇 가지 정보를 얻을 수 있습니다.

첫째, 가격움직임의 방향을 예상할 수 있습니다. 패턴에 나타난 매매세력의 관계를 분석하여 패턴의 완성 이후 매수세력이 더 커질 것인지, 매도세력이 더 커질 것인지에 따라 상승 또는 하락을 예상할 수 있습니다.

둘째, 가격움직임의 정도, 즉 가격움직임의 목표치를 산정[measuring techniques]할 수 있고 그 시기도 예상해 볼 수 있습니다. 가격목표치 산정은 향후 이어질 가격움직임의 대략치이지만 투자자의 기대수익과 리스크를 결정할 수 있는 정보를 제공할 수 있습니다. 즉 패턴분석은 이러한 경우에 향후 가격움직임의 방향과 크기를 찾아내기 위해 이용합니다.

그러나 대부분의 기술적 분석과 마찬가지로 패턴분석도 차트의 패턴이 엄밀한 법칙에 의해서 이루어지기보다는 일반적으로 그러한 경향이 있다는 의미입니다. 따라서 차트패턴을 설명할 때 '보통' '일반적으로' 등의 용어를 자주 사용하게 됩니다.

패턴의 종류

패턴분석은 추세로 보아 횡보추세에 대한 분석입니다. 횡보추세는 상승추세나 하락추세가 전환될 때이거나 추세진행 중에 일시적으로 나타납니다. 따라서 패턴의 종류도 상승추세나 하락추세의 전환시점에 나타나는 전환패턴reversal pattern과 상승추세나 하락추세의 진행 중에 나타나는 지속패턴continuation pattern으로 구분할 수 있습니다. 전환패턴은 패턴 완성 이후 추세가 전환되며 지속패턴은 패턴 완성 이후 원래의 추세가 지속됩니다.

전환패턴에는 머리어깨형head and shoulders, 삼중천장형triple top과 삼중바닥형triple bottom, 이중천장형double tops과 이중바닥형double bottoms, V자형과 역V자형

전환패턴	머리어깨형, 역머리어깨형, 삼중천장형, 삼중바닥형, 이중천장형, 이중바닥형, V자형, 역V자형, 원형
지속패턴	삼각형, 확산형, 다이아몬드형, 깃발형, 페넌트형, 쐐기형, 상자형, 지속머리어깨형, 스윙

spike V top and bottom, 원형 rounding or saucer pattern이 있습니다. 여기서 대표적인 것은 머리어깨형이고 삼중형, 이중형 등은 머리어깨형의 변형으로 볼 수 있습니다.

지속패턴에는 삼각형 triangles, 확산형 broading formations, 다이아몬드형 diamond formations, 깃발형 flags과 페넌트형 pennants, 쐐기형 wedge formations, 상자형 box formations, 지속머리어깨형 continuations head and shoulders, 메저드무브먼트 measured movement 또는 스윙 swings이 있습니다.

02

전환패턴이란 무엇인가?

CHART ANALYSIS

패턴진행 이후 추세전환이 이루어지는 전환패턴에 대해 살펴보겠습니다. 전환패턴은 다양한 형태를 띠며 때에 따라서는 지속패턴과 혼동할 소지도 많아 전환패턴의 식별이 무엇보다도 중요합니다. 전환패턴의 형태마다 특징적인 차이가 있으나 다음과 같은 공통점이 있습니다.

❶ 모든 전환패턴에는 선행된 추세가 존재합니다.
❷ 추세전환의 최초 신호는 중요한 추세의 붕괴로 나타납니다.
❸ 패턴의 크기가 클수록 이어지는 가격움직임도 큽니다.
❹ 천장에서의 패턴이 바닥에서의 패턴보다 지속기간이 짧고 불안정합니다.
❺ 바닥에서의 패턴은 보통 가격폭도 좁고 오랜 기간이 걸립니다.
❻ 거래량은 보통 하락시보다 상승시에 중요한 의미를 갖게 됩니다.

전환패턴은 머리어깨형을 중심으로 자세히 설명하고 그 외 패턴은 머리어깨형과 비교하며 간략히 설명하겠습니다. 그 외 패턴은 머리어깨형의 변형으로 보아도 특성이나 성질 면에서 큰 무리가 없기 때문입니다.

머리어깨형 또는 약세 머리어깨형

형성과정

[그림 11-1]은 머리어깨형 또는 약세 머리어깨형의 전환패턴입니다. 헤드앤 숄더라고도 불리는 머리어깨형은 상승추세에서 발생하며 그림과 같이 머리head와 양쪽 어깨shoulders 모양을 이루며 이 패턴 이후 상승추세에서 하락추세로 전환됩니다.

그림 11-1. 머리어깨형의 전형 패턴

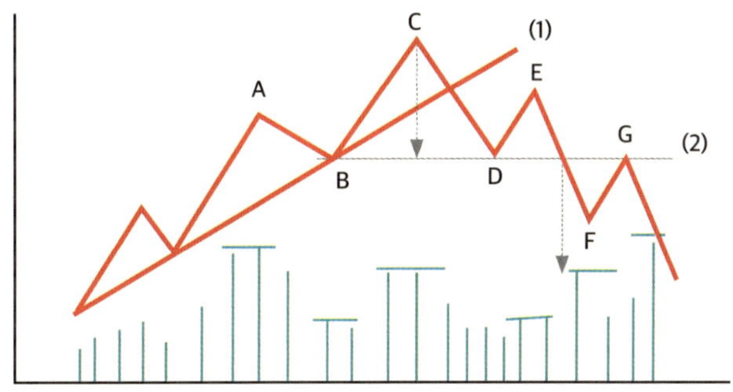

머리어깨형은 상승추세의 정점형성과 하락추세로 전환과정에서 분명한 3개의 정점을 형성합니다.

중간의 정점이 다른 두 정점보다 높아 중간의 정점이 머리(그림에서 C)가 되고 왼쪽 및 오른쪽 정점이 어깨(그림에서 A, E)가 됩니다. 이러한 패턴은 매수세와 매도세의 변화로 형성됩니다.

[그림 11-2]는 역머리어깨형inverse head and shoulders의 전형적인 형태입니다. 역머리어깨형은 강세 머리어깨형head and shoulders bottoms으로 부르기도 합니다.

| 그림 11-2. 역머리어깨형의 전형 패턴

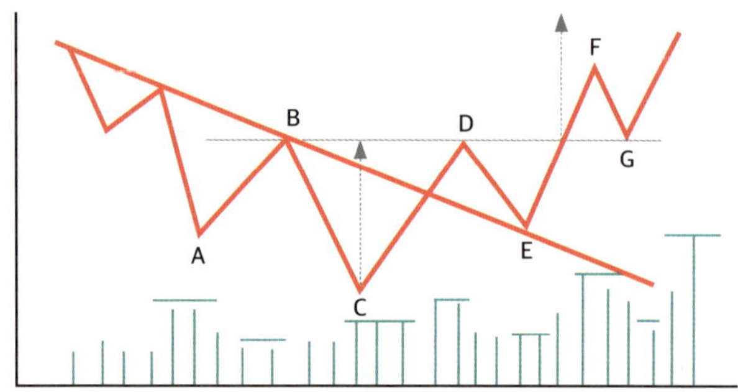

역머리어깨형은 그림처럼 머리어깨형과 반대로 하락추세에서 발생하며 머리어깨형의 반대모양입니다. 패턴 이후 하락추세에서 상승추세로 전환됩니다.

따라서 머리어깨형은 천장을, 역머리어깨형은 바닥을 형성합니다.

❶ 상승추세 전환의 주의신호와 왼쪽어깨와 머리형성

매수세가 매도세보다 강할 때 주가도 [그림 11-1]의 A점까지 강하게 상승합니다. 그러나 A점과 같이 주가가 어느 정도 오르면 주가가 상승하기 전에 매입한 주식을 매도하려는 세력이 커져 주가가 하락합니다.

이러한 주가 하락은 자율반락으로 크게 하락하지 않습니다. 주가의 자율반락technical reaction 과정에서 낮은 가격으로 매수하려는 세력이 커져 [그림 11-1]과 같이 B점에서 주가가 상승합니다. 하락하던 주가가 돌아서면 자율반락 과정에서 매수시기를 놓쳤거나 더 오를 것으로 예상하는 매수세가 늘어나기 때문입니다.

이 과정을 추세로 분석하면 왼쪽어깨에 해당하는 A점이나 B점까지는 상승세가 계속되는 것으로 판단합니다. A점까지는 가격이 상승하였을 뿐만 아니라 거래량도 증가하고 있어 상승세가 유지됨을 확인할 수 있습니다. B점까지도 직전 고점보다 높은 수준이며 추세선에서 지지를 받아 추세전환의 신호는 없습니다.

C점은 가격 면에서는 신고가이나 A점 시기보다 거래량이 감소하였고 가격상승폭도 줄어들어 추세전환 가능성이 있습니다. 이러한 변화는 그 자체가 중요한 추세전환 신호는 아니지만 '주의신호yellow cautions'입니다. 즉 머리어깨형의 머리부분은 거래량의 상대적인 감소를 추세전환의 '주의신호'로 이용합니다.

그러나 거래량 감소를 통한 주의신호가 항상 출현하는 것이 아니며, 특이한 경우 C점에서의 거래량이 A점을 능가하는 경우도 있습니다. 미국 주식시장에서의 통계를 보면 A점이 최고의 거래량을 기록한 경우가 50%, C점이 최고의 거래량을 기록한 경우가 25%, A와 C의 거래량이 비슷한 경우가 25% 정도입니다.

❷ 상승추세선의 붕괴

가격이 [그림 11-1]의 C점과 같이 A점 이상으로 상승하면 A점에 매도하지 않은 매도세력이나 B점에서 매입한 세력이 차익을 얻기 위해 매도하기 때문에 C점에서 주가가 하락하게 됩니다.

주가가 하락하여 D점과 같이 전 고점인 A점을 하향 돌파하였으며 상승추세선 (1)도 하향 돌파하는 경우 추세가 전환된 것으로 봅니다. 가격은 C점 이후 상승추세라면 전 고점인 A점이 지지역할을 하거나 상승추세선이 지지역할을 하게 되는데 이것이 무너졌다는 것은 상승추세에 이상이 발생하였음을 나타냅니다.

❸ 상승추세선 붕괴의 확인과 오른쪽 어깨형성

추세를 이탈하였어도 이후 주가는 다시 상승하게 됩니다. 최초의 반락시점인 B점에서 매수기회를 놓쳤지만, 두 번째 반락시점인 D점에서 싼 가격으로 살 수 있는 마지막 기회로 여기고 매입하는 세력이 많기 때문입니다. 추세붕괴 이후 가격이 다시 상승하는 현상을 기술적으로는 '되돌림현상'이라고 합니다.

머리어깨형 패턴에서는 되돌림정도가 [그림 11-1]과 같이 전고점인 C점에도 못 미치는 상승으로 오른쪽 어깨를 형성합니다. 즉 되돌림현상에 의한 주가 상승이 일반적인 상승추세와 달리 C점을 돌파하지 못하였고, 반등으로 마무리되었다는 점에서 상승추세선이 붕괴했음을 확인할 수 있습니다. 따라서 새로운 하락추세가 시작될 가능성이 높다는 신호입니다.

상승추세라면 전 고점인 C점을 넘어서는 것이 보통이며 횡보추세라면 전 고점인 C점까지 상승하는 게 보통이기 때문입니다. 보통 되돌림현상에 의한 반등은 C~D 하락폭의 1/2이나 2/3 정도 반등합니다.

④ 목선의 돌파와 견인효과에 의한 반등

앞에서 D점이 추세전환을 확인시켜 주었지만 횡보국면이 진행될지 하락국면이 진행될지는 E점 이후 가격움직임에 달려 있습니다.

향후 추세를 판단하는 기준이 B점과 D점으로 연결되는 목선Necline입니다. 이 목선은 두 어깨와 머리 사이에 저점을 연결하는 직선인데 머리어깨형을 확인하는 가장 중요한 지지선입니다. 이 목선은 일반적으로 정점 부근에서 약간 상승하는 기울기를 갖는 것이 보통인데 때로는 수평이거나 약간 하락하는 기울기를 갖기도 합니다.

E점 이후 가격 움직임이 B점과 D점을 연결하는 목선을 하향 돌파하면 [그림 11-1]과 같이 C, D, E, F로 이어지는 하락추세가 형성됩니다. E점에서 가격이 하락한 것은 C점 등에서 매수한 투자자들이 손실을 보게 될 것을 알아차리고 매입가격 또는 적은 손실수준에서 팔아버리려고 하기 때문입니다.

F점 이후에는 되돌림현상에 의한 반등시점인 G점이 마지막 매도 기회입니다. 그 이후는 매도시기를 놓쳐서 보유하게 됩니다. 특히 목선을 하향 돌파할 때 하락에도 불구하고 거래량이 증가하여 하락추세가 강하다는 것을 나타냅니다. 물론 이 목선의 하향 돌파에 대해 거짓신호를 제거하기 위해 3% 가격기준이나 2일 연속 종가 돌파라는 시간기준을 적용할 수 있습니다.

목선이 하향 돌파된 이후 가격하락에 이어서 가격반등이 나타납니다. 이 가격변동은 지지선이 무너진 후 되돌림현상으로, 무너진 지지선인 목선이 저항선이 되며 반등의 정도는 거래상황에 따라 달라집니다.

목선의 하향 돌파시 거래가 많이 수반되었다면 하락추세의 강도가 강하여 반등폭이 적어지고, 목선의 하향 돌파시 거래가 적었다면 하락추세의 강도가 약하여 반등폭이 커집니다. 또 반등시 거래량이 적어지면 하락추세 재

개시 많은 거래량 증가가 이루어집니다.

그러나 만일 여기서 반등폭이 목선을 상향 돌파하면 머리어깨형 이후 전환된 추세가 다시 약화할 수 있다는 신호로 받아들여야 합니다. 또 실제로는 되돌림현상이 나타나지 않는 경우도 많습니다.

목표가격의 예측

머리어깨형은 목선을 하향 돌파한 이후 가격하락이 어느 정도 이루어질 것인가에 대한 정보를 제공합니다.

목선 위 머리어깨형의 높이만큼 목선 아래에서 동일한 폭의 가격하락을 상정할 수 있습니다. 이것은 [그림 11-1]에 표시된 바와 같이 머리어깨형의 높이, 즉 정점 C에서 목선까지의 수직거리만큼 목선 돌파시점에서 하락하는 것입니다. 따라서 패턴의 높이와 변동성이 클수록 가격목표치도 커지는 성질이 있습니다.

그러나 이러한 목표치는 패턴에서 이끌어낼 수 있는 하락폭입니다. 이보다 더 하락하는 경우도 많으므로, 이런 방법 하나만으로 정확하게 목표치를 계산할 수 없습니다.

따라서 정확한 목표치를 계산하기 위해서는 상승추세가 마무리되고 하락추세로 전환될 경우 하락조정폭인 상승추세에서 상승폭의 33%, 50%, 67%, 100% 비율을 적용해 보아야 할 것입니다. 따라서 머리어깨형에서 예상되는 가격목표치는 예측할 수 있는 가격변화의 최소치라고 할 수 있습니다.

역머리어깨형 또는 강세 머리어깨형

역머리어깨형의 전형은 머리어깨형의 정반대로 [그림 11-2]와 같이 세 개의 저점 A, C, E를 가지고 있으며 중간의 C점이 머리로써 양쪽 어깨인 A, E점보다 낮은 저점을 나타냅니다. 저항선인 목선을 상향 돌파할 때 목표가격의 예측방법 등 머리어깨형의 분석방법과 동일합니다.

그러나 거래량 패턴은 다르게 나타납니다. 저점 C를 형성할 때까지는 머리어깨형의 거래와 동일합니다.

A저점 형성시 거래가 증가하였다가 B점 반등시 거래가 감소하고 저점 C에서 거래가 증가하나 A점보다 거래가 다소 줄어들게 됩니다. 이후 머리에서 반등할 때부터 거래가 증가하는 등 상승추세의 거래를 보이게 됩니다.

그러나 저점 C에서 반등할 때 왼쪽 어깨보다 거래가 더 늘어나고 다시 반락하여 오른쪽 어깨를 형성할 때는 거래가 감소하나 목선을 돌파하면서 거래량이 급증합니다.

그 이후 새로운 상승추세는 더욱 증가된 거래량을 수반합니다. 실제로 C점의 거래는 A점보다 더 늘어나는 경우도 많으며 목선 돌파 이후 되돌림현상은 머리어깨형보다 더 잘 나타납니다.

머리어깨형과 역머리어깨형의 실제 사례

머리어깨형이나 역머리어깨형을 이용하여 매매할 경우 경험적으로 주가가 목선을 돌파하였을 때가 매도 또는 매수해야 할 시기timing입니다. 따라서 투자자는 이 패턴이 형성되는 과정을 확인한 후 매매패턴을 세워야 합니다.

그러나 경험이 풍부한 투자자는 머리어깨형이 진행되는 과정에서도 의미 있는 신호가 있는 경우 비교적 유리한 가격으로 매매에 임할 수 있습니다. [그림 11-1]의 머리어깨형의 전형 패턴에서 매매시점을 보면 다음과 같습니다.

❶ 주가가 상승추세선 (1)과 C, D선이 만나는 점을 하회하면 매도

이는 추세분석상 주가가 교차점을 하회할 경우 상승추세선 (1)이 붕괴될 가능성이 높기 때문입니다. 만일 주가가 상승추세선을 3% 이상 하회하는 등 의미있는 지지선을 하회한다면 추가적인 큰 폭 하락이 나타날 가능성이 있습니다.

❷ E점에서 매도

주가가 E점 이상 상승하지 못하고 하락할 경우 추가적인 주가 움직임은 머리어깨형의 완성형이 될 가능성이 높고, 추세분석상으로도 완전히 하락추세로 전환되었다고 판단할 수 있기 때문입니다. 그러나 E점에서의 매도는 다른 점보다 주의가 필요합니다. 만일 주가가 목선을 하회하지 않고 상승할 경우 향후 나타나는 패턴은 전환패턴보다는 상자형에 의한 지속패턴이 될 가능성이 높고, 이 경우 주가가 추가로 E점까지 재상승할 수 있기 때문입니다.

❸ 목선 통과시점에 매도

주가가 목선을 통과할 경우 머리어깨형에 의한 전환패턴이 완성된 것으로 판단할 수 있으며 추가적인 주가의 움직임은 목선 밑에서 이루어질 가능성이 높습니다. 목선을 통과하는 시점에 거래량이 급증할 경우 특히 주의해야 하는데 이 경우 주가의 하락이 빨라지고, 하락 폭도 커질 수 있기 때문입니다.

❹ G점에서 매도

목선을 통과한 이후 되돌림 현상이 목선 부근에서 끝날 경우 추가적으로 빠르게 주가가 하락할 가능성이 높으므로 매도해야 합니다.

| 그림 11-3. 머리어깨형의 실제 사례

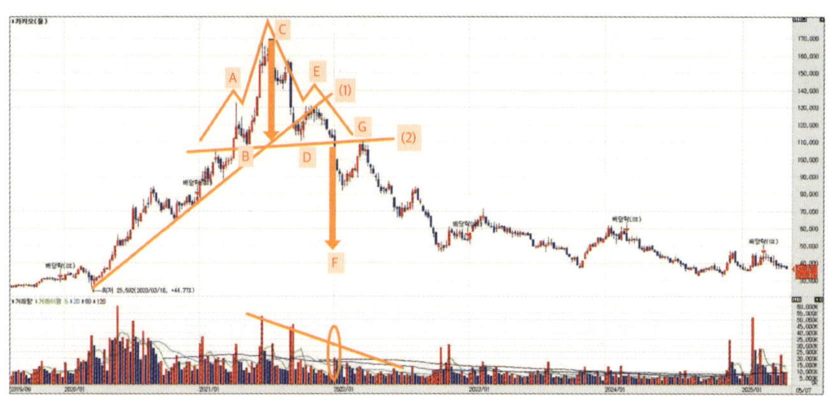

출처: 국내 증권사 HTS

[그림 11-3]은 카카오의 2020년 1월 이후 주간차트입니다. 2021년에 걸쳐 전형적인 머리어깨형이 나타나고 있음을 볼 수 있습니다. 이 차트를 통해 앞에서 설명한 내용을 다시 정리해 보겠습니다.

머리와 왼쪽 및 오른쪽 어깨를 형성하였고 상승추세선 (1)과 목선도 뚜렷하게 나타납니다. 단지 목선돌파 이후 되돌림현상은 나타나지 않았습니다.

주가는 상승추세선 (1)을 따라 상승하였고 C점까지 상승추세를 유지했습니다.

결국 주가가 이익을 실현하려는 매도세의 증가로 주가는 D점으로 하락했습니다. D점 이후 주가가 상승하였으나 C점을 돌파하지 못하고 반등에 그쳐 추세가 전환되었음을 확인할 수 있고 결국 목선 (2)도 붕괴되어 주가가 하락했습니다. 목선 (2)를 하향 돌파하는 순간 앞선 거래량보다 상당히 증가하고 있음을 볼 수 있습니다.

목선돌파 이후 가격은 목선 (2)의 돌파시점에서 C점까지 높이(가격으로는

65,000원)만큼 하락하여 최소목표치(45,000원)까지 하락했습니다.

[그림 11-4]는 역머리어깨형의 실제 사례로 A, C, E의 형성은 머리어깨형과 반대양상입니다.

그림 11-4. 역머리어깨형의 실제 사례

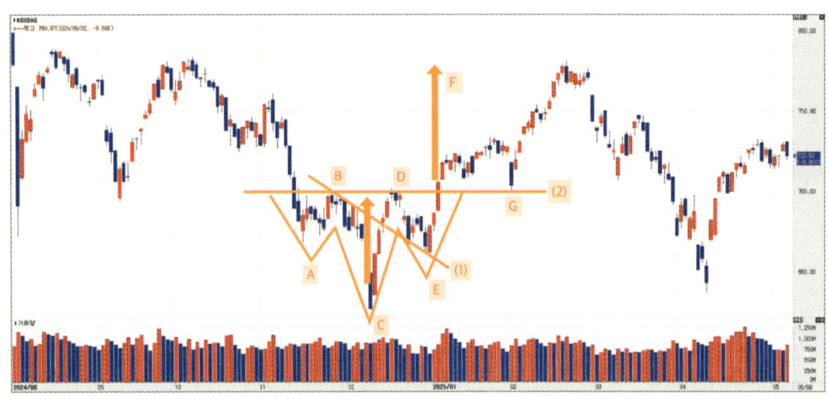

출처: 국내 증권사 HTS

[그림 11-4]는 KOSDAQ의 2024년 이후 일간차트입니다. C점 형성 이후 하락추세선 (1)이 돌파되었고 가격 상승시 거래가 증가하고 가격 하락시 거래가 감소하는 양상으로 추세가 전환되었음을 알 수 있으며 목선돌파 이후 되돌림현상도 잘 나타났습니다. 이후 가격상승은 그림에 표시된 바와 같이 목표치는 773p였는데, 실제로는 781p까지 상승했습니다.

복합 머리어깨형

차트패턴은 실제 전형적인 형태보다는 변형이 많이 출현합니다. 머리와 어깨가 정확하게 균형이 잡히지 않는 경우도 많습니다. 머리어깨형이 변형된 형태로 머리나 어깨가 두 개 또는 그 이상 이루어지는 패턴을 복합 머리어깨형

complex head and shoulder이라고 합니다. 여러 가지 형태가 있겠지만 [그림 11-5]와 같이 왼쪽이나 오른쪽 어깨가 두 개씩 생기는 경우가 가장 많습니다.

이 경우 목선을 파악하기 어렵다는 문제점이 있습니다. 이는 목선에 접하는 점이 세 개 이상이기 때문입니다. 그러나 목선 돌파와 추세전환이라는 머리어깨형의 성질은 변화가 없습니다.

[그림 11-5]의 경우 거래량 변화는 전형적이 아니지만 머리 형성 이후 추세전환을 반영하여 가격상승시 거래증가현상은 뚜렷합니다. 상승목표치는 [그림 11-5]에 표시된 바와 같이 약 53,500원인데 주가는 52,000원까지 상승하여 상승목표치를 충족시켰습니다.

▎그림 11-5. 복합 (역)머리어깨형의 실제 사례

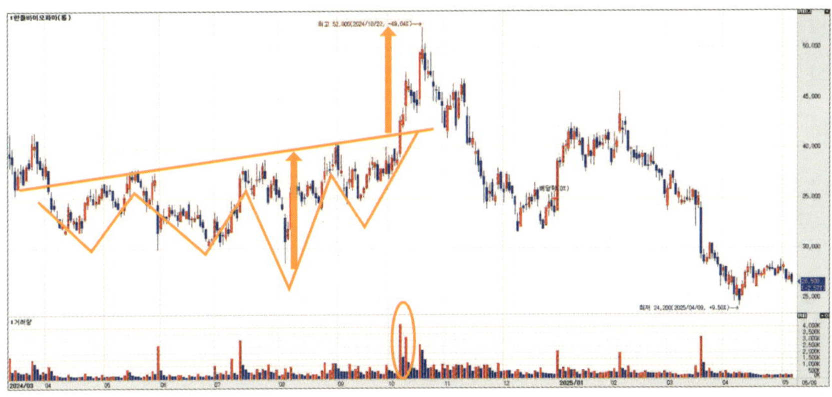

출처: 국내 증권사 HTS

실패한 머리어깨형

지금까지 살펴본 머리어깨형 패턴이 진행되는 중에 현실적으로는 돌파된 목선이 [그림 11-6]과 같이 반대방향으로 다시 깨어지는 경우도 발생합니다. 이럴 경우 최초의 돌파가 잘못된 신호였을 가능성이 높으며 원래의 추세가 지속될 수 있다는 신호가 됩니다. 이는 '실패한 머리어깨형' 즉, 속임형입니다.

| 그림 11-6. 역머리어깨형의 속임형

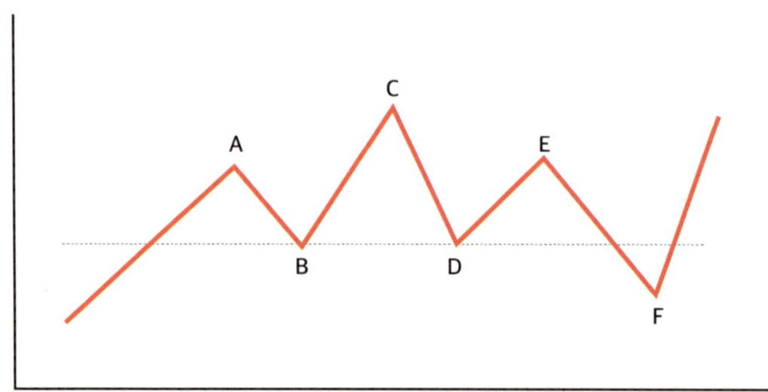

이렇게 실패하는 양상은 머리어깨형 외 어느 패턴에서든지 나타날 수 있습니다. 이를 '속임형'이라고 하는데 속임형이 있으면 두 가지 면에서 유의해야 합니다. 첫째, 차트는 대부분 잘 적용되지만 항상 적용되는 것은 아니라는 점입니다. 둘째, 기술적 투자자는 자신의 분석이 잘못이라는 차트신호가 나올 수 있다는 점을 인식하여야 합니다. 예를 들면 머리어깨형은 전환신호도 되지만 지속신호가 되기도 합니다.

이중천장형과 이중바닥형

이중천장형과 이중바닥형double tops and bottoms pattern은 [그림 11-7], [그림 11-8]과 같이 이중바닥형은 W자, 이중천장형은 M자 형태로 흔히 천장과 바닥에서 나타나는 패턴입니다.

| 그림 11-7. 이중천장형

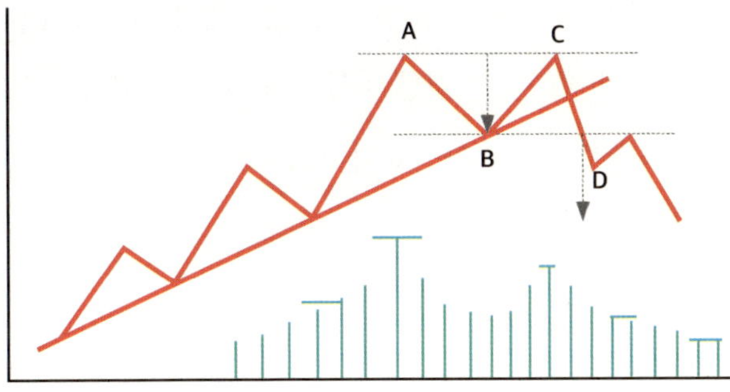

| 그림 11-8. 이중바닥형

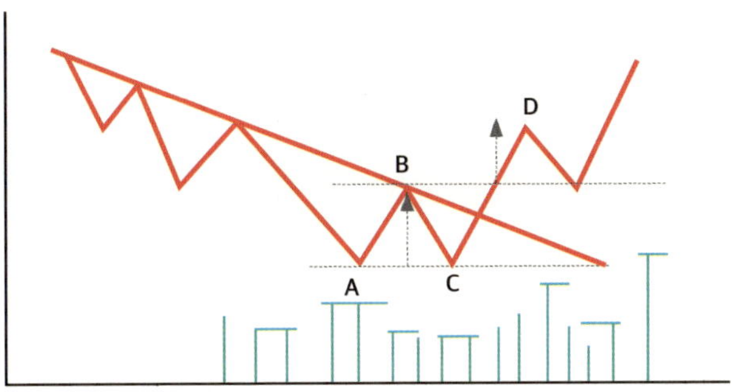

이 패턴의 형성과정도 추세와 지지, 저항의 성질을 이용하여 설명할 수 있습니다. 상승추세인 [그림 11-7]의 A점에서 거래량이 증가하면서 신고점을 형성한 후 B점까지 반락하는 과정은 머리어깨형과 같습니다.

그러나 C점부터 달라지는데, 상승추세에 따라 상승한 C점이 A점보다 더 높이 돌파하지 못하고 반락하게 됩니다. 물론 이때 거래량도 A점보다 적게 형성됩니다. C점에서 하락한 가격은 상승추세를 하향 돌파하여 추세의 전환이 되며 B점을 하회하면서 하락추세로 전환됩니다.

저점 D 이후 반등은 B점을 넘어서지 못하는데 이는 A점과 C점을 연결한

선과 B점에서 평행하게 그은 외곽선이 저항선이 되는 양상도 머리어깨형과 동일합니다. 또한 거래량에서도 첫 번째 고점 A에서 거래량이 많고 두 번째 고점 C에서 거래량이 적어지는 경향이 있으며, 중간의 저점인 B점을 결정적으로 하회할 때 하락추세의 전환신호이며 B점까지 되돌림현상 또한 하락추세전환의 일반적 양상입니다.

형성과정

형성과정을 정리하면 다음과 같습니다.

머리어깨형과 같이 A점에서 하락은 이익실현을 위한 매도세가 증가하기 때문이며, B점에서 상승은 자율 반락과정에서 낮은 가격으로 매입하려는 세력이 많아졌기 때문입니다.

그러나 가격이 C점에서 A점 이상으로 상승하지 못하는 이유는 A점에서 매도기회를 놓쳤다고 생각한 매도세가 다시 A점까지 상승한 C점에서 매도하려 했기 때문입니다.

C점이 A점 이상으로 상승하지 못하고 하락하면 고점을 확인한 매도세가 점점 강해집니다.

가격이 전 저점인 B점 아래로 하락하면 하락을 확인하고 매수세는 줄어들고 매도세가 더 강해져 가격이 저항 없이 하락하는 것입니다.

이중바닥형은 이중천장형과 방향이 반대일 뿐 실제 진행과정에서는 모든 양상이 동일합니다. 또한 이중바닥형이나 이중천장형이나 D점과 같은 반등이 여러 번 발생하여 '플랫폼platform'이 형성되는 경우가 자주 발생합니다. 이는 특히 이중바닥형에서 자주 나타납니다. 이중천장형이나 이중바닥형이 머리어깨형과 다른 점은 고점이 두 번만 형성된다는 점과 목선에 해당하는 저점이 한 번만 형성된다는 점입니다.

가격목표치

가격하락 및 상승목표치는 머리어깨형과 동일한 방법으로 돌파시점에서 패턴의 높이만큼 측정합니다. 머리어깨형과 마찬가지로 이는 최소목표치입니다. [그림 11-7], [그림 11-8]에 표시된 바와 같습니다.

시장전략

이중천장형이나 이중바닥형은 가장 잘 나타나는 패턴인 동시에 가장 속기 쉬운 패턴이기도 합니다. 이 모습과 유사한 움직임이 형성되기 시작하더라도 참다운 패턴이 형성되지 않는 경우가 많기 때문입니다. 가격은 지지와 저항의 성질을 가진 가격수준 사이에서 변동하므로 고가권이나 저가권에서 대부분 가격움직임이 이중천장형이나 이중바닥형 패턴으로 보이기 쉽습니다.

따라서 이중형은 단순히 패턴만으로 판단하기보다는 시장 전반의 추세를 동시에 고려하여 판단해야 하나 첫째 대세적인 추세선으로부터 이탈하여 전환되었는지, 둘째 이중천장형의 경우 첫 번째 고점(이중바닥형의 경우 저점)에서 거래량이 크게 증가하였는지 등을 점검해 보아야 합니다.

[그림 11-9]는 KT&G의 2024년 3월 이후 일간차트로 이중천장형의 사례를 볼 수 있습니다.

A, B, C, D점의 가격움직임은 'M자형'의 이중형이며 상승추세선 (1)이 돌파되어 천장을 형성했습니다.

B점에서 A, C점과 평행하게 그은 선 (2)가 돌파되어 하락을 확인할 수 있

| 그림 11-9. 이중천장형의 실제 사례

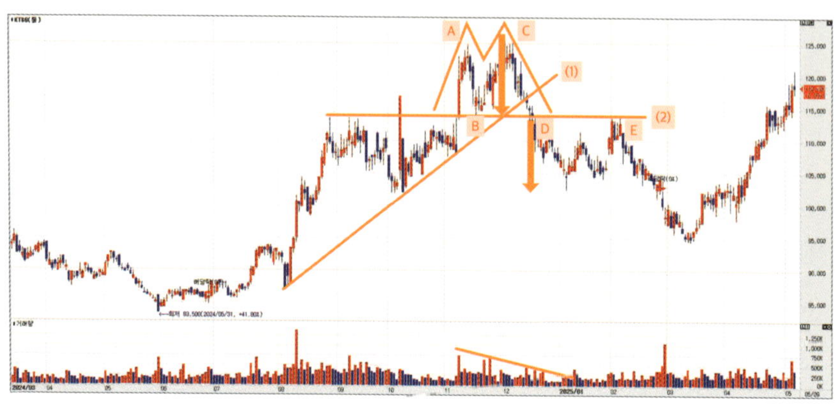

출처: 국내 증권사 HTS

습니다. D점 이후 (2)선까지 되돌림현상인 반등도 나타났습니다.

그러나 (2)선이 돌파되기 전이라도 A점에서 거래가 증가하였고, C점에서 거래가 감소했기 때문에 삼중천장형이나 상자형보다는 이중천장형이 형성될 것을 예상해 볼 수 있습니다.

가격하락 목표치는 패턴의 높이를 기준으로 할 때 [그림 11-9]에 표시된 바와 같이 101,100원 수준을 상정해 볼 수 있습니다. 실제로는 102,500원까지 하락하였습니다.

이중천장형과 관련한 앞의 사례에서 합리적인 매도점은 C점과 (1)선 돌파 시점 및 (2)선 돌파시점이 됩니다. 이 중 C점에서의 거래는 상당히 주의를 기울여야 하는데 주가가 (1)선에서 반등할 경우 상승추세가 지속될 수 있기 때문입니다. C점에서 매매는 주로 거래량을 기준으로 삼는데, A점에 비해 거래량이 줄어든 상태에서 C점을 형성하고 주가가 약해질 경우 매도시점으로 삼습니다. (1)과 (2)에서의 매매는 추세를 이용한 투자전략과 동일하게 판단합니다.

| 그림 11-10. 이중바닥형의 실제 사례

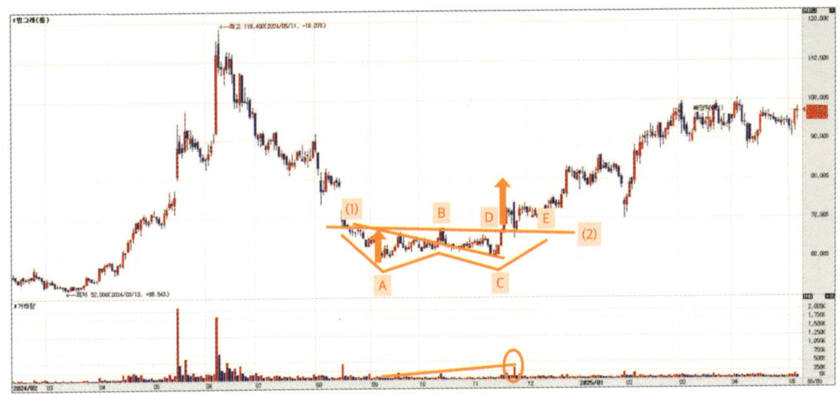

출처: 국내 증권사 HTS

[그림 11-10]은 2024년 2월 이후 빙그레의 일간차트로 이중바닥형의 실제 사례입니다.

A점 형성시 거래가 증가하면서 하락추세는 분명하지 않으나 B점에 도달할 무렵 잠정적인 하락추세선 (1)이 돌파되었습니다.

B점에서 그은 수평선 (2)선도 돌파되어 W자형을 형성했습니다. (2)선 돌파 후 되돌림현상의 반락도 있었습니다. 가격상승의 최소목표치는 패턴의 높이로 72,100원 정도였습니다.

03

지속패턴이란 무엇인가?

CHART ANALYSIS

지속패턴이란 상승추세 또는 하락추세 진행 중에 시장의 과매수와 과매도를 일시적으로 조정하는 횡보과정에서 형성되는 패턴입니다. 지속패턴은 일시적인 조정 이후 원래의 추세에 따라 변한다는 점에서 전환패턴과 다릅니다. 또 전환패턴은 보다 긴 시간에 걸쳐 형성되는 반면 지속형 패턴은 그 형성기간이 보다 짧고 단기 또는 중기패턴으로 분류됩니다.

삼각형패턴

삼각형패턴triangle은 지속패턴 중 가장 자주 발생하는 형태로 대칭삼각형symm-etric triangle, 상승삼각형ascending triangle, 하락삼각형descending triangle 등 세 가지 형태가 있습니다. 삼각형패턴은 1~3개월의 시간을 요하는 중기차트 패턴입니다. 형성 기간이 1개월 미만이면 깃대형과 같은 다른 패턴에 해당됩니다.

가끔 장기차트에 나타나기도 하지만 보통 일간 차트에서 주로 분석합니다.

이외 흔히 나타나지는 않지만 확산형패턴broading formation도 삼각형패턴의 하나로 볼 수 있고 다이아몬드형도 확산형과 대칭삼각형의 결합으로 볼 수 있어 삼각형의 변형으로 볼 수 있습니다.

대칭삼각형

대칭삼각형은 [그림 11-11]과 같이 서로 수렴하는 두 개의 추세선, 즉 하향하는 상변과 상향하는 하변으로 이루어지며 이 두 추세선이 끝나는 점을 중심으로 대칭을 이룹니다. 대칭삼각형은 처음의 고점보다는 다음 고점이 낮고, 처음의 저점보다는 다음 저점이 높아지면서 점점 수렴되어 가격의 변동 폭이 갈수록 줄어들게 됩니다. 이 모양 때문에 코일Coil형이라고 부르기도 합니다.

| 그림 11-11. 대칭삼각형

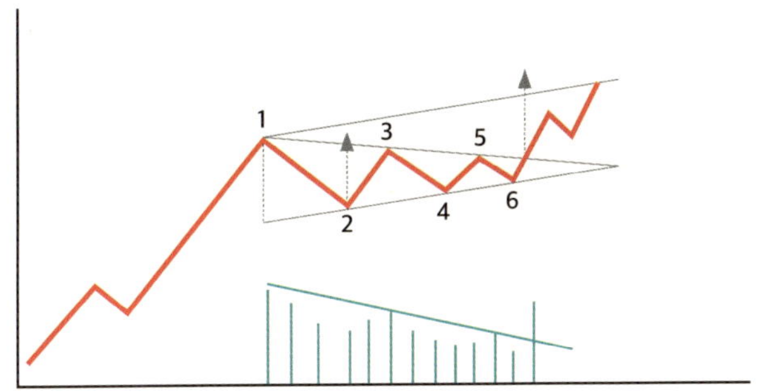

❶ 형성과정

삼각형은 추세의 조정이 시작되는 1점에서 시작됩니다. 삼각형패턴이 형성되는 두 개의 추세선을 긋기 위해서는 최소한 고점 2개, 저점 2개가 있어야 하나 실제적으로는 [그림 11-11]과 같이 3개의 고점과 3개의 저점으로 이루어지는 것이 보통입니다.

대칭삼각형은 매수세와 매도세의 확신이 점차 약화되는 과정에서 발생합니다. 1점에서 차익매물로 매입세력이 약해지면서 하락하나 2점으로 하락하면 차익매물이 소진되고 매입세가 강해져 상승하게 됩니다.

그러나 상승하더라도 강세에 대한 확신이 약화되어 3점은 1점보다 낮게 형성됩니다. 또 반락시 약세에 대한 확신도 약화되어 4점 또한 2점보다 높게 형성됩니다.

즉 상변은 공급선을 의미하고 하변은 수요선을 의미하는데 패턴이 진행될수록 수요와 공급은 균형점에 가까워집니다. 균형점에 가까워질수록 적은 신규매입 또는 신규매도만으로도 급격한 반등이나 반락을 일으킬 수 있어 패턴이 진행될수록 원래 추세로 진행될 가능성이 높아집니다.

❷ 거래량 추이

삼각형의 가격폭이 줄어들수록 전체적으로 거래량도 감소합니다. 패턴이 진행되면서 거래량이 줄어드는 현상은 지속형패턴의 공통적인 현상인데 패턴형성이 완성되는 추세선의 돌파가 이루어지면 거래량은 현저히 늘어납니다.

이후 가격움직임에 따른 거래는 가격의 변화와 추세방향에 따라 달라지는데 가격이 추세돌파 이후 일시적인 반발시에는 다시 거래가 감소하고 가격이 추세에 따라 움직이게 될 때 거래량은 증가하게 됩니다.

패턴 내에서 거래량은 가격움직임이 추세방향일 때 추세진행을 기대하고 거래는 증가하며 추세반대방향일 때 감소합니다. 예를 들면 상승추세일 때 반등시 거래가 증가하고 반락시 거래가 감소하게 됩니다.

❸ 패턴의 완성

대칭삼각형패턴은 가격이 삼각형의 한 변을 돌파할 때 완성되는데 대칭삼각형이 완성된 이후 가격은 원래의 추세에 따라 움직입니다.

가격의 움직임과 대칭삼각형패턴의 진행시간 사이에는 재미있는 관계가 있습니다. 일반적으로 가격이 삼각형의 시작점부터 두 추세선이 만나는 끝점 사이에서 1/2~3/4인 시기에 돌파되어 원래의 추세로 복귀합니다.

즉 패턴의 형태에서 돌파 시점을 예상할 수 있습니다. 3/4 시점 이후에도 가격이 삼각형 내에서 움직이면 삼각형의 끝점에서 돌파되나 이후의 가격움직임을 판단하기 어려워집니다.

추세가 돌파되는 경우 돌파된 추세선은 지지선이나 저항선이 되며 추세선이 만나는 끝점도 돌파 후 중요한 지지선이나 저항선이 됩니다. 특히 상승추세에서 대칭삼각형의 경우 거짓 약세신호가 나타나기도 하는데 가격이 2~3일간 많은 거래를 수반하며 하향 돌파한 후 급반등하여 상승추세로 전환됩니다.

❹ 가격목표치 설정

대칭삼각형 이후 가격이 상승할지 하락할지는 패턴 자체가 정보를 제공하지는 못합니다. 원칙적으로는 패턴 전에 추세가 지속되는 것이라고 할 수 있지만 사실 대칭삼각형 이후 추세가 전환되는 경우도 있습니다. 따라서 대칭삼각형패턴에서 가격이 상변, 하변의 어느 쪽으로 돌파되느냐에 따라 이후 추세가 결정됩니다. 이런 점에서 대칭삼각형패턴은 가격에 중립적입니다.

대칭삼각형에서 가격목표치를 설정하는 방법은 두 가지가 있습니다. 하나는 [그림 11-12]에 표시된 바와 같이 머리어깨형과 마찬가지로 대칭삼각형의 높이를 측정하여 돌파점 또는 패턴의 끝점에서 그 높이만큼 돌파방향으로 변동하는 방법입니다.

또 하나의 방법은 패턴의 시작점 (1)에서 하변의 추세선과 평행하게 추세선을 그리는 방법입니다. 이때 추세대가 형성되는데 이 추세대의 외곽선이 가격목표치가 됩니다.

그림 11-12. 대칭삼각형의 실제 사례

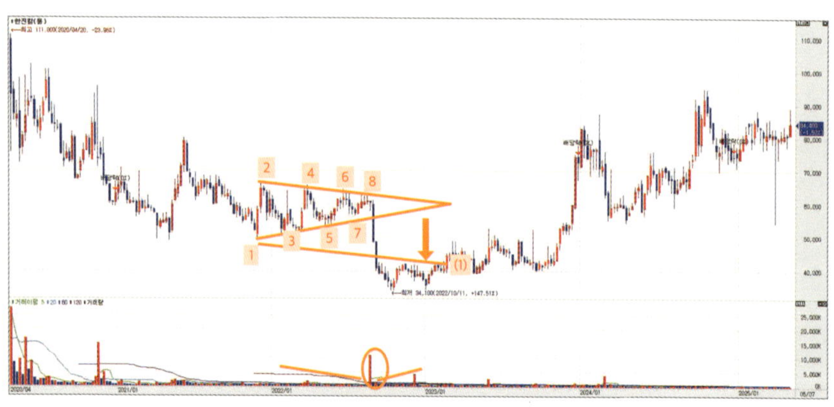

출처: 국내 증권사 HTS

[그림 11-12]는 2020년 4월 이후 한진칼의 주간차트로 대칭삼각형의 사례입니다. 2021년 연말부터 2022년 8월 중순까지 주가는 표시된 바와 같이 고점이 2, 4, 6, 8로 낮아지고 저점이 1, 3, 5, 7로 높아지는 대칭삼각형입니다. 패턴진행 중에 거래는 감소하였으며 매도세가 더 강해져 수요선이 돌파된 이후 거래는 다시 증가하였습니다. 즉 매도세와 매수세로 균형점에 이르

기 전에 하락추세로 전환되어 패턴이 완성되었습니다. 가격의 최소목표치는 패턴의 높이만큼 수요선 돌파시점에서 적용한 공급선에서 평행하게 그은 (1)선이 됩니다. 실제 사례에서는 그보다 더 하락하였습니다. 거래량은 패턴 진행 중에 감소하고 패턴완성 이후 다시 증가하는 양상을 보였습니다.

상승삼각형과 하락삼각형

상승삼각형과 하락삼각형 the ascending and descending triangles 패턴은 대칭삼각형의 변형으로 [그림 11-13], [그림 11-14]와 같습니다. 추세선이 하나는 수평이고 다른 하나가 상향 또는 하향한다는 점을 제외하면 다른 성질은 대칭삼각형과 동일합니다.

그림 11-13. 상승삼각형

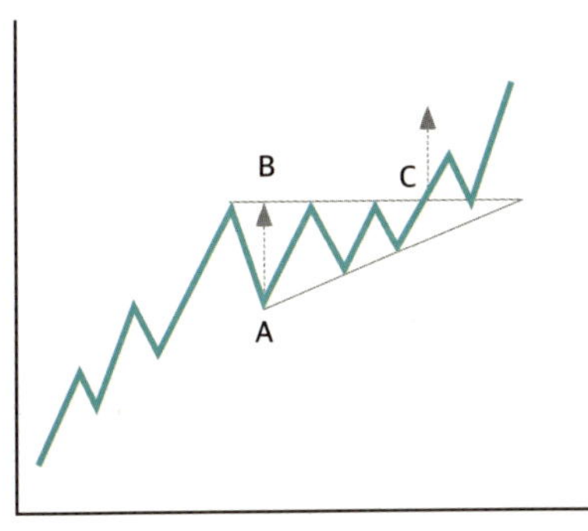

그림 11-14. 하락삼각형

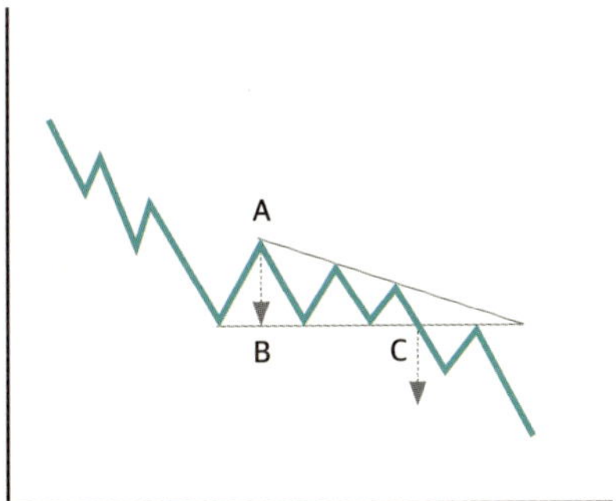

상승삼각형은 상변이 수평인 추세선을 보이고 하변이 상승추세선을 보이며 패턴이 진행됨에 따라 매도세보다 매수세가 강해지는 것을 나타냅니다(상승삼각형은 강세패턴).

상승삼각형에서는 가격상승시 거래량이 증가하고 가격하락시 거래량이 감소합니다. 또한 상승삼각형은 수평인 상변을 돌파할 때 패턴이 완성됩니다.

하락삼각형은 그 반대로 상변이 하락추세선을 보이고 하변이 수평이어서 패턴이 진행됨에 따라 매도세가 강해지는 것을 나타냅니다(하락삼각형은 약세 패턴).

하락삼각형에서는 가격상승시 거래량이 감소하고 가격하락시 거래량이 증가하며 하락삼각형은 수평인 하변을 돌파할 때 패턴이 완성됩니다.

[그림 11-15]는 KT의 2024년 4월 이후 일간차트로 상승삼각형의 사례입니다. 수평인 공급선과 상승추세의 수요선으로 이루어져 있습니다. 패턴의 진행 중에는 거래가 감소하였으며 패턴의 완성 이후 가격변동은 상승목표치인 [그림 11-15]에 표시된 패턴의 높이나 평행선인 (1)선 수준보다 더 상승하였습니다.

| 그림 11-15. 상승삼각형의 실제 사례

출처: 국내 증권사 HTS

I 그림 11-16. 하락삼각형의 실제 사례

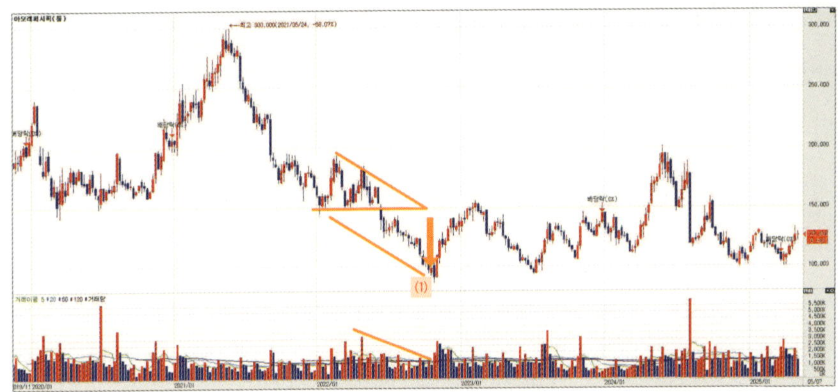

출처: 국내 증권사 HTS

[그림 11-16]은 아모레퍼시픽의 2019년 이후 주간차트입니다. 하락삼각형의 사례로 하락 중인 공급선과 수평인 수요선으로 이루어져 결국 공급선이 더 우세인 형태입니다. 역시 패턴의 진행 중에는 거래가 감소하였고 패턴 완성 이후 가격은 [그림 11-16]에 표시된 하락목표치나 평행선인 (1)선보다 더 하락하였습니다.

삼각형패턴일 경우 시장전략

삼각형패턴은 패턴 완성 이후 가격움직임에 대해 어느 한 방향으로 변동을 결론짓기 어렵습니다. 대칭삼각형의 경우 가격에 대해 중립적임을 살펴보았지만 어느 정도 상승, 하락이라는 신호를 담고 있는 상승삼각형이나 하락삼각형의 경우도 반대로 움직이는 경우가 많기 때문입니다.

결국 삼각형은 패턴의 형성 이후 돌파되는 방향에 따라 매매전략을 구사해야 하며 속임형도 많으므로 추세분석이나 그 외 기술적 분석과 종합하여 가격움직임의 방향을 판단해야 합니다.

깃발형과 페넌트형

깃발형flags과 페넌트형pennants은 매우 잘 나타나는 지속패턴입니다. 두 패턴은 [그림 11-17]에 표시된 바와 같이 추세 진행 중에 일시적으로 나타나며 패턴 완성 이후 가격은 원래의 추세방향으로 진행됩니다. 따라서 두 패턴은 지속형패턴이며 드물게 추세전환을 가져오는 경우도 있습니다. 깃발형과 페넌트형은 모양이 비슷하며 발생하는 추세상 위치나 거래량 패턴과 가격목표치 측정기준도 비슷합니다.

형성과정

두 패턴은 패턴이 시작되기 전에 [그림 11-17]과 같이 보통 가파른 주가변동이 있습니다. 이 가파른 가격변동은 두 패턴이 진행될 때 '깃대' 역할을 하는데 이 시기에 거래 또한 크게 증가합니다.

거래량을 수반한 가격급등 후에는 차익을 남기려는 매도세가 강해지고 매수세는 약화되어 가격은 하락하고 거래도 감소하게 됩니다. 가격이 일시

그림 11-17. 깃발형과 페넌트형

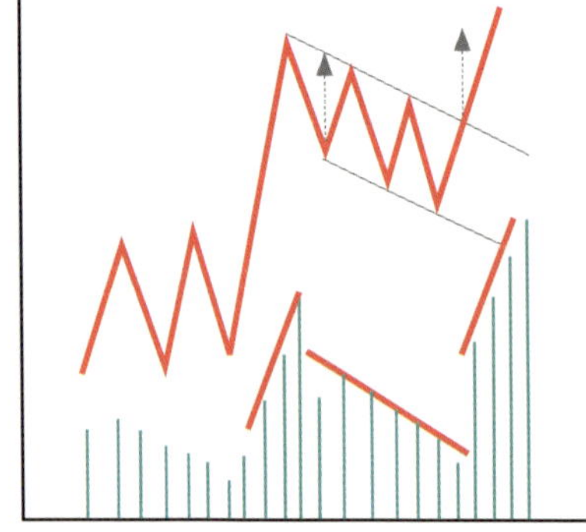

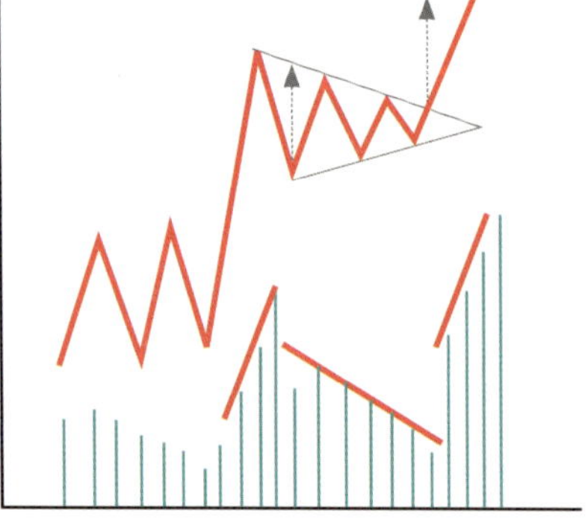

적으로 반등하더라도 이전 고점이나 반등 수준에 미치지 못하고 매수세력도 약화되어 이전 저점보다도 다소 내려가는 양상을 보입니다. 이러한 가격하락은 새로운 매수세가 만족할 만큼 떨어지면 하락이 멈추고 다시 원래의 추세로 돌아가 상승합니다.

이러한 과정이 반복되면 깃발형은 서로 평행인 상하 두 추세선 사이에서 가격이 밀집되어 나타나며 페넌트형은 2개의 수렴하는 추세선 사이에서 가격이 밀집되어 나타납니다. 깃발형의 경우 기존 추세와는 반대 방향의 기울기를 갖는 것이 일반적입니다. 형태로 보아 깃발형은 상자형box 패턴과 유사하고 페넌트형은 소형의 대칭삼각형과 유사하게 나타납니다.

이 패턴 진행 중에는 패턴 전에 거래가 크게 증가했던 것과는 달리 거래량이 크게 감소하고 패턴이 완성된 후 가격이 다시 상승할 때 거래량도 증가합니다. 한편, 두 패턴의 형성기간은 1~3주라는 비교적 짧은 기간 내에 형성되고 특히 하락추세일 경우 1주 또는 2주 이상 지속되지 않는 특성이 있습니다. 가격이 하락할 때에도 똑같은 원리가 적용되어 깃발형과 페넌트형이 나타납니다.

시장전략

깃발형과 페넌트형 모두 고점과 저점이 짧은 기간에 나타날수록 신뢰도가 높아집니다. 매매시 패턴의 완성과 향후 가격움직임의 방향이 중요한데 두 패턴의 완성은 가격이 저항선이나 지지선을 돌파할 때이며 지속패턴이므로 대체로 원래의 추세 방향으로 가격이 움직입니다. 그러나 아주 드물게 추세전환이 이루어지는 경우도 있어 저항선이나 지지선의 돌파를 확인한 후 매매하는 것이 필요합니다.

패턴완성 이후 가격움직임은 최소 '깃대' 높이만큼 변화하는 성질이 있어 이것이 가격목표치가 됩니다. 여기서 '깃대'는 패턴형성 전에 가파르게 움직인 가격폭으로 가격이 일시적인 휴식 이후 원래의 추세에 따라 같은 정도로 변화하는 셈입니다.

그림 11-18. 깃발형과 페넌트형의 실제 사례

출처: 국내 증권사 HTS

[그림 11-18]은 2024년 8월 이후 파마리서치의 일간차트로 깃발형과 페넌트형의 사례입니다. 2025년 1월 중에 진행된 페넌트형은 거래를 수반한 가격급등이 있은 후 차익매도에 따른 조정양상을 보였습니다. 2025년 2월 중 깃발형도 거래수반과 함께 이루어진 상승에 따른 조정으로 패턴완성 이후 상승폭은 깃대 높이만큼 상승하였습니다.

쐐기형

쐐기형wedge pattern은 추세 중간에 자주 나타나는 지속형패턴으로 [그림 11-19]와 같이 수렴하는 두 개의 추세선으로 이루어져 상향이나 하향으로 기울어진 점을 제외하고 대칭삼각형과 유사합니다. 거래량 또한 패턴이 형성되는 동안 점차 줄어들고 패턴이 완성되고 추세가 돌파될 때 증가합니다.

쐐기형에 수렴하는 추세선은 보통 추세방향과는 반대로 기울어지는데 상승추세에서는 하향으로 기울고 하락추세에서는 상향으로 기울게 됩니다.

그림 11-19. 하향쐐기형과 상향쐐기형

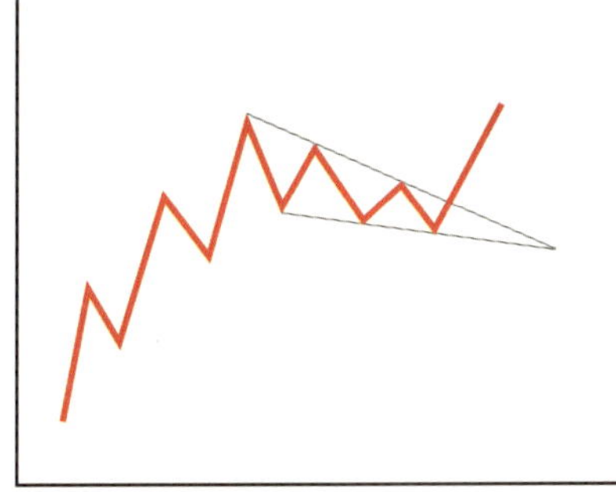

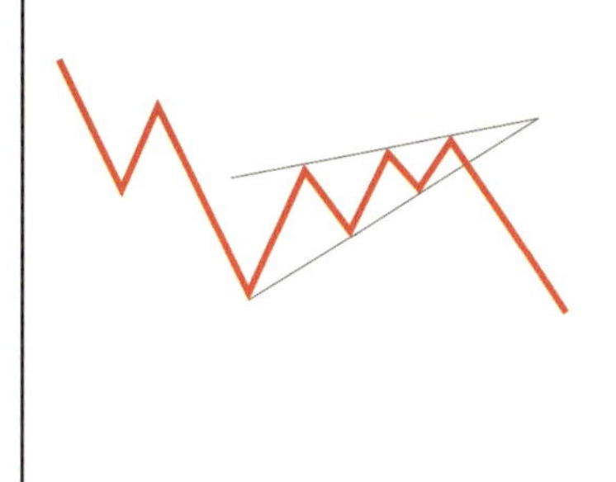

따라서 [그림 11-19]의 왼쪽 패턴의 완성까지는 1개월~3개월 정도로 중기적인 패턴입니다. 상승추세에서 왼쪽 그림과 같이 하향으로 기운 쐐기형은 하향쐐기형이고, 오른쪽 그림과 같이 상향으로 기운 쐐기형은 상향쐐기형이 됩니다. 하락추세에서 그 형성 기간이 오래 걸리기도 합니다. 보통 패턴이 완성되는 추세선의 돌파가 이루어지는 시기는 패턴 시작점에서 추세가 수렴하는 끝점의 2/3 수준이 됩니다.

쐐기형은 지속패턴이지만 드물게 전환패턴이 되기도 합니다. 천장이나 바닥에 나타날 때 천장에서 상향으로 기울어진 상향쐐기형이 나타나고 바닥에서는 하향으로 기운 하향쐐기형이 나타나 추세전환의 신호가 될 때가 있습니다.

▎그림 11-20. 하향쐐기형의 실제 사례

출처: 국내 증권사 HTS

▎그림 11-21. 상향쐐기형의 실제 사례

출처: 국내 증권사 HTS

쐐기형 이후의 가격 변동 폭은, 쐐기형이 지속형 패턴이라는 특성 때문에 패턴 완성 이전에 형성된 상승 또는 하락 폭만큼 패턴 완성 이후에도 동일한 방향으로 움직이는 경향이 있습니다.

[그림 11-20], [그림 11-21]은 하향쐐기형과 상향쐐기형의 실제 사례입니다. 하향쐐기형 이후에는 주가가 상승하였으며 상향쐐기형 이후에 주가는 하락하였습니다. 패턴의 진행과정에서는 거래량이 감소하였습니다. 하향쐐기형 이후 공급선이 돌파된 이후 되돌림현상은 일정부분 나타났으며 각 쐐기형의 형성 이후 가격움직임은 삼각형패턴의 원리가 그대로 적용되어 완성된 패턴의 진행 폭만큼 상승하거나 하락하였습니다.

상자형 또는 직사각형

상자형Box은 직사각형Rectangle 등으로 알려져 있는데 [그림 11-22]처럼 가격이 두 개의 횡보추세선 사이를 횡보하면서 진행되던 추세에서 일시적인 횡보를 나타낼 때 형성됩니다. 보통 패턴의 완성 이후 원래의 추세에 따라 가격이 움직인다는 점에서 삼각형 등과 같은 지속패턴입니다.

이 패턴은 발생하는 빈도가 매우 높으며 보통 매수세와 매도세가 비슷한 여건에서 발생합니다. [그림 11-22]와 같이 2개의 추세선이 평행을 이루며 지지선과 저항선 역할을 하게 됩니다.

거래량 변화는 다른 지속형패턴과는 달리 패턴범위 내에서 가격움직임이 크기 때문에 패턴 내에서 거래량이 감소하는 현상은 발생하지 않습니다. 한편 패턴의 지속기간은 보통 1개월~3개월로 삼각형패턴이나 쐐기형패턴과

그림 11-22. 강세 상자형과 약세 상자형

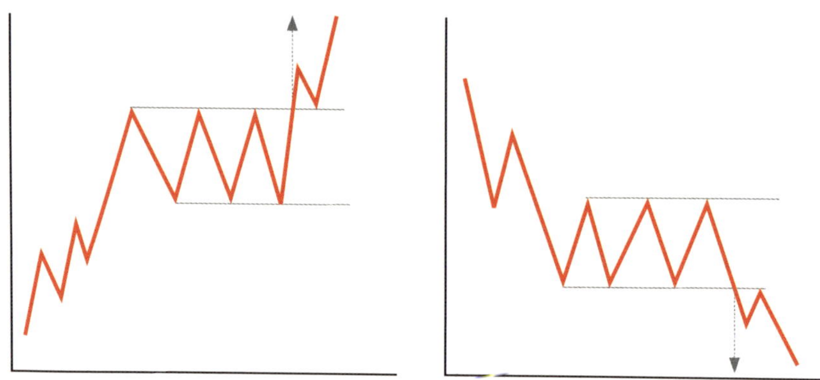

비슷합니다. 상자형패턴은 매매이용도가 매우 높습니다. 단기적으로 지지선 근처에서 매수하고 저항선 근처에서 매도하는 매매방법을 적용할 수 있기 때문입니다. 또 지지선이나 저항선이 돌파되면 매매전략을 추세의 방향에 따라야 합니다. 삼각형과는 달리 상자형으로부터 탈출은 향후 가격움직임의 방향을 분명하게 나타내 주기 때문입니다.

상자형이 돌파되었을 때 가격목표치는 [그림 11-22]와 같이 상자형의 높이를 돌파 시점에 적용하여 목표치를 측정할 수 있습니다. 또한 돌파 후 반락이나 반등도 다른 패턴들보다 더 잘 나타나는데 이는 2개의 추세선이 수평이어서 지지와 저항의 성질이 더 분명하게 적용되기 때문입니다.

단 상자형은 진행 중에 추세전환의 신호가 아닌지 주의해야 합니다. 왜냐하면 상자형의 진행 중에 형성되는 고점과 저점이 삼중천장형(앞에서 설명한 이중천장형과 유사한 형태로 고점과 저점이 한 번씩 더 발생함) 전환패턴과 같기 때문입니다. 이 두 패턴을 구분하는 방법은 거래량의 패턴이 다르다는 점입니다. 가격이 반등할 때 거래량이 증가하고 반락할 때 거래량이 감소하면 상자형의 지속형패턴이나, 가격이 하락할 때 거래가 증가하면 추세전환의 신호가 됩니다.

▎그림 11-23. 상자형의 실제 사례

출처: 국내 증권사 HTS

[그림 11-23]은 수요선과 공급선이 평행으로 직사각형을 나타내는 상자형 패턴입니다. 패턴진행 중 거래량이 가격의 등락에 따라 민감하게 움직였습니다. 가격목표치는 강세 상자형에서는 훨씬 더 높게 형성되었지만, 약세 상자형에서는 패턴의 높이만큼 가격변동이 이루어졌습니다.

Chapter

12

추세를 나타내는 지표에는 어떤 것이 있나요?

”

주식 시장에서는 모두가 흥분해서 달려드는 주식에 프리미엄을 붙인다. 일종의 오락세라고 할 수 있다. 반면 아무도 쳐다보지 않는 따분한 주식은 할인해 준다. 이렇게 할인된 가격으로 거래되는 주식을 많이 사둬라.

\- 랄프 웬저 Ralph Wanger

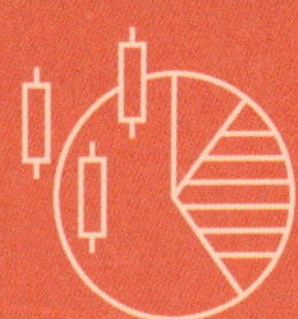

01

급등과 급락을 알 수 있는 볼린저밴드

CHART ANALYSIS

추세지표의 대표격은 어디까지나 이동평균입니다. 이동평균선에 대해서는 이미 앞에서 알아보았고 새로운 추세지표라고 말할 수 있는 볼린저밴드와 파라볼릭parabolic SAR을 살펴보겠습니다. 추세지표 중 가장 중요한 의미를 가지는 것은 가격대 분석인데, 볼린저밴드가 여기에 해당합니다.

볼린저밴드가 만들어지기 이전인 1960~1970년대에는 단순히 이동평균의 백분율을 기반으로 한 밴드 지표들이 성행했습니다. 하지만 이 방식은 시장이 변화함에 따라서 투자자가 비율을 임의로 조정해야했기 때문에 일관성이 부족하다는 단점이 있었습니다. 미국의 기술적 분석가인 존 볼린저John Bollinger는 이러한 단점을 보완하고 시간의 흐름에 따라 변화하는 변동성을 고려한 지표를 만들고자 했고, 1980년대에 볼린저밴드를 개발하였습니다.

지표의 개념

가격대 분석의 일종인 볼린저밴드는 시장 전체와 종목에 대해서 공통으로 적용되는 추세지표입니다. 특히 선물의 기술적 분석에서는 추세분석의 방법으로 사용됩니다. 볼린저밴드는 이동평균을 이용하는 가격대 분석이라는 측면에서 이동평균 채널과 유사하지만, 가격 변동성price volatility 분석과 추세분석을 동시에 수행한다는 점에서는 이동평균 채널보다 더 발전된 개념입니다.

주가 변동성이 커지면 볼린저밴드의 가격대 폭이 커지고 변동성이 작아지면 가격대 폭이 작아집니다(그림 12-1). 이렇게 볼린저밴드는 가격대의 폭이 주가 변동성에 의해 변화하므로 이동평균 채널과 곡선적합화 밴드와는 달리 가격대 폭이 시간적으로 일정하지 않다는 특징이 있습니다.

그림 12-1. 볼린저밴드 구성과 일반적인 움직임

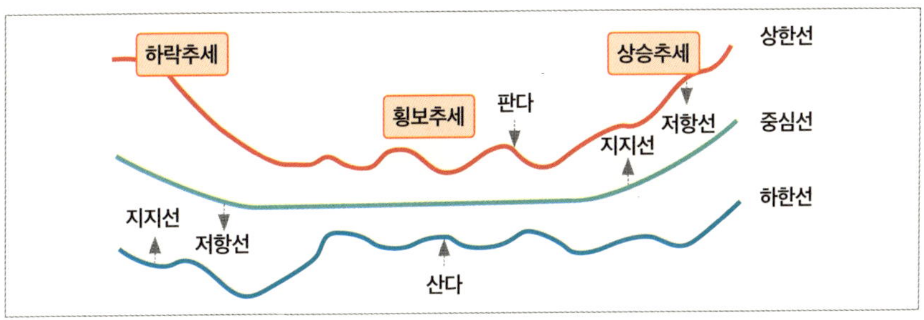

가장 처음 볼린저에 의해 고안되었던 볼린저밴드의 개념은 다음과 같습니다. 여기서 수식을 외우지 않더라도 의미를 이해하는 것은 볼린저밴드라는 지표의 특성을 파악하는 데 중요합니다. 가격대 기준(또는 추세)으로 20일 단순이동평균을 쓸 경우에는 다음과 같이 계산합니다.

$$대표가격 = \frac{고가 + 저가 + 종가}{3} \text{ 또는 } \frac{고가 + 저가 + 2 \times 종가}{4}$$

20일 주가 표준편차

$$= \sqrt{\frac{(대표가격 - 대표가의\ 20일\ 단순이동평균)^2의\ 과거\ 20일\ 합계}{20}}$$

대표가격은 당일 고가, 저가, 종가의 평균가격입니다. 가격대 기준은 이렇게 구한 대표가격의 20일 단순이동평균입니다. 가격대 상한과 하한을 구하기 위해서는 먼저 대표가격의 최근 20일간 변동성을 의미하는 표준편차를 계산해야 합니다. 가격대 기준에 표준편차의 2배를 더하고 또는 차감하여 가격대의 상한과 하한을 구합니다. 따라서 최근 20일간의 주가 변동성이 크면 밴드 폭이 좁아지고 주가 변동성이 작으면 밴드 폭이 넓어질 것입니다.

상한선(Upper Band)	20일 이동평균선에서 두 배의 표준 편차를 더한 값
하한선(Lower Band)	20일 이동평균선에서 두 배의 표준 편차를 뺀 값
중심선(Middle Band)	20일 이동평균선 자체

앞에서는 20일 단순이동평균을 사용했지만, 장기 파라미터를 사용하는 볼린저밴드와 단기 파라미터를 사용하는 볼린저밴드를 이용할 수 있습니다. 상기 파라미터를 사용하는 경우에는 20일 대신에 50일 단순이동평균을 사용하고 가격대 기준에서 가감하여 상하한을 만들 때 2 대신 2.5를 표준편차에 곱합니다. 단기 볼린저밴드의 경우에는 20일 대신에 10일 단순이동평균

을 사용하고 가격대 기준에서 가감하여 상하한을 만들 때는 2 대신 1.5를 표준편차에 곱하여 사용합니다.

볼린저밴드의 장단점

볼린저밴드의 장점으로는 첫째, 추세확인이 가능합니다. 볼린저밴드를 사용하면 주식이나 다른 자산의 추세를 쉽게 확인할 수 있습니다. 밴드의 상단은 상승추세의 상한선, 밴드의 하단은 하락추세의 하한선으로 사용됩니다.

둘째, 주가가 밴드의 상단에 접근하거나 밴드의 하단에 다가올 때마다 주가의 과매수 또는 과매도 상태를 나타내어 투자자에게 변동성을 알립니다.

셋째, 주가가 볼린저밴드 상단 저항선(상한선)을 돌파하면 매수, 하단 지지선(하한선)을 돌파하면 매도 신호로 해석하여 거래 시점을 결정할 수 있습니다.

반면 단점으로는 첫째, 효과적 사용이 어렵습니다. 볼린저밴드는 단순히 상승 또는 하락추세만 확인하는 것이 아니라, 주가의 변동성과 추세까지 고려해야 합니다. 이를 효과적으로 사용하기 위해서는 경험과 훈련이 필요합니다.

둘째, 가격이 볼린저밴드를 통과한 후에도 계속 상승하거나 하락할 수 있습니다. 따라서 신호 후에도 추가적인 분석과 판단이 필요합니다.

볼린저밴드를 이용한 투자전략

볼린저밴드의 매매신호를 파악하는 방법은 일반 가격대 분석의 경우와 유사하지만 중요한 차이점이 있습니다. 다른 가격대 분석과는 달리 시간에 따라 가격대 폭이 일정하지 않고 상당히 변화가 크다는 점입니다. 이것은 볼린저밴드를 해석하는 데 중요한 출발점이 됩니다. 볼린저밴드에 의한 투자 전략은 다음과 같이 요약할 수 있습니다.

| 그림 12-2. 볼린저밴드를 통한 시간별 매매전략

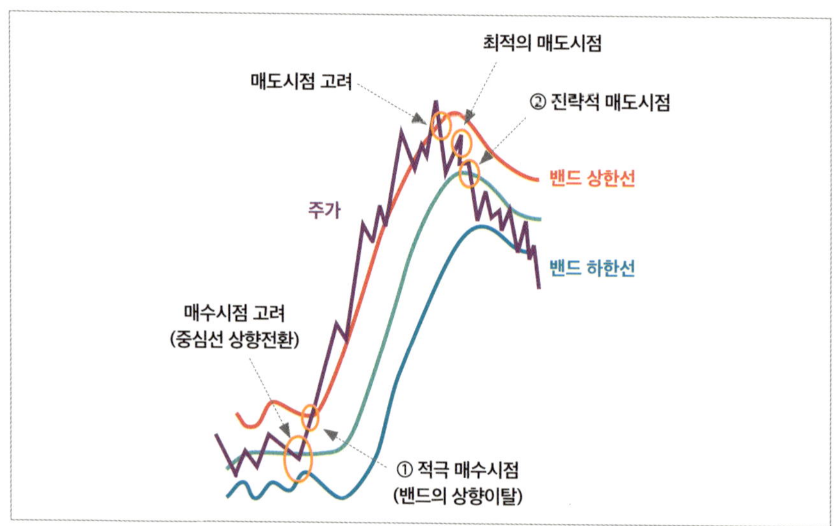

투자전략 I

과매수·과매도overbought/oversold에 의한 일반적인 매매전략입니다. 가격대 하한선 근처에 주가가 위치할 때는 상대적으로 낮은 주가이므로 추세(이동평균)로의 회귀성향을 고려해서 매수신호로 파악합니다. 반대로 주가가 가격대 상한선 근처에 위치하면 주가가 높은 상태이며 보다 낮은 위치의 추세(이동평균)로 회귀성을 가지므로 매도신호로 파악합니다.

이러한 과매수·과매도에 의한 매매전략에서는 볼린저밴드를 다른 지표와 결합해서 종합적으로 매매신호를 판단하는 것이 더 유리합니다. 만일 주가가 가격대 상한에 접하더라도 오실레이터가 이것을 매도신호로 확인하지 않으면(괴리가 발생하지 않으면) 매도신호로 이해하지 않습니다. 반면에 주가가 가격대 상한에 접하고 오실레이터가 매도신호임을 확인하면(괴리가 발생하면) 매도신호로 간주하는 것이 좋습니다. 여기서 전자의 경우는 매도신호가 아니라 주가 상승이 유지되는 지속형 신호로 해석합니다.

한편, 주가가 가격대 안에 위치할 때도 매매신호 인식이 가능합니다. 가격대 바깥에서 천장을 형성하고 나서 가격대 안에서 두 번째 천장을 형성하면 이것은 매도신호가 됩니다. 이때 주가 천장의 상하 위치는 관계없습니다. 물론 반대로 가격대 바깥에서 바닥을 만든 다음 가격대 안에서 보이는 주가 바닥도 마찬가지 논리로 해석할 수 있습니다.

[그림 12-3]은 삼성중공업의 2024년 8월 이후 일간차트입니다. 볼린저밴드의 상한선과 하한선을 이용한 과매수와 과매도를 판단하여 매매타이밍을 잡아갈 수 있습니다. 특히 차트 하단의 MACD 지표를 같이 이용하면 보다 효과적인 매매를 할 수 있습니다.

| 그림 12-3. 볼린저밴드의 상한선과 하한선을 이용한 매매전략 실제 사례

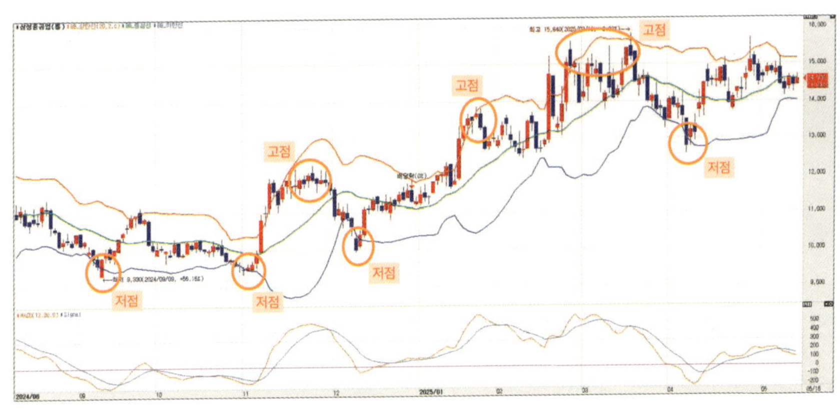

출처: 국내 증권사 HTS

투자전략 II

두 번째는 볼린저밴드의 특징적인 해석방법으로 가격대 폭(가격 변동성)을 고려한 매매입니다. 볼린저밴드에서 가격대 폭을 고려한 매매신호는 가격대 폭이 상대적으로 축소되었을 때 발생합니다. 상하 폭이 좁은 가격대를 형성했을 때 주가가 가격대 내부로부터 상한선 바깥으로 상승할 때는 매수신호입니다. 반대로 주가가 좁은 가격대의 내부로부터 하한 아래로 하락하는 경우는 매도신호입니다. 즉 동일한 매매신호라 하더라도 가격변동성이 낮은 경우에 나타나는 매매신호가 가격변동성이 클 때 나타나는 매매신호보다 중요성을 가집니다.

볼린저밴드의 폭이 좁다는 사실은 주가 변동성이 감소한다는 뜻인데, 이는 시장이 정체되어 있고 주가는 횡보국면에 있음을 시사합니다. 보통 가격의 움직임은 추세변화 이전에 횡보국면을 수반하고 이러한 횡보국면으로부터 점차 추세성이 강해지는 활동적인 국면으로 나아갑니다. 그러므로 볼린저밴드의 폭이 좁다는 것은 추세가 상하 어느 쪽이든 간에 변화할 가능성이

| 그림 12-4. 볼린저밴드의 폭이 좁아질 때를 이용한 매매전략 실제 사례

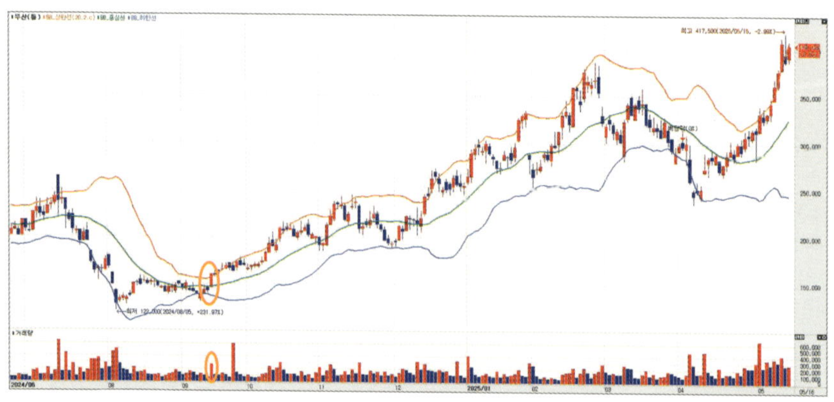

출처: 국내 증권사 HTS

큰 상황인 것입니다. 따라서 가격대 폭을 고려한 매매전략은 이러한 주가 변동의 일반적 법칙을 매매전략에 직접 응용하는 방법이라고 생각할 수 있습니다.

[그림 12-4]는 두산의 2024년 6월 이후 일간차트입니다. 2024년 9월 12일 볼린저밴드의 폭이 현저하게 좁아진 가운데 상한선을 강하게 돌파하였습니다. 이때 살펴봐야 할 것은 거래량인데, 거래량은 최근 한 달 평균 거래량의 약 2배 정도 증가하였습니다. 이럴 때는 전형적인 매수신호로 종가에도 적극적으로 매수에 참여해야 합니다.

투자전략 Ⅲ

마지막으로 볼린저밴드 가격대를 벗어났던 주가가 가격대로 재진입하는 경우의 매매전략입니다. 주가가 가격대 상한의 바깥에서 안으로 재진입할 때는 일반적으로 매도신호를 나타냅니다. 반대로 주가가 가격대 하한의 바깥에서 안으로 재진입할 때는 매수신호입니다. 이러한 것을 차트로 설명하면 [그림 12-5]와 같습니다.

| 그림 12-5. 볼린저밴드의 상한선과 하한선을 이용한 매도 및 매수 고려시점 실제 사례

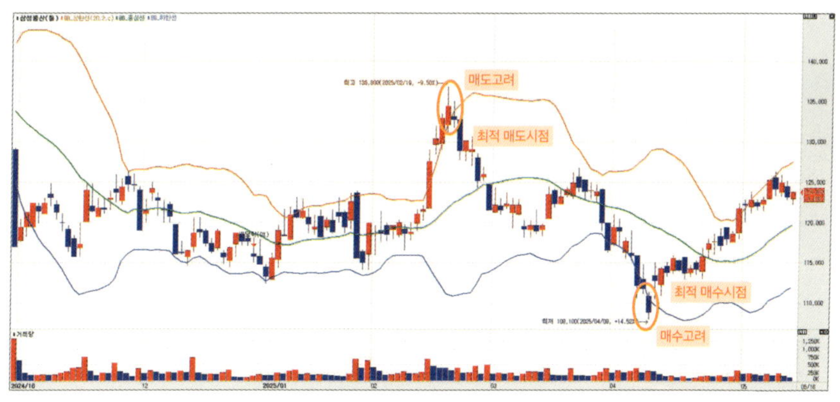

출처: 국내 증권사 HTS

또한, 중요한 점은 볼린저밴드를 다른 지표와 함께 사용하는 것입니다. 볼린저밴드가 단독으로 신뢰할 수 있는 지표는 아니며, 다른 지표와 함께 사용할 때 더욱 효과적으로 시장 분석이 가능합니다. MACD 또는 RSI 같은 지표와 볼린저밴드를 함께 분석하면, 더욱 신뢰할 수 있는 결과를 얻을 수 있습니다.

지금까지 볼린저밴드를 활용하는 방법을 알아보았습니다. 주식시장에서 추세 및 변동성 분석에 유용한 도구로 사용되며, 반전 신호와 추세를 따라가는 전략으로 활용될 수 있습니다. 그러나 항상 볼린저밴드를 단독으로 사용하는 것보다 다른 지표와 함께 사용하는 것이 더 효과적입니다.

02

파라볼릭 SAR을 통해 알 수 있는 추세

C H A R T   A N A L Y S I S

파라볼릭 SAR은 대표적인 추세지표의 일종으로 주가의 상승과 하락에 따른 가속변수를 고려해 기존 추세의 연장과 변화를 알아내어 자동으로 매매신호를 발생시켜주는 지표입니다. 가격 추세 형성시 추세진행의 가속력이 높아진다는 점에서 착안되어 만들어진 지표입니다. 추세전환 타이밍을 포착할 수 있고, 매매신호가 나타납니다. 구조는 복잡하지만 사용법이 매우 간단해 개인투자자들이 즐겨 사용하는 보조지표입니다.

지표의 개념

파라볼릭 SAR이란 Parabolic Stop And Reverse의 약자입니다. 웰즈 와일더 Welles Wilder Jr가 만들었습니다. 그는 이 지표 외에도 주요 기술적 분석지표인 RSI 및 DMI의 개발자로도 알려져 있습니다.

웰즈 와일더는 추세 움직임에서 이익을 극대화할 수 있는 시스템을 찾고 있었습니다. 그 결과 파라볼릭 SAR을 사용하면 새로운 추세의 시작과 끝을 모두 알 수 있다고 생각했습니다. 파라볼릭 SAR은 추세의 정점을 추측하려고 하지 않습니다. 단 추세를 따르되 수익을 극대화할 수 있는 지점을 알 수 있도록 하였습니다. 다른 지표와는 달리 파라볼릭 SAR은 자동으로 매매신호를 발생시키기 때문에 주가 추세를 활용하는 자동매매 시스템에서 효과적으로 사용할 수 있습니다. 또 시장 전체 또는 개별 종목에 공통으로 적용할 수 있고 특히 선물 투기적 거래에서 자주 이용됩니다.

▎그림 12-6. 매수SAR과 매도SAR

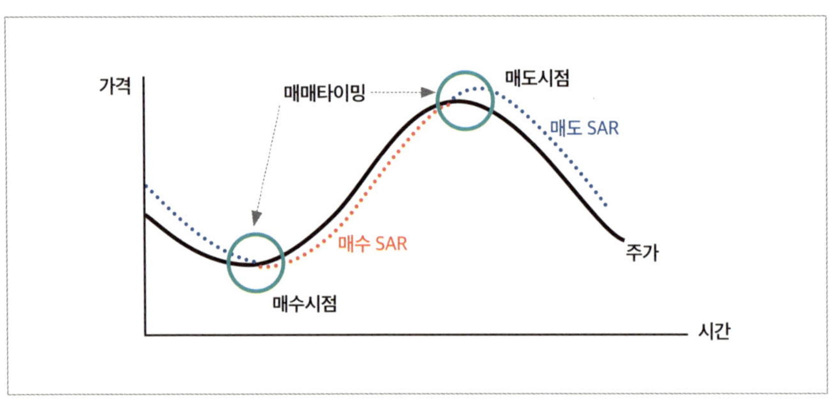

[그림 12-6]에서 보듯이 파라볼릭 지표는 주가의 위와 아래쪽에 발생되는 점으로 확인합니다. 생성되는 점이 주가보다 위에 있으면 하락추세, 아래 있으면 상승추세이녀 점의 위치가 주가와 파라볼릭의 교차되는 지점이 바로 해당주식의 매매타이밍입니다. 하지만 시장에서 강한 추세를 나타내는 국면은 전체기간의 30% 정도에 불과하며 추세지표의 공통적 단점으로 주가 횡

보시 신뢰도 및 매매타이밍 포착이 쉽지 않다는 단점이 있습니다. 또한 장중 속임수whipsaw 현상으로 인한 거짓 정보가 포함될 수 있습니다. 실패를 줄이기 위해 앞에서 배운 볼린저밴드와 같은 다른 보조지표와 함께 사용이 가능하며, 추세지표임을 잊지 말고 하루이틀 정도 매매타이밍을 늦춰 확실한 진입 타이밍을 체크하는 것이 도움이 될 수 있습니다.

파라볼릭 SAR은 주가의 추세가 반전되는 시점을 포착하는 데 사용하기 때문에 추세지표에 속합니다. 이제까지 추세지표들을 살펴보면서 종류가 다양한데도 불구하고 실제 이들을 매매에 적용할 때는 적절한 매매시점을 놓치는 경우가 있습니다. 이것은 추세지표로 매매신호를 찾는 것이 어느 정도 객관적이지만 주관이 개입되는 부분이 있기 때문에 발생하는 문제입니다. 파라볼릭 SAR은 자동화된 시스템적 매매방식을 제공하므로 이러한 문제를 해결하려는 대안으로 사용됩니다.

파라볼릭 SAR의 매매전략

먼저 추세 파악을 하는 것이 필요합니다. 파라볼릭 곡선이 가격보다 높으면 시장은 약세 추세이고, 가격 아래에 있으면 강세 추세입니다. 또 트렌드의 변화에 주목해야 합니다. 현재 점이 반대쪽에 나타나면(가격이 곡선을 교차함) 반전 또는 최소한 큰 조정을 예상해야 합니다. 파라볼릭 SAR 매수 신호는 파라볼릭이 하락추세에서 가격 위에 있을 때 발생합니다. 그리고 그 후 첫 번째 점이 캔들차트 아래에 형성됩니다. 반면 캔들차트 아래에 형성되던 점이 위쪽으로 바뀌면 매도 신호가 나타나는 상황이 됩니다.

그림 12-7. 주가 하락과 파라볼릭 SAR 실제 사례

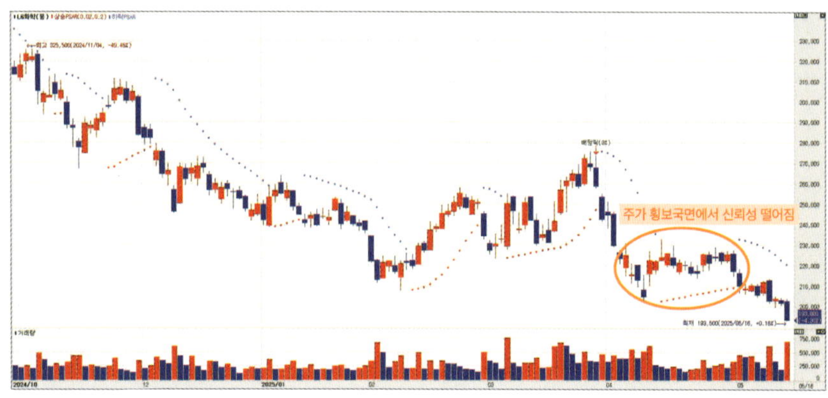

출처: 국내 증권사 HTS

무엇보다 횡보추세일 때는 주의가 필요합니다. 횡보추세의 경우 이러한 신호가 작동하지 않기 때문입니다(그림 12-7).

파라볼릭 SAR을 이용한 매매전략은 주가가 파라볼릭 SAR을 상향 돌파하면 매수신호 그리고 하향 돌파하면 매도신호가 발생한 것으로 판단합니다. 파라볼릭 SAR은 어디까지나 추세지표입니다. 주가의 추세성이 강할수록 파라볼릭 SAR을 통한 매매신호는 좋은 성과를 초래합니다. 만약 주가의 추세성이 미약할 때 파라볼릭 SAR을 사용하면 파국으로 치닫게 됩니다. 이것은 추세지표의 공통된 성격입니다.

[그림 12-8] 롯데관광개발의 일간차트를 예로 들어보겠습니다. 2025년 4월 이후 강한 추세성을 보이는 국면에서 파라볼릭 SAR은 적절한 매매신호를 제공합니다. 2025년 4월 초 주가가 매수 SAR을 상향 돌파하여 매수신호를 보인 다음 4월 말에 주가가 일시적으로 매도 SAR을 하향 돌파하였지만 다시 매수신호를 보인 후에 지속적인 상승을 보였습니다. 그러나 2025년

❙ 그림 12-8. 주가 상승과 파라볼릭 SAR

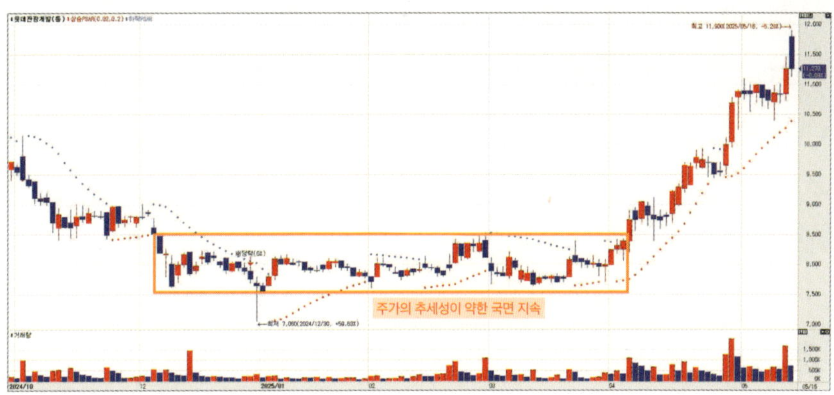

출처: 국내 증권사 HTS

4월 이전에는 주가 추세성이 약합니다. 이 국면에서 파라볼릭 SAR을 사용할 경우 성과는 나쁠 수밖에 없습니다.

[그림 12-7]과 [그림 12-8]은 주가 추세가 하락국면과 상승국면의 파라볼릭 SAR을 보여주는 차트입니다. 추세가 하락할 때는 보통 주가 변동이 커지면서 하락하는 경향이 크고 추세가 상승할 때 주가 변동이 적지만 급하게 상승하는 경우가 많습니다. [그림 12-7]에서 보듯이 추세가 하락할 때 파라볼릭 SAR은 다소 혼란스러운 매매신호를 보일 수 있습니다.

그러나 하락추세에서 매매에 따른 손실을 최소화하는 역할을 수행함을 확인할 수 있습니다. 반대로 주가 추세가 상승하는 [그림 12-8]의 2025년 4월부터의 국면에서는 상승추세를 추적하면서 확실한 수익을 거두고 있습니다.

파라볼릭 SAR의 장단점

파라볼릭 SAR의 장점으로는 첫째, 추세 내에서 포지션을 유지할 수 있습니다. 연속적인 곡선이 계속 형성되는 한 방향성 움직임이 발달하고 있음을 확신할 수 있습니다. 또한 현재 추세의 강도는 점 사이의 거리로 간접적으로 측정할 수 있습니다. 반면 축소되면 반전에 대비해야 합니다. 둘째, 파라볼릭 SAR은 추세 전개의 역할뿐만 아니라 지속 기간도 고려합니다. 시장에서 방향 이동 중에 잘못된 신호가 거의 없고 약간의 지연이 있습니다.

단점으로는 파라볼릭 SAR은 단기 트레이딩을 위한 것이 아닙니다. 시장의 추세 단계에서만 사용해야 합니다. 짧은 기간 동안 지표는 시장 변동에 대한 높은 민감도를 나타냅니다. 따라서 다른 기술적 분석지표들과 함께 사용할 것을 권합니다.

거래량 회전율

거래량 회전율은 거래량을 상장주식수로 나눠 백분율 한 수치입니다. 즉 주식의 주인이 얼마나 바뀌었는가를 나타냅니다. 거래량 회전율은 개별종목의 회전율과 전체시장의 회전율로 구분됩니다. 거래량은 하루 동안 거래된 규모를 이용하기도 하나 주간, 월간, 분기, 연간 등의 누적거래량을 주로 이용합니다. 회전율이 높다는 것은 손바뀜이 활발하며 아울러 거래가 많아 인기 있다는 얘기입니다.

개별종목의 거래회전율을 구할 때는 일반적으로 연간 개념을 이용합니다. 거래량에다 장이 열리는 입회일 수를 곱해 이를 상장주식수로 나눕니다. 100% 이상이면 과열로 간주해 매도신호로 보고 20% 이하면 침체로 간주해 매수신호로 파악합니다.

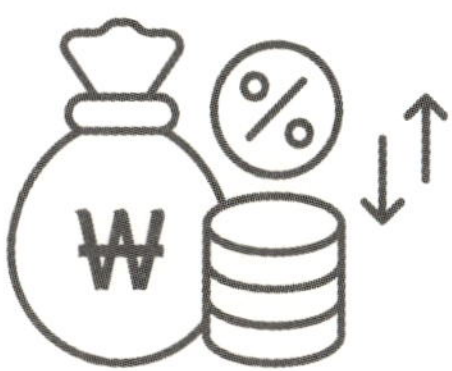

Chapter

13

꼭 알아야 할 기술적 지표분석에는 어떤 것이 있나요?

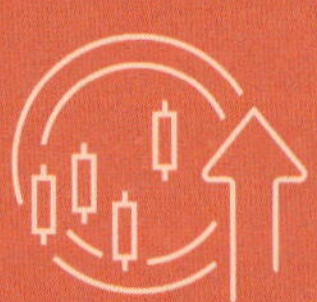

”

잘 사기만 한다면 절반은 판 것이나 다름없다. 즉 보유 자산을 얼마에, 언제, 누구에게, 어떤 방법으로 팔지에 대해 고심하느라 많은 시간을 보내지 않아도 된다는 의미다. 자산을 저가에 매수했다면 위의 문제들은 저절로 해결될 것이다.

- 찰리 토머스 멍거Charles Thomas Munger

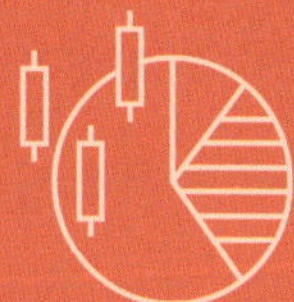

01

기술적 보조지표에 대하여

CHART ANALYSIS

각 증권사의 HTS를 보면 어마어마한 숫자의 기술적 보조지표들을 볼 수 있을 것입니다. 초보 투자자들은 어떤 지표를 보아야 할지 헷갈릴 수 있습니다. 마찬가지로 기술적 보조지표에는 수없이 다양한 지표가 있습니다. 이 장에서는 투자자들이 자주 사용하는 지표들과 투자판단에 도움이 될 지표들을 선별하여 소개합니다. 각각의 지표들이 가지는 성질과 의미를 이해하기 쉽게 해설하였으며 매매전략에 대해서도 정리하여 실제 매매에 도움이 되도록 구성했습니다. 또한 실제 사례분석을 통해 이해를 돕고자 하였습니다. 기술적 보조지표는 시장 상황에 맞게 적절히 이용하는 것이 중요합니다. 그러므로 각 지표의 성질을 제대로 이해하기 위해서 꾸준히 연습해야 합니다.

기술적 보조지표는 주가 추이의 특징을 수치화(또는 차트화)하여 보여질 수 있도록 일정한 논리(또는 수식)를 사용해서 산출한 수치 결과입니다. 기술적 분석의 목적이 일정한 매매전략 아래에서 적절하게 매매타이밍을 선정하는 것인 만큼 기술적 보조지표는 매매타이밍 선정을 돕는 직접적 시사점을 도출해 줍니다. 앞서 언급했지만 기술적 보조지표는 헤아릴 수조차 없을 정도로 많고 종류도 다양하지만, 기술적 보조지표 하나하나가 나름대로 일정한 매매판단을 유도하므로 모든 지표가 나름대로 존재가치를 가집니다.

기술적 보조지표를 적용대상에 따라 구분해 보면 시장과 종목에 공통으로 적용되는 시장종목지표와 시장에만 적용되는 시장지표로 구분할 수 있습니다. 대부분의 기술적 보조지표는 시장과 종목에 공통으로 적용할 수 있는 시장종목지표에 속합니다.

또한 기술적 보조지표의 고유한 성격에 따라 몇 가지 지표군으로 구분해 볼 수 있습니다. 기술적 보조지표를 구분한다는 것은 사실 매우 어려운 문제입니다. 대부분 개론서에서는 기술적 보조지표가 사용하는 데이터로 구분해서 주가지표, 거래량지표, 기타 복합지표 등으로 나눕니다. 그러나 여기서는 지표의 성격에 따라 구분하기로 합니다. 주의해야 할 점은 이와 같은 구분은 지표의 목적과 역할에 있어 상호 배타적인 구분기준은 되지 못한다는 것입니다.

추세지표trend-following indicator는 주가 시계열이 가진 추세성을 보다 명확하게 표현해 주는 지표입니다. 앞에서 학습한 볼린저밴드 및 파라볼릭 SAR 등이 여기에 속합니다. 추세강도지표trend-intensity indicator는 주가의 추세가 지닌 강도 및 신뢰도를 측정하는 지표입니다. 뒤에서 살펴볼 DMI는 추세강도를 측정하는 매우 희귀한 지표 중 하나입니다.

모멘텀지표momentum indicator는 주가 변동의 속도velocity를 측정해서 주가의 진행 강도를 파악하려는 지표입니다. 우리가 자주 사용하는 대부분의 기술적 보조지표가 모멘텀 계열에 속합니다. 뒤에서 살펴볼 RSI, MACD, 스토캐스틱, CCI 등이 있습니다.

기술적 분석에서 오실레이터라는 용어가 자주 사용되는데 오실레이터는 수평 기준선 중심 또는 일정 수치변동 범위 안에서 상하 반복 운동하는 기술적 보조지표를 말합니다. 쉽게 설명하자면 박스권 영역 안에서 항상 움직이기에 기계적으로 박스권 하단에 오면 매수하고 박스권 상단에 오면 매도하는 전략을 취하게 됩니다(그림 13-1).

그림 13-1. KOSPI와 오실레이터 지표

출처: 국내 증권사 HTS

그러므로 추세강도지표, 모멘텀지표와 기타지표가 여기에 속한다고 볼 수 있습니다. 따라서 기술적 보조지표를 대략 양분한다면 추세지표와 오실레이터로 구분할 수 있습니다.

02

상대강도지수

CHART ANALYSIS

지표개념

투자자들이 가장 보편적으로 사용하는 상대강도지수RSI: Relative Strength Index는 웰스 와일더Welles Wilder가 개발한 주가 모멘텀을 측정하는 지표입니다. 상대강도지수는 시장과 종목에 대해서 공통으로 적용할 수 있습니다.

와일더의 RSI 개발은 모멘텀이 가진 두 가지 문제점에서 출발합니다. 모멘텀은 일정 기간의 주가를 제외하고 극단에 있는 두 개 시점만의 주가를 사용해서 계산됩니다. 그러므로 현재 주가변화가 미미하더라도 지표가 급격한 등락을 보일 수 있습니다. 또 한 가지 문제점은 지표값의 비교를 위해서는 일정 범위 내에서 등락하는 성격이 바람직한데 모멘텀은 이러한 변동의 한계를 갖지 않습니다. 따라서 이러한 문제점을 해결하는 새로운 지표를 만들 필요가 있었습니다.

상대강도지수는 주가 모멘텀의 변화를 (0, 100)의 범위에서 움직이는 지표로 표준화한 결과입니다. 그리고 계산하는 과정에서 데이터를 평활함으로써 지표의 급격한 변동을 줄였습니다. 상대강도지수 구하는 방법을 알아보면, 어제 종가와 오늘의 종가를 비교해서 주가 상승분과 하락분의 시계열을 독립적으로 계산합니다. 그리고 시계열에 대해서 이동평균을 구한 다음 이동평균의 비율을 구한 것이 상대강도입니다. 이 상대강도를 0에서 100까지 변동하도록 데이터 변환을 한 것이 바로 상대강도지수입니다.

그림 13-2. 상대강도지수를 적용한 사례

출처: 국내 증권사 HTS

매매전략

상대강도지수는 해석방법에 따라 다음과 같이 네 가지 유형의 매매신호를 제공합니다. 다른 오실레이터의 경우와 마찬가지로 괴리분석과 과매수, 과매도 분석이 중요합니다.

과매수/과매도

과매수·과매도는 상대강도지수가 (과매수선, 100)의 범위에 있으면 과매수overbought 상태이며 여기서 과매수선을 하향 돌파하면 매도신호입니다. 한편 상대강도지수가 (0, 과매도선)의 범위에 있으면 과매도oversold 상태이며 여기서 상대강도지수가 과매도선을 상향 돌파할 때는 매수신호가 발생됩니다.

상대강도지수의 변동범위는 (0, 100)입니다. 이 변동범위 내에서 상대강도지수가 고점을 형성하고 하락 전환하는 것은 주가 고점을 확인시켜 주고 반대로 상대강도지수가 하락에서 상승 전환하는 것은 주가 바닥을 확인시켜 줍니다. 이렇게 상대강도지수는 일정한 범위에서 변동하지만 주가의 과열 또는 침체의 수준은 시장상황과 때에 따라 변하기 마련입니다.

이것은 마치 같은 기온이라 하더라도 여름철과 겨울철에 체감이 다른 것처럼 과열 또는 침체의 수준을 일률적으로 정의한다는 것은 불가능합니다. 따라서 상대강도지수가 항상 0과 100을 정확하게 왕복 운동하지는 않습니다. 상대강도지수는 (0, 100) 범위의 상단 또는 하단에 집중해서 변동하는 국면이 있을 수 있고 또 중심선인 50 부근에서 밀집 변동하는 국면도 있습니다.

과열과 침체를 구분하는 보조선인 과매수선과 과매도선은 상대강도지수의 고점수준과 저점수준을 가로지르는 성격을 가져야 합니다. 그러므로 과매수선과 과매도선은 주가의 과열과 침체를 적절히 표시할 수 있도록 상황에 따라서 신축적으로 조정될 필요가 있습니다. 일반적으로 사용하는 과매도선과 과매수선은 각각 30과 70입니다(그림 13-2). 그러나 강세장에서는 각각 40 및 80 그리고 약세장에서는 20 및 60으로 조정하는 분석가가 많습니다.

차트분석

상대강도지수는 전통적 차트분석 기법이 어울리는 지표입니다. 예를 들어 추세선, 지지 및 저항, 삼봉패턴 등 다양한 차트기법들을 상대강도지수 차트에 적용할 수 있습니다.

상대강도지수의 패턴분석은 상대강도지수가 주가보다 며칠 전에 특정 패턴을 완성하는 경우가 많기 때문에 주가가 어떻게 변동할 것인가에 대한 유용한 정보를 제공합니다. 또 상대강도지수의 추세선은 주가의 추세선보다 보통 1~2일 먼저 붕괴되는 경향이 있습니다. 따라서 상대강도지수가 자신의 하락추세선을 상향 돌파했을 때는 주가가 추세선을 상향 돌파하는 즉시 매수합니다. 반대로 상대강도지수가 자신의 상승추세선을 하향 돌파했을 때는 주가가 추세선을 하향 돌파하는 즉시 매도합니다(그림 13-3). 이것은 상대강도지수의 추세분석이 실제로 주가 추세분석을 통해 다시 확인되는 상황이기 때문에 중요합니다.

I 그림 13-3. 상대강도지수 추세선과 주가의 추세선 적용의 실제 사례

출처: 국내 증권사 HTS

실패진동

실패진동failure swings이란 오실레이터가 과매수·과매도 영역에 도달한 다음 보이기 쉬운 지표의 상하 반복운동을 말합니다. 실패진동은 주가가 강한 추세성을 가지고 상당 기간 지속되는 경우에 주로 나타나는데 단순히 과매수·과매도 분석에 따라 매매할 경우에는 거짓신호를 적용하거나 적절한 매매시점을 놓치는 경우가 발생합니다.

과매도 영역에서 상대강도지수가 실패진동을 보이다가 실패진동의 고점들을 상향 돌파하면 실패진동이 완료된 것으로 판단하고 매수신호로 이해합니다. 반대로 과매수 영역에서 상대강도지수가 실패진동을 보일 때는 상대강도지수가 실패진동의 저점을 뚫고 내려오면 실패진동이 완료된 것으로 보고 매도신호로 이해합니다.

03

스토캐스틱

CHART ANALYSIS

지표개념

조지 레인George Lane에 의해 처음 고안된 스토캐스틱stochastic은 매우 폭넓게 사용되는 지표로 시장과 종목에 공통으로 적용됩니다. 스토캐스틱은 모멘텀 개념을 응용해서 주가를 분석하는 오실레이터이며 주가 진행방향을 표현할 가능성이 있는 추세변화의 신호를 찾기 위해 자주 이용됩니다.

기술적 분석가인 톰 하틀Thom Hartle에 의하면 실제 매매에서 스토캐스틱을 매매시스템trading system으로 사용하는 경우는 드물다고 합니다. 이것은 스토캐스틱이 약신호soft signal를 발생시키는 지표라는 사실을 의미합니다. 약신호는 실제로 매매신호가 발생하더라도 다른 지표의 매매신호를 참조해서 실제로 매매를 실행하는 것을 말합니다. 일정한 기간을 두고 생각할 때 오늘 종가는 추세가 하락하면 주가 변동대의 바닥에 위치하는 경우가 많고 추세가 상승하면 주가 변동대의 천장 부근에 위치하는 경우가 많습니다.

| 그림 13-4. 주가 변동 범위와 스토캐스틱

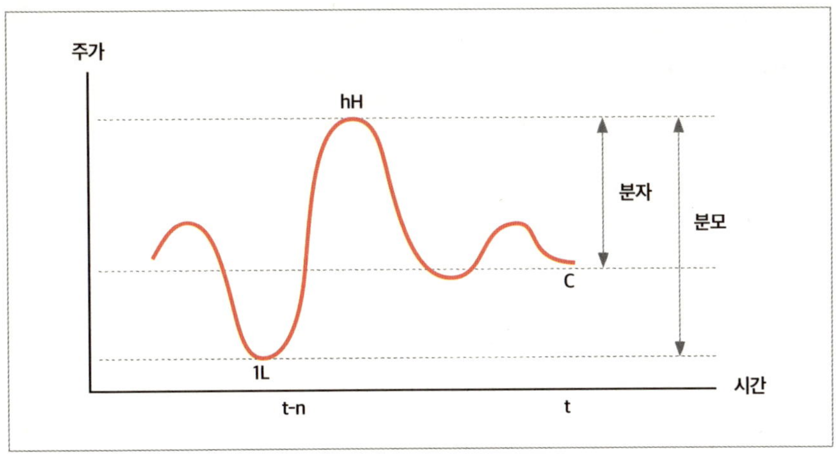

[그림 13-4]는 스토캐스틱의 개념을 그림으로 설명하고 있습니다. 일간 스토캐스틱은 오늘의 종가가 최근 주가 변동범위 내에서 차지하는 상대적 위치를 체크하여 시장 매매세력의 상대적 강도를 파악합니다. 주가 추세가 상승할 때 매수세력이 주가를 끌어 올렸더라도 오늘 종가가 일정 기간 내 고가에 근접하지 않으면 스토캐스틱은 하락합니다. 이것은 매수세가 보기보다 약한 것을 의미합니다.

반대로 하락추세에서 매도세력이 지배하여 일정 기간 주가가 하락하더라도 가격변동대 내에서 오늘 종가의 상대 위치가 높아지면 스토캐스틱은 상승 전환하게 되고 매도세력이 보기보다 약화된 것을 의미합니다.

스토캐스틱은 민감하고 빠르게 움직이는 %K와 둔하고 느리게 움직이는 %D라는 두 가지 지표로 구성됩니다. 이 중에서 매매신호를 제공하는 데 더 중요한 지표는 %D입니다. 그리고 %K와 %D 각각에 대해서 fast 지표와 slow 지표를 구성합니다. 스토캐스틱 계산은 다음과 같은 단계를 통해 이루어집니다.

| 그림 13-5 스토캐스틱 %K와 %D의 움직임

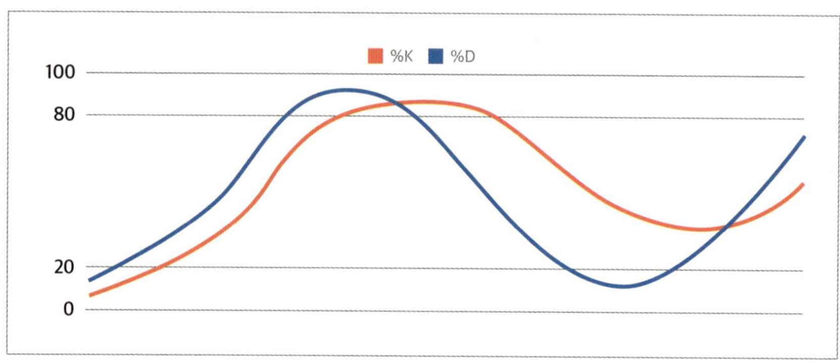

❶ fast %K를 계산합니다

일정 기간의 주가 변동대에서 오늘 주가의 퍼센타일percentile 개념의 상대 위치를 구한 것이 fast %K입니다. fast %K 계산시 사용하는 파라미터는 단기매매를 위해서는 보통 5일을 사용하고 중기매매를 위해서는 보통 21일을 사용합니다. 파라미터 기간을 짧게 하면 잦은 전환점을 포착하는 데 도움이 되고 기간을 길게 하면 중요한 전환점을 확인하기 쉽습니다.

❷ fast %D(또는 slow %K)를 계산합니다

fast %D와 slow %K는 동일한 지표입니다. fast %D는 fast %K를 평활(완만한 값으로 변환)한 것으로 평활 파라미터는 보통 3일을 사용합니다. 이때 사용하는 데이터 평활법에는 여러 가지 방법이 있으나 분자와 분모를 각각 단순이동평균하고 나누는 방법입니다. 이 방법은 분자와 분사에서 각각 합을 구해 나누는 결과와 동일합니다. 경우에 따라서는 계산상의 편의를 위해 fast % K를 단순이동평균하는 경우도 있는데 이 방법을 쓰더라도 결과는 별 차이가 없습니다.

❸ slow %D를 계산합니다

slow %D는 fast %D를 다시 평활한 것입니다. 보통 3일 단순이동평균을 사용합니다.

매매전략

스토캐스틱은 매수세력과 매도세력이 언제 강해지고 약해지는지를 보여줍니다. 그러므로 스토캐스틱을 통해서 매수세력과 매도세력 중에 어느 쪽이 시장을 지배하는지를 가늠하고 승자의 편에 서서 매매하는 것이 매매차익을 거둘 확률이 높습니다.

먼저 스토캐스틱의 파라미터인 기간을 선택하는 것이 중요합니다. 단기 오실레이터는 주가변화에 민감하고 장기 오실레이터는 중요한 고·저점에서 방향을 바꿉니다. 만약 스토캐스틱을 강신호로 사용하려 한다면(스토캐스틱만을 사용하여 매매신호를 결정하려 한다면) 장기 스토캐스틱을 사용하는 것이 오히려 나을 것입니다. 그러나 스토캐스틱을 약신호로 사용하려 한다면(다른 지표와 함께 사용한다면) 단기 스토캐스틱을 사용하는 것이 유리합니다.

지표교차법

스토캐스틱 분석에서 가장 고전적인 방법은 빠른 스토캐스틱 분석입니다. fast %K와 fast %D의 교차에 의해 매매신호를 파악하는 것입니다. 즉 fast %K가 fast %D를 상향 돌파하면 매수신호이고 하향 돌파하면 매도신호입니다. 그러나 지표교차법으로 보통 사용하는 방법은 느린 스토캐스틱 분석입니다. slow %K가 slow %D를 상향 돌파하면 매수신호이고 하향 돌파하면 매도신호입니다.

스토캐스틱 지표교차법의 매매신호는 매수신호가 (10, 15)의 범위 그리고 매도신호는 (85, 90)의 범위에서 나타날 때 특히 신뢰성이 큽니다. 그렇지만 기계적으로 %K와 %D의 교차만 보고 매매하는 것은 추천하지 않습니다.

과매도/과매수

스토캐스틱의 과매수·과매도 분석의 대상은 fast %D입니다. 스토캐스틱이 과매수선 위에 위치할 때는 주가가 과열국면에 있고 이때 매도신호는 과매수선 아래로 지표가 하락할 때 나타납니다. 반대로 스토캐스틱이 아래쪽 보조선인 과매도선 아래로 하락했을 때는 주가가 침체국면에 있고 매수신호는 과매도선을 지표가 상향 돌파할 때입니다.

과매수·과매수 매매신호는 일정 주가대에서 등락만 거듭하는 횡보국면에서는 효과가 크지만 일단 주가가 추세성을 가지기 시작하면 효과가 반감됩니다. 상승추세에서 스토캐스틱은 지나치게 빨리 과열국면에 도달하고 주가가 상승하는 동안에도 잦은 매도신호를 나타내는 경우가 많습니다. 하락추세에서는 스토캐스틱이 너무 빨리 침체국면에 도달하기 때문에 잘못된 매수신호를 자주 발생시킵니다.

따라서 스토캐스틱을 사용할 때는 추세에 영합하는 매매가 필요합니다. 주가 추세가 상승하는 동안에는 스토캐스틱에서 매수신호만 선택하고 추세가 하락하는 동안에는 스토캐스틱에서 매도신호만 선택하는 것입니다. 주간 차트에서 상승추세를 확인했을 때는 일간 스토캐스틱이 과매도선 아래로 하락하기를 기다리고 일단 하락하면 다시 상승 전환하지 않더라도 매수신호가 발생한 것으로 간주합니다.

반대로 주간차트에서 하락추세를 확인했을 때는 일간 스토캐스틱이 과매수선 위로 상승하기를 기다리고 일단 위로 상승하면 다시 하락 전환하지 않더라도 매도신호가 발생한 것으로 간주합니다.

지표교차에 의한 매매신호가 여기서 함께 사용될 수 있습니다. 과매도선을 상향 돌파하는 매수신호는 %K가 상승 전환한 %D를 상향 돌파할 때 더욱 강력합니다. 마찬가지로 과매수선을 하향 돌파하는 매도신호는 %K가 하락 전환한 %D를 아래로 돌파할 때 더욱 강력합니다.

스토캐스틱 방향

주가가 상승하고 스토캐스틱(%K와 %D)이 동시에 상승할 때는 단기적으로 상승추세가 유지될 것임을 의미하고, 주가가 하락하면서 두 개의 스토캐스틱도 함께 하락할 때는 단기적으로 하락추세가 지속될 것임을 의미합니다.

이와 같이 두 개의 스토캐스틱이 모두 동일한 방향을 지향하고 있을 때는

그림 13-6. 스토캐스틱을 이용한 실제 사례

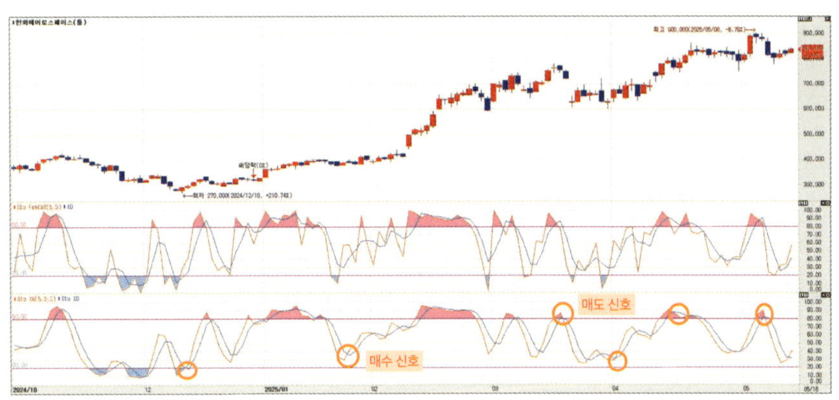

출처: 국내 증권사 HTS

해당 방향으로 진행하는 주가의 단기적 추세를 확인시켜 줍니다. 그러므로 스토캐스틱의 방향을 확인하고 기술적인 매매가 가능합니다.

[그림 13-6]은 한화에어로스페이스의 일간차트로 스토캐스틱을 적용하였습니다. 위에 있는 빠른 스토캐스틱은 주가 변화에 매우 민감하며, 톱날 모양의 불규칙한 변동을 보이는 경우가 많습니다. 따라서 일반적으로 투자자들은 주가 변화에 덜 민감한 아래의 느린 스토캐스틱을 선호합니다. %K가 %D를 상향 돌파하면 매수신호이고 하향 돌파하면 매도신호의 사례를 보여주고 있습니다.

04

MACD

CHART ANALYSIS

지표개념

MACD Moving Average Convergence-Divergence는 제럴드 아펠 Gerad Appel에 의해서 고안된 오실레이터로 현재 주가 추세를 정확히 판단하고 앞으로 추세의 변화 방향을 미리 감지하기 위해 사용합니다. [그림 13-7]에서 보듯이 MACD는 장기이동평균과 단기이동평균 간의 차이를 통해서 매매타이밍을 파악합니다. 이러한 의미에서 MACD는 앞에서 살펴본 두 개의 이동평균을 이용한 추세분석을 오실레이터 분석으로 바꾸는 성격의 지표라고 생각할 수 있습니다. MACD는 이동평균법을 사용해서 직접적으로 매매신호를 도출할 수 있는 거의 유일한 지표라고 할 수 있고 실제로 주식매매에서 매우 폭넓게 사용됩니다.

주가는 시장에 참가해서 매매하는 투자자들의 주식 가치에 대한 합의입니다. 이동평균은 이러한 합의의 평균적 경향을 나타냅니다. 그렇다면 장기

| 그림 13-7. MACD의 개념

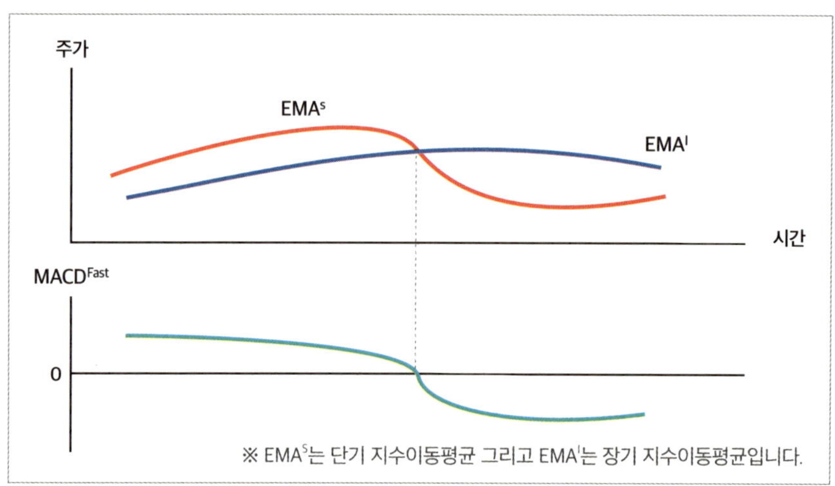

이동평균은 장기적 합의를 나타내고 단기 이동평균은 단기적 합의를 나타낼 것입니다. MACD의 값이 크다는 것은 주식 가치에 대한 단기적 합의가 장기적 합의를 그만큼 더 초과하고 있음을 나타냅니다.

MACD 분석은 MACD fast와 MACD signal이라는 두 개의 선을 이용합니다. MACD fast는 두 개의 지수 이동평균에 의해 만들어지며 주가 변화에 대해 MACD signal보다 더 빨리 반응합니다. 반면 MACD signal은 MACD fast를 지수 이동평균으로 평활한 것으로 주가 변화에 대해 천천히 반응합니다. 매매신호는 MACD fast가 MACD signal을 교차할 때 발생합니다.

매매전략

MACD 분석에서의 매매전략으로는 지표교차법이 사용됩니다.

MACD fast가 MACD signal 위로 상승할 때는 힘의 균형이 깨져 매수자측으로 시장중심이 이동하는 것을 의미하고, 반대로 MACD fast가 MACD signal 아래로 하락할 때는 매도자측으로 시장중심이 이동함을 의미합니다. 전자의 경우에는 매수신호이고 후자는 매도신호입니다(그림 13-8).

MACD 지표교차법은 두 가지 지표의 교차가 매수세력과 매도세력간 힘의 균형이 바뀌는 것을 알려줍니다. 그러나 지표교차에 의한 매매는 잘못된 매매신호를 나타내는 경우가 많습니다. 이것은 지표교차에 추가해서 MACD fast와 MACD signal의 부호를 통해 보완됩니다. 즉 MACD fast가 MACD signal을 상향 돌파하고 또 두 가지 지표 모두 양의 값(+)이면 매수신호입니다. 반대로 MACD fast가 MACD signal을 하향 돌파하고 양자 모두 음의 값(-)이면 매도신호입니다. MACD fast와 MACD sinal 교차는 시장 중심의 변화를 의미하기 때문에 두 가지 선의 교차에 따른 매매는 시장흐름에 편승하는 것입니다.

❙ 그림 13-8. MACD를 이용한 실제 사례

출처: 국내 증권사 HTS

MACD-히스토그램

MACD보다 MACD-히스토그램MACD-Histogram을 통해서 매매세력간 세력 변화를 더 쉽고 깊게 통찰할 수 있습니다. MACD-히스토그램의 고저와 방향(기울기)은 어떤 세력이 시장을 지배하는지를 확인시켜 줍니다. MACD-히스토그램의 고저는 시장이 약세인지 강세인지를 나타내고 지표 값이 상승하면 매수세력이 강해지고 있고 하락하면 매도세력이 강해지고 있음을 의미합니다. 이와 같이 MACD-히스토그램은 시장의 강약뿐만 아니라 매매세력의 힘의 변화를 표현하기 때문에 실제 매매에서 보편적으로 사용됩니다.

MACD에서 살펴본 바와 같이 MACD-히스토그램은 주식가치에 대한 장단기 합의의 차이를 반영합니다. MACD-히스토그램의 기울기는 어떤 세력이 시장을 지배하는지를 확인시켜 줍니다.

MACD-히스토그램은 일간, 주간, 월간 등 어떤 주가 데이터에도 적용될 수 있습니다. 주간 MACD-히스토그램의 신호는 일간 MACD-히스토그램보다 더 큰 폭의 주가 변동을 나타냅니다. 이렇게 장기 신호일수록 더 큰 주가 변화를 예고하는 원칙은 다른 지표도 마찬가지입니다. 참고로 주간 MACD-히스토그램에서는 매매신호를 얻기 위해 반드시 주말까지 기다릴 필요가 없습니다. 중요한 추세전환은 주중에도 얼마든지 발생할 수 있으므로 매일매일 그날까지의 데이터를 이용해서 주간차트를 작성하고 확인할 필요가 있습니다.

MACD-히스토그램 기울기가 주가와 같은 방향으로 움직일 때는 추세에 확신을 가져도 됩니다. 그러나 주가와 반대 방향으로 움직일 때는 현재 추세를 의심해 볼 필요가 있습니다. 현재 추세 방향과 MACD-히스토그램 기울

| 그림 13-9. MACD-히스토그램의 개념

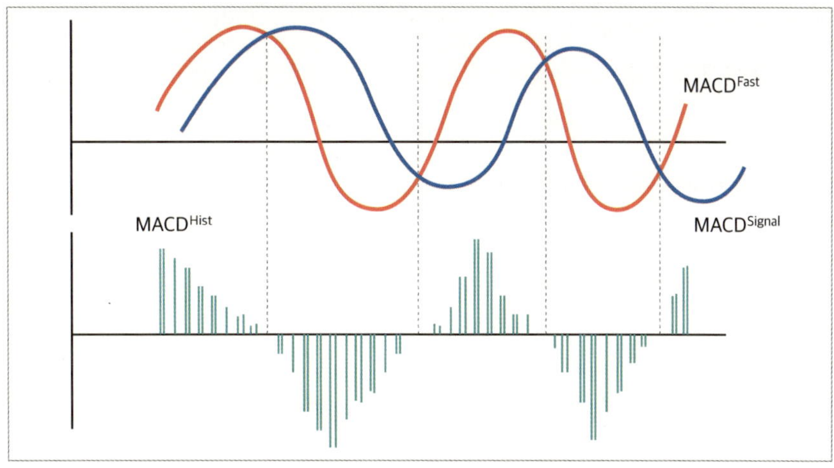

기가 일치한다는 것은 현 추세가 더 강화된 것임을 의미하지만 양자가 일치하지 않는다는 것은 현 추세가 매매세력 변화에 의해 약화되고 있음을 시사하기 때문입니다. 그러므로 MACD-히스토그램 분석에서는 지표 위치보다는 오히려 지표 기울기가 훨씬 더 중요합니다. 그러면 여기서 MACD-히스토그램에서 사용하는 매매전략을 정리해 봅시다.

지표 기울기 변화

MACD-히스토그램이 하락을 멈추고 상승 반전하면 매수하고, 상승을 멈추고 하락 반전하면 매도합니다(그림 13-10).

이것은 MACD-히스토그램 분석에서 가장 일반적으로 사용되는 확실한 매매신호입니다. 지표의 기울기가 (+)일 때는 매수세력이 시장을 지배하고 있음을 나타내고 기울기가 (-)일 때는 매도세력이 시장을 지배하고 있음을 나타냅니다. 매도신호는 MACD-히스토그램이 기준선보다 위에 위치하지만 변동방향이 아래(음의 기울기)로 전환되었을 때, 즉 시장에서 매수세력이 약화되기 시작할 때입니다. 역으로 매수신호는 MACD-히스토그램이 기준선보다 아래에 위치하지만 변동방향이 위(양의 기울기)로 전환되었을 때, 즉 시장에서 매도세력이 쇠퇴하기 시작했을 때입니다. 이는 주로 주간 MACD-히스토그램에서 사용하는 매매전략입니다.

| 그림 13-10 MACD-히스토그램을 이용한 분석의 실제 사례

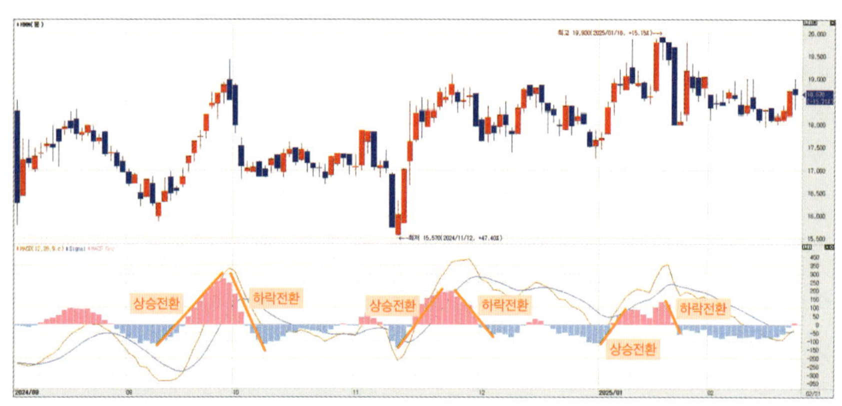

출처: 국내 증권사 HTS

신고가/신저가

일정한 기간 동안 지표 값을 비교할 때 MACD-히스토그램이 신고가를 기록하면 매수세력이 더 강해지고 있고 주가의 추가 상승을 예고하므로 매수신호입니다. 반대로 지표 값이 신저가를 기록하면 매도세력이 더 강해져 주가의 추가적 하락을 예고하므로 매도신호입니다.

이러한 신고가·신저가에 의한 매매신호는 신고가·신저가 다음에 주가의 신고가·신저가가 나타나는 오실레이터의 일반적 성격을 그대로 이용하는 것입니다.

지표개념

CCI Commodity Channel Index는 추세채널지수로 불리며, 현재의 주가가 이동평균으로부터 얼마나 떨어져 있는지를 측정하는 지표입니다. 주가가 평균으로부터 멀어지면 다시 평균으로 회귀하려는 속성을 활용한 것으로, 현재 시장의 추세를 파악하고 어떤 상태인지 알려주는 경계신호로 사용됩니다. CCI는 1980년에 도널드 램버트 Donald Lambert가 고안한 추세지표입니다. 본래는 상품가격의 계절성, 주기성에 의한 가격변동의 방향과 강도 등을 확인하기 위해 만들어진 지표이지만, 현재는 상품뿐만 아니라 주식이나 가상화폐 등의 추세를 파악하는 데 널리 사용되는 일반적인 지표로 인정받게 되었습니다. 산출방법은 아래와 같습니다.

$$CCI = \frac{(M - m)}{D \times 0.015}$$

- $M = \frac{\text{고가} + \text{저가} + \text{종가}}{3}$
- m = M의 N일자 이동평균
- D = | $M - m$ |의 N일자 이동평균

※ 0.015는 CCI가 -100에서 +100 사이에 머무르도록 개발자가 설정한 임의의 상수입니다.

※ 기간(N): 평균을 구하는데 기준이 되는 기간을 뜻하는 변수로, 20일로 설정하는 것이 기본입니다. 기간이 짧을수록 변동성이 커집니다.

매매전략

과매수/과매도

CCI가 -100 이하면 과매도, 100 이상이면 과매수 상태로 판단할 수 있습니다. 일반적으로 CCI의 값은 -100에서 +100 사이를 오갑니다. 하지만 이 값이 +100을 돌파하여 커질수록 현재의 주가 상승추세가 더욱 과열되고 있음을 나타냅니다. 즉, 현재의 시장이 과매수 상태로 비정상적인 상황이고 곧 다시 평균으로 가격이 돌아오게 됨을 의미합니다. 따라서 이 경우에는 매도를 고려하라는 신호로 해석할 수 있습니다.

반대로 -100 이하로 작아질수록 현재의 주가 하락추세가 과열되어 과매도 상태임을 알 수 있고, 곧 다시 평균으로 가격이 돌아올 수 있음을 의미합니다. 이러한 경우에는 매수를 고려하라는 신호로 해석할 수 있습니다(그림 13-11).

기준선을 이용한 매매전략

CCI와 0선의 교차시점을 매매신호로 활용할 수 있습니다. CCI가 0보다 크다는 것은 현재 주가가 과거 기간 동안의 평균보다 높다는 것이고, CCI가 0보다 작다는 것은 현재 주가가 과거 기간 동안의 평균보다 낮다는 것을 의미합니다. 따라서 0선을 추세를 판단하는 기준점으로 삼고, CCI와 0선의 교차를 매매신호로 활용할 수 있습니다. 보다 구체적인 매매시점은 다음과 같습니다.

CCI가 0선을 상향 돌파하면, 상승추세로 전환되었다고 판단하고 매수하는 것입니다. CCI가 0선을 하향 돌파하면, 하락추세로 전환되었다고 판단하고 매도하는 것입니다(그림 13-11). 다만 기준선을 이용한 전략은 후행성을 어느 정도 극복하긴 하지만, 횡보장에서 많은 거짓 신호를 유발하므로 다른 보조지표들과 함께 사용하는 것이 효과적입니다.

| 그림 13-11. CCI를 이용한 매매의 실제 사례

출처: 국내 증권사 HTS

06

방향운동지수

CHART ANALYSIS

지표개념

방향운동지수DMI: Directional Movement Index는 추세강도를 측정하는 지표로 앞에서 소개한 지표들과는 성격이 근본적으로 다릅니다. DMI는 ADXAverage Directional Movement Index와 함께 사용되는데, 웰레스 와일더J. Welles Wilder에 의해 개발된 추세강도지표로 추세 신뢰도trend reliability를 평가하기 위해서 사용합니다. 웰레스 와일더의 책 《New concepts in Technical Trading Systems》에서 처음 제시된 것으로 주가의 움직임이 추세를 갖고 있는가를 판단하고 그 강도를 측정하고자 쓰는 분석기법입니다.

그는 시장이 강세를 보이는 것은 전체 시장의 약 30%에 불과하며 보합시장에서 흔히 겪는 추세전환 판단의 실패는 오직 의미 있는 장세전환의 신호를 감지할 때만 극복될 수 있다고 주장했습니다. 이러한 신호의 의미 있는 감지는 이 DMI를 사용함으로써 극복될 수 있다고 주장하는데 DMI는 시장

보다 주로 종목에 적용하는 지표입니다. DMI는 기술적 분석가로 하여금 추세를 확인해 주고 또 언제 추세에 따른 매매가 적절한가를 판단할 수 있게 합니다.

DMI 계산은 만약 시장이 상승추세라면 금일 고가는 전일 고가보다 높게 형성되어야 하며, 시장이 하락추세라고 한다면 금일 저가는 전일 저가보다 낮게 형성되어야 한다는 가정을 기초로 하고 있습니다. 이 지표에 의한 매매 시스템은 +DI 와 -DI로 표시되는 인디케이터로 매매시점을 결정하는데 여기서 DI는 방향성 지표directional indicator로 설명될 수 있습니다. 와일더는 14일의 +DI와 14일의 -DI를 주로 사용하여 매매 시점을 결정하였습니다. DM은 전일의 가격움직임 범위를 벗어난 금일의 가격움직임 부분을 나타내며 PDI+DI: Plus Directional Movement는 금일의 고가가 전일의 고가보다 높을 때 금일과 전일의 고가 차이를 의미하고, MDI-DI: Minus Directional Movement는 반대로 금일의 저가가 전일의 전가보다 낮을 때 금일과 전일의 저가 차이를 의미합니다.

매매전략

DMI에서 두 가지 방향선(+DI, -DI)의 상대적 위치는 현재의 추세를 확인합니다. +DI가 -DI보다 위에 있을 때는 매수세력이 시장을 지배하고 있음을 의미하고 반대로 -DI가 +DI보다 위에 있을 때는 매도세력이 시장을 지배하고 있음을 나타냅니다.

ADX와 같이 살펴보면, ADX는 두 개의 방향선간 스프레드가 증가할 때 상승합니다. ADX가 상승하면 현재의 시장 지배세력이 더욱 강해지고 있음을 나타냅니다. 이러한 경우에는 현재의 주가 추세가 앞으로도 지속될 것임을 예고합니다. 그러므로 ADX가 상승할 때는 현 추세를 따르는 매매(위쪽에 위치한 방향선을 따르는 매매)를 하는 것이 유리합니다.

반대로 ADX는 두 개의 방향선 스프레드가 감소할 때 하락합니다. 이것은 시장의 기존 지배세력이 힘을 잃어가는 반면, 그동안 소외되었던 피지배세력이 세력을 얻고 있음을 나타냅니다. 이때는 시장이 혼란스러운 상황이므로 현재 추세를 따르는 매매는 가급적 피하는 것이 좋습니다. 이렇게 ADX가 하락한다는 것은 주가 방향성 또는 추세강도가 약해지고 있는 것입니다. 이때 보통 주가는 수많은 톱날 형태를 형성합니다.

ADX의 하락이 더 진행되어 ADX가 두 개의 방향선 아래로 하락했을 때 보통 주가는 횡보합니다. 이때는 추세지표에 의한 매매보다 오실레이터를 사용하는 것이 유리합니다. 이 경우 추세를 따르는 매매는 삼가는 것이 좋지만 앞으로 있을지 모르는 주가 변화를 준비하고 있어야 합니다. 추세는 이러한 소강국면에서 항상 새롭게 태어납니다.

[그림 13-12]의 씨에스윈드의 DMI 차트를 보면 2025년 5월 초에 들어서 +DI(그림에서 PDI)가 -DI(그림에서 NDI)를 상향 돌파하고 있습니다. 이것은 차츰 매수세력이 씨에스윈드의 주가를 지배하기 시작했다는 의미입니다. 그리고 ADX 역시 2025년 5월 초 이후 상승 반전하는데 이것은 추세의 강도가 강화되고 있음을 뜻합니다. 참고로 지표 중 위에 있는 것은 DMI 만을 나타낸 것이고, 아래의 것은 DMI에 추가로 ADX(붉은색 선)를 추가한 것입니다.

DMI를 이용한 매매전략은 다음과 같이 요약할 수 있습니다. 독자에 따라서는 어려움을 느낄 수도 있지만 ADX가 상승하면 추세 강화, 하락하면 추세 약화를 의미한다는 사실을 염두에 두면 이해가 쉬울 것입니다.

I 그림 13-12. DMI을 이용한 매매의 실제 사례

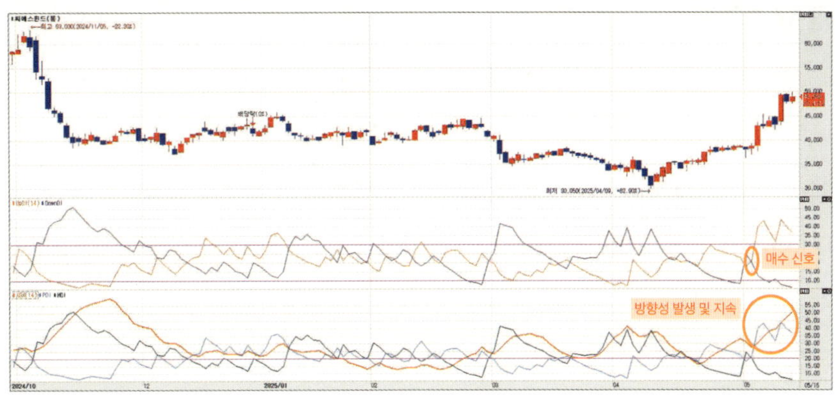

출처: 국내 증권사 HTS

지표 교차법

+DI가 -DI보다 높을 때는 매수세력이 강한 상태로 매수측에만 서서 매매하는 것이 유리하고 시간이 지난 다음 +DI가 -DI를 하향 돌파하면 매도신호가 발생한 것입니다(그림 13-12). 반대로 +DI가 -DI보다 낮을 때는 매도세력이 강한 상태로 매도측에만 서서 매매하고 그 이후 +DI가 -DI를 상향 돌파할 때는 매수신호로 파악합니다.

지표 위치/방향

ADX가 바닥에서 상승할 때 +DI가 고점에 있으면 매수신호이며, 반대로 -DI가 고점에 있으면 매도신호가 됩니다.

이것은 ADX와 DI의 위치와 방향을 통해 매매신호를 파악하는 방법입니다. 가장 좋은 매매신호는 ADX가 +DI와 -DI 아래로 하락한 다음에 나타납니다. 이후에 ADX가 다시 상승하기 시작하면 주가는 소강 상태에서 벗어나 새로운 추세의 출현을 앞두고 있습니다. 이때 매수세력의 강도를 나타내는

+DI가 고점에 있으면 매수신호이며 반대로 -DI가 고점에 있으면 매도신호가 됩니다.

이상의 상황에서 ADX가 +DI와 -DI 아래에서 머무르는 기간이 길수록 다음에 있을 주가 변화가 클 것임을 시사합니다. ADX가 두 개의 방향선 아래에서 상승할 때에는 시장이 소강상태에서 서서히 깨어나고 있음을 나타냅니다. 이때가 위에서 말하는 매수타이밍입니다. 보통 ADX가 상승하기 시작해서 30 이상이 되면 주가는 추세를 형성한 것으로 봅니다. 일단 추세가 완성되고 나면 ADX는 횡보하거나 하락하기 시작하고 새로운 추세의 변화를 사진에 알려주게 됩니다.

반대로 ADX가 +DI와 -DI 위로 상승하면 시장이 지나치게 과열 또는 침체된 상황입니다. 그다음 ADX가 두 개의 곡선 위로부터 하락하기 시작하면 현 추세가 흔들리고 있음을 의미하므로 추세전환을 준비할 필요가 있습니다. 이러한 의미에서 ADX의 하향 전환은 약세신호라고 말할 수 있습니다. 이러한 매매법칙을 응용해서 추세가 반전된 것을 확인한 다음에 매매하는 방법이 있습니다. +DI와 ADX 모두 -DI보다 위에 위치하고 ADX가 상승하는 경우는 주가의 상승추세가 더욱 강화되는 상황이므로 좋은 매수신호입니다. 반면에 -DI와 ADX가 모두 +DI보다 위에 위치하고 ADX가 상승하는 경우는 주가의 하락추세가 강화되는 상황이므로 매도신호가 됩니다.

니콜라스 다비스의 4대 투자 원칙

1. 독자적인 매매 기법을 정립할 것
2. 손실을 최소화하는 방안을 마련할 것
3. 장중 시세에 너무 민감하게 반응해 감정이나 정보에 휩쓸리지 말 것
4. 돈을 버는 것만큼 돈을 지키고 큰 손실을 보지 않는 것이 중요

니콜라스 다비스의 박스이론 투자 기법

- 주가와 거래량을 주시한다.
- 박스권을 상향 돌파하는 주식을 매입한다.
- 손실 방지점을 설정해 하향 돌파 시 즉각 매도한다.

Chapter

14

파동이론에는 어떤 것이 있나요?

”

내가 엄청난 투자의 오류를 하나 고른다면, 그것은 주가가 오르면 자신이 투자를 잘했다고 믿는 사고방식이다.

- 피터 린치 Peter Lynch

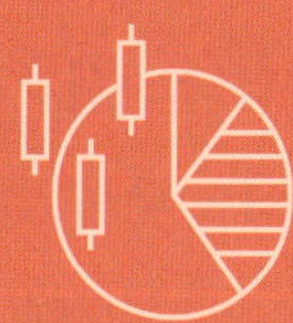

01

다우이론

CHART ANALYSIS

기술적 분석의 시작, 다우이론

추세분석은 다우이론Dow Theory으로부터 출발합니다. 특히 추세에 대한 찰스 다우Charles H. Dow의 견해는 기본적이고도 필수이기에 다우이론을 살펴보는 것이 추세분석의 출발점이 된다고 할 수 있습니다. 앞에서 추세분석에 대해 이야기할 때 다우이론을 함께 소개할 수 있었지만, 편의상 파동이론에 넣어서 설명하기로 합니다. 이 이론을 바탕으로 1930년대 엘리어트 파동이론이 출현했기 때문입니다.

다우이론의 원형은 Dow Jones & Co.의 설립자인 찰스 다우가 〈월스트리트 저널(Wall Street Journal)〉에 게재한 연재물에서 시작했습니다. 즉, 기술적 분석 자체가 바로 〈월스트리트 저널〉을 창간한 다우로부터 시작된 것이라고 말할 수 있습니다. 오늘날까지도 기술적 분석의 기본적인 개념은 대부분 다우이론에 기초하고 있습니다. 컴퓨터를 이용하여 정교하게 짜여진 기술적 지표 또한 다우의 생각을 반영하고 있습니다.

기본원리

다우는 주가가 제멋대로 움직이는 것처럼 보이지만 실제로는 일정 기간 동안 같은 방향으로 움직이려는 경향이 있으며 이를 추세라고 하였습니다. 물론 설정된 추세도 일정 기간 후에는 방향을 전환하기 마련이나 이때에는 여러 가지 특징이 나타납니다. 따라서 차트를 잘 분석하면 주가의 방향을 예측하는 데 매우 유용한 정보를 제공한다는 의미입니다. 다우가 초기에 제시한 주가 움직임의 기본원리는 여섯 가지였습니다.

❶ 지수는 시장의 모든 것을 반영하고 있다

"The averages discount everything" 이것은 다우이론의 기초가 되는 가정입니다. 즉 시장의 수요와 공급에 영향을 주는 모든 요인은 시장에서 지수(가격)에 즉각 반영된다는 것입니다. 이는 심지어 자연재해와 같이 전혀 예상하지 못한 요소조차도 즉시 가격에 반영됨을 의미합니다. 결국, 기본적인 요인(기업이익 등)에 대한 분석보다도 주가 자체만을 잘 관찰하면 주가 움직임을 예측할 수 있다는 기술적 분석의 철학과 맥을 같이 합니다.

❷ 시장은 세 가지 추세를 가진다

"The market has three trends" 다우에 의하면 상승추세는 고점과 저점이 계속 높아지고 하락추세는 고점과 저점이 계속 낮아지는데, 각 추세는 주추세major trend, 중기추세intermediate trend, 단기추세minor trend로 나누어집니다. 주추세는 일 년 이상 수년간 지속되는 추세로서 시장참여자는 주추세에 관심을 가지는 것으로 다우는 믿었고, 이 주추세의 존재를 밝히고자 하였습니다. 중기추세는 주추세의 조정국면으로 3주~3개월 동안 지속되며, 그 조정폭은 대개 1/3이나 2/3이며 종종 50%가 되기도 합니다. 단기추세는 중기추세의 단기 움직임을 나타내며 3주 이내입니다. 다우는 이러한 주추세, 중기추세, 단기추세를 각각 조류tide, 파도wave, 파도의 잔물결ripple에 비유하였습니다.

❸ 주추세는 세 가지 국면(매집-확산-분산)으로 이루어져 있다

"Major trends have three phases" 다우는 장기추세에 의해 강세시장bull market과 약세시장bear market이 구별되며 각각은 다시 [표 14-1]과 같이 3국면으로 구성된다고 보았습니다.

강세시장의 첫 번째 국면은 이른바 비관적인 경제 뉴스가 이미 시장에 반영되었다고 보고 전문 투자자들이 매수하는 매집국면이고, 두 번째 국면은 기술적 추세순응자trend-follower들이 참여하기 시작하고 경제 뉴스가 호전되면서 급등하는 국면입니다. 세 번째 국면은 신문 등에서 시장의 강세를 앞다투어 기사화하고 경제 뉴스는 그 어느 때보다 좋아 일반 대중의 참여가 늘어나고 투기적 거래량이 증가하는 국면입니다.

반면 약세시장의 첫 번째 시장이 지나치게 과열된 것을 감지한 전문가들이 빠져나가는 분산국면으로 주가가 조금만 하락하여도 거래량이 증가하고 반등시 거래가 감소하는 경향을 보입니다. 두 번째 국면은 실제 경제지표들이 나쁘게 발표되면서 주식을 매도하려는 일반 투자자들이 늘어납니다. 따라서 매수세가 위축되고 주가는 거의 수직적으로 하락하며 공황panic 심리가 펴지게 됩니다. 세 번째 국면은 실적악화 정보가 계속 유포되어 공황국면에서도 매도하지 않았던 투자자와 매수하였던 투자자가 투매에 가담하지만 하락 속도는 진정되는 국면입니다.

그림 14-1. 다우이론으로 본 시장의 움직임

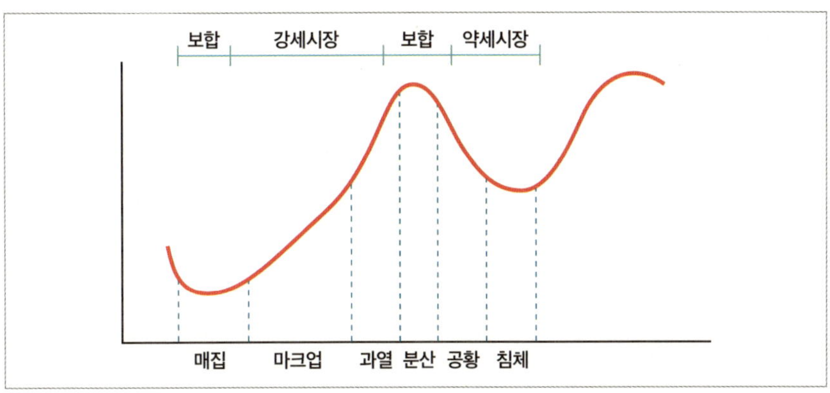

표 14-1. 장기추세의 진행과정

강세시장			약세시장		
제1국면	제2국면	제3국면	제1국면	제2국면	제3국면
매집 국면	마크업 국면	과열 국면	분산 국면	공황 국면	침체 국면

❹ 시장의 지수들은 같은 쪽으로 움직이려고 한다

"The averages must confirm each other" 다우는 공업주 평균지수와 철도주 평균지수에 대해 언급하면서 두 지수가 동시에 강세 혹은 약세신호를 보여야만 진정한 추세가 시작되며, 하나의 지수만이 강세신호를 보인다고 해서 강세시장인 것으로 단정지을 수 없다고 보았습니다. 즉 두 지수가 서로 이격되면 기존의 추세가 여전히 유효한 것으로 보아야 한다는 것입니다.

⑤ 거래량은 추세를 따른다

"Volume must confirm the trend" 다우는 추세를 확인하는 중요한 보조수단으로 거래량의 중요성을 강조했습니다. 이 원리를 간단하게 설명하면 거래량은 주추세의 진행방향으로 늘어나야 한다는 것입니다. 즉 주추세가 상승이라면 주가가 오를수록 거래량이 늘어나고, 주추세가 하락일 때는 주가가 내릴수록 거래량이 늘어난다는 것입니다.

⑥ 추세반전의 명백한 신호가 있기 전까지 기존 추세는 유효한 것으로 본다

"A trend is assumed to be in effect until it gives definite signals that it has reversed" 이 원리는 추세순응법trend following의 기본이 되는 것으로, 달리 말하면 진행 중인 추세는 계속 진행된다는 것입니다. 즉 추세는 연속될 가능성이 더 크고 이 간단한 원리를 따르는 것이 실패할 확률을 줄인다는 것입니다. 그러나 추세를 잘못 인식하여 추세가 반전되면 추세순응방법은 손실을 보기 쉽습니다. 또 현실적으로 반전 신호를 확인하는 것은 말처럼 쉽지 않습니다. 따라서 추세전환점turning point의 발견이 매우 중요한데 지지와 저항수준, 패턴, 추세선, 이동평균 등의 기술적 지표들을 이용하여 추세가 바뀌고 있는 것을 감지해내야 할 것입니다. 한편 계량적인 분석기법이 발전하면서 다양한 형태의 오실레이터oscillator들이 개발되었는데 이들은 대부분 추세반전을 찾아내기 위한 것들입니다.

결론적으로 기술적 분석가는 물론이고 일반인들에게 가장 어려운 일은 현재 주가가 그간의 진행으로 형성된 추세와는 반대로 움직일 때 이것이 기존추세의 정상적인 중기 조정인지 아니면 새로운 추세의 첫 움직임인지를 구분하는 것입니다.

02

엘리어트 파동이론

CHART ANALYSIS

인간 또는 군중들의 행태나 사회현상은 무질서하고 혼란스러운 것 같아도 어떤 리듬과 조화를 가지고 움직입니다. 이러한 리듬과 조화가 없다면 세상은 혼돈chaos만이 있고 그러한 세상엔 아무것도 존재할 수 없을 것입니다. 그리고 리듬과 조화는 특정한 패턴(파동)을 만들면서 반복되고 이것이 다시 인간의 행태에 영향을 미치게 됩니다. 리듬과 조화는 궁극적으로는 자연을 지배하는 법칙에 영향을 받아 이루어집니다. 항상 변화하는 증권시장의 주가도 인간의 심리나 군중들의 행태를 반영한 것이므로 결국은 자연을 지배하는 법칙에 따라서 움직이게 됩니다. 특히 증권시장은 다수의 매매 대상자가 참여하여 이루어지는 시장이고, 거래내용이 전부 기록되고 발표되기 때문에 리듬과 조화가 잘 나타나는 시장이라고 할 수 있습니다. 그러므로 인간의 심리나 군중들의 행태를 반영한 증권시장도 자연을 지배하는 법칙에 따라서 움직이게 됩니다. 엘리어트는 이러한 법칙에 의해 지배되는 증권시장을 분석하는 원리를 만들었는데 그것이 파동이론입니다.

파동이론으로 설명되는 인간행태의 규칙성은 형태, 비율, 시간의 세 가지 측면에서 볼 수 있는데 어느 측면에서나 피보나치 급수가 특징적으로 나타나고 있습니다. 여기서 형태는 파동의 모양을 말하며 파동원리의 가장 중요한 부분을 이루고 있습니다. 비율은 각 파동이 만들어지는 데 나타나는 비율을 말하는데 파동의 계산과 목표치나 되돌림을 예측하는 데 이용됩니다. 시간은 파동의 형태나 비율을 확인하는 데 이용됩니다. 그런데 이 세 가지 중에서 가장 중요한 것이 형태입니다. 왜냐하면 주가의 움직임에서 만들어지는 파동의 형태는 반복적으로 나타나는 특징이 있으면서 신뢰도도 가장 높기 때문입니다. 엘리어트 파동이론은 이러한 형태의 규칙성을 기본으로 하여 피보나치 급수와 연결된 비율과 시간의 측면에서 분석하고 예측하는 방법이라고 할 수 있습니다.

| 그림 14-2. 엘리어트 파동이론의 진행 단계

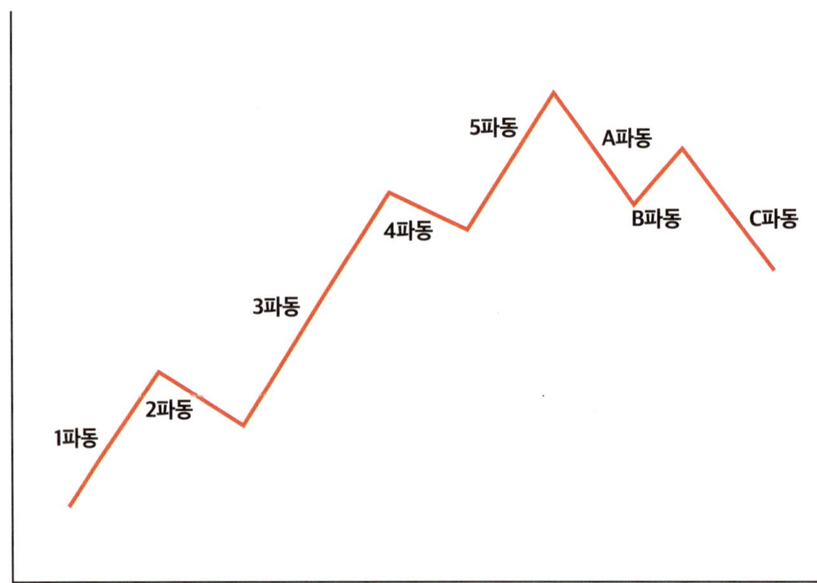

추진파동

1파동

상승추세에서 1파동이 만들어지는 중간 정도까지는 침체된 상황에서 반등하면서 바닥 다지기를 하는 국면으로 볼 수 있습니다. 따라서 다음에 만들어지는 2파동은 1파동을 거의 전부 조정하는 경우가 많습니다. 1파동은 상승 3파 중에서 가장 짧으면서 변화가 많은 파동일 때가 많습니다. 그러나 거래량이 증가하는 등 그 전의 조정파동의 경우와는 다른 양상이 나타납니다. 상승추세의 1파동이 만들어지는 과정에서는 아직도 많은 사람이 조정파동의 하향추세가 끝나지 않은 것으로 믿기 때문에 공매도도 늘어나게 됩니다.

2파동

2파동은 1파동을 거의 전부 조정하는 경우가 많지만 2파동이 1파동의 저점을 뚫고 내려갈 수는 없습니다. 따라서 2파동이 만들어지는 과정에서는 바닥을 나타내는 전통적인 패턴인 역머리어깨형이나 이중바닥 또는 삼중바닥을 만드는 경우가 많습니다. 2파동에서는 거래량이 줄어들어 매도 압력이 감소했음을 알 수 있습니다.

3파동

3파동은 가장 긴 파동이면서 활기있는 파동인 경우가 많습니다. 3파동이 1파동의 고점을 뚫고 올라갈 때 전통적인 추세이탈의 신호가 나타나기 때문에 모든 주가예측은 강세로 돌아서게 됩니다. 거래량은 크게 늘어나 상승 3파 중에서 가장 많으며 갭도 발생합니다. 따라서 3파동은 연장이 되는 경우가 많습니다. 그리고 3파동은 상승 3파 중에서 가장 짧은 파동이 될 수 없습니다. 3파동이 진행되는 동안 증시 외적인 기본여건도 좋아집니다.

4파동

4파동은 2파동과는 다른 모양으로서 복잡한 형태를 띠는 경우가 많은데 특히 삼각수렴형이 자주 나타납니다. 이상적인 형태에서는 4파동이 2파동과 겹칠 수 없습니다. 4파동의 바닥은 그다음의 5파동이 끝난 후 조정에 들어갈 때 지지선 역할을 하는 경우가 많습니다. 그러므로 상승 5파동이 끝난 후 조정파동이 시작되면 4파동의 바닥을 조정 파동의 목표치로 계산할 수 있습니다.

5파동

5파동은 3파동보다는 활기가 약한 파동입니다. OBV나 여러 가지 기술적 지표들에서 천장의 가능성을 암시하기도 합니다. 그러나 5파동이 진행되는 동안은 낙관적인 전망이 시장을 지배합니다.

조정파동

A파동

조정파동(하락추세)이 시작되는 A파동에서는 아직까지도 추진파동이 계속되고 있는 가운데 일시적인 조정이라고 잘못 해석되는 경우가 많습니다. 그러나 하락추세인 A파동이 시작되면서 거래량이 늘어나는 등 전형적인 약세 현상이 나타납니다. 또한 5파동에서 이미 천장징후들이 나타났기 때문에 발빠른 분석가들은 기술적 지표의 해석을 통해 추세전환을 예측하게 됩니다.

B파동

조정파동 중 반등파동인 B파동은 속기 쉬운 파동입니다. 왜냐하면 B파동이 시작되면서 추진파동, 즉 상승추세가 계속되고 있는 것으로 잘못 판단하기 쉽기 때문입니다. 그러나 주가는 오르는데 거래량은 감소하는 등 약세의 조짐이 명확하게 나타납니다. 따라서 B파동에서는 추진파동에서 매수하였던 주식을 매도하고 공매도를 할 수 있는 좋은 기회이기도 합니다. B파동은 어떤 경우에는 전 고점(5파동의 고점)까지 반등해 2중 천장형을 만들거나 전 고점을 돌파하기도 합니다.

C파동

C파동이 시작되면 상승추세가 이미 끝났다는 것을 확실히 알게 됩니다. C파동이 A파동의 바닥을 뚫고 내려가면서 전통적인 기술적 지표에서도 확실한 매도신호가 나타나는 경우가 많습니다. 4파동과 A파동의 바닥을 연결하는 추세선을 그리면 머리어깨형이 되기도 합니다.

거래량

엘리어트는 거래량에 대하여 간단하게 설명하고 있는데 아마 거래량은 파동을 계산하고 예측하는데 보조수단으로 생각했기 때문일 것입니다. 일반적으로 거래량은 추진파동의 추세에서는 늘어나고, 조정파동의 추세에서는 감소합니다. 그렇지 않을 경우 추세의 전환 가능성이 큽니다. 엘리어트 파동이론에서는 1파동보다는 3파동에서 거래량이 증가합니다. 그러나 5파동에서는 3파동의 거래량과 비슷하거나 감소하는 것이 일반적입니다. 3파동에서보다도 5파동에서의 거래량이 감소하거나 5파동이 진행되면서 주가는 오르는데 거래량이 감소하는 경우에는 추세의 전환 가능성을 예고하는 것입니다. 그러나 5파동에서의 거래량이 3파동에서보다도 많으면 5파동이 연장될 가능성도 큽니다.

피보나치 수열로 본 각 파동의 계산

엘리어트 파동이론의 수학적 기초는 피보나치 수열에 있습니다. 이는 증권시장이 인간의 행태, 더 나아가 자연법칙을 반영하는 곳이기 때문에 피보나치 수열로 연결된다는 것입니다. 피보나치 비율을 이용한 예측은 파동의 형태, 비율, 시간이 잘 조화를 이루었을 때 이상적으로 이루어질 수 있습니다. 가령 5파동이 끝날 때 5파동의 길이는 1파동의 저점에서 3파동의 고점까지의 1.618배(황금비)이고, 전체파동이 완성되는 데 13주가 걸렸다고 한다면 형태, 비율, 시간이 잘 조화를 이루는 것입니다. 그러나 실제로 주가 움직임에서는 이러한 관계들이 이상적인 형태로만 나타나지 않는다는 것을 항상 염두에 두어야 할 것입니다.

지수예측

엘리어트 파동이론에서는 피보나치 비율을 이용하여 목표지수를 계산하는데 주로 다음과 같은 특징을 이용합니다.

❶ 상승 3파동 중 한 파동만 연장되기 때문에 나머지 두 개의 파동은 길이나 시간에 있어서 같아지는 경향이 있습니다. 가령 5파동이 연장되면 1파동과 3파동이 같아지고, 3파동이 연장되면 1파동과 5파동이 같아지는 경우입니다.

❷ 3파동의 최소 목표치는 1파동의 길이에 1.618을 곱한 것을 2파동의 바닥에 더하는 경우가 있습니다.

❸ 1파동에 3.236(1.618*2)을 곱한 후 1파동의 바닥이나 고점에 더하면 5파동의 최소 또는 최대 목표치가 될 수 있습니다.

❹ 1파동과 3파동이 비슷해서 5파동이 연장될 가능성이 있는 경우에는 1파동의 저점에서부터 3파동의 고점까지의 길이를 1.618로 곱한 후 4파동의 바닥을 더하면 5파동의 목표치가 될 수 있습니다.

❺ 일반적인 형태의 지그재그 조정에서는 A파동과 C파동의 길이가 같은 경우가 있습니다.

❻ C파동의 목표치를 계산하는 다른 방법은 A파동 길이에 0.618을 곱한 후 그것을 A파동의 바닥에서 빼면 됩니다.

❼ 프렛형 조정에서 B파동의 상승 꼭지점이 A파동의 고점과 비슷하거나 이를 넘어설 경우에 C파동은 A파동의 1.618배인 경우가 많습니다.

❽ 대칭 삼각수렴형 조정의 각 5파는 앞뒤 파동간에 0.618 비율이 되는 경우가 있습니다.

시간예측

피보나치 수열을 이용해 목표 시간을 예측하기도 합니다. 그러나 피보나치 수열을 이용한 시간 계산은 예측이 어렵고 신뢰도도 떨어지는 것으로 알려져 있습니다. 먼저 지수의 중요한 고점이나 저점을 기준으로 해서, 피보나치 급수의 간격에 해당되는 시점에서 중요한 시세의 변화, 즉 고점이나 저점이 형성될 가능성이 크다고 보고, 이를 목표시간으로 간주합니다.

기타의 응용

피보나치 비율로 스피드라인과 비슷한 팬[fan]을 만들거나, 호형[arc]을 만들어 주가를 예측하는 방법도 있습니다. 피보나치 팬이나 호형을 이용한 분석은 주가가 이러한 선을 전후해서 중요한 변화가 있거나 이러한 선들이 지지나 저항 역할을 할 것이라는 생각을 가지고 주가를 예측하는 것입니다.

증권사 시황담당 애널리스트로 근무할 때가 생각납니다. 우연히 각 증권사 애널리스트들이 국내시장을 엘리어트 파동이론으로 분석한 적이 있었는데 의견차이가 컸던 적이 있었습니다. 기술적 분석에 있어 엘리어트 파동이론만큼 주관적인 시각이 많이 반영되는 것도 없는 것 같습니다. 지금 월가에서 나온 리포트들을 한번 보겠습니다. [그림 14-3]은 나스닥지수를 엘리어트 파동으로 분석한 것인데, 2025년 현재 5파동이 진행 중이라는 의견입니다.

| 그림 14-3 엘리어트 파동이론으로 분석한 나스닥지수(1998~2035)

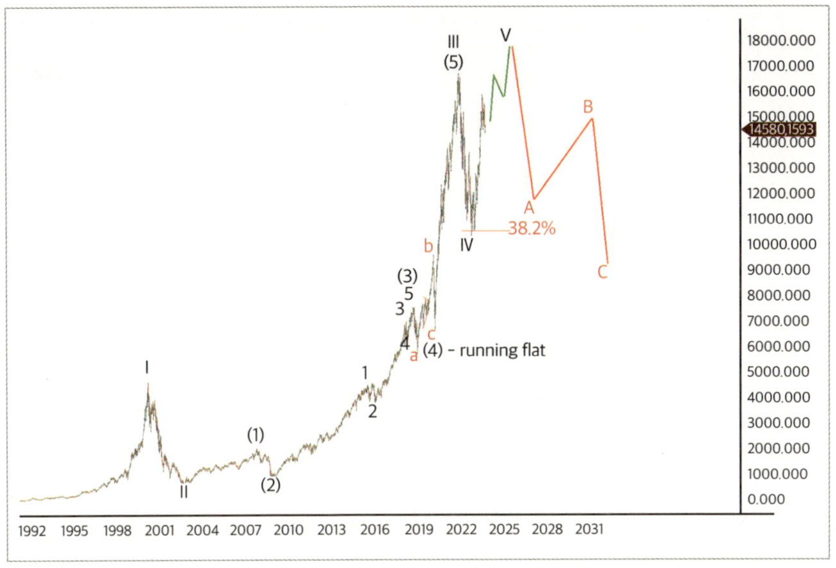

출처: EWM interactive

[그림 14-4]는 엘리어트 파동이론으로 분석한 1998년부터 2035년까지의 S&P500지수 움직임입니다. [그림 14-3]의 나스닥지수와 비슷하게 현재 5파동이 진행 중이라고 주장합니다. 여기서 분석한 5파동의 정점이 대략 6,500P 정도입니다. [그림 14-5]는 S&P500지수가 현재 3파동의 3번째 파동이 진행 중이라고 주장하면서 궁극적으로 고점은 10,000포인트에서 형성될 것이라고 분석합니다. 이러한 주장의 근거로 RSI지표에 대한 이야기를 하고 있습니다. 같은 분석 도구지만 분석하는 사람에 따라 큰 차이를 보이는 것이 엘리어트 파동이론입니다.

그림 14-4. 엘리어트 파동이론으로 분석한 S&P500지수(1998-2035년): 현재 5파동으로 분석

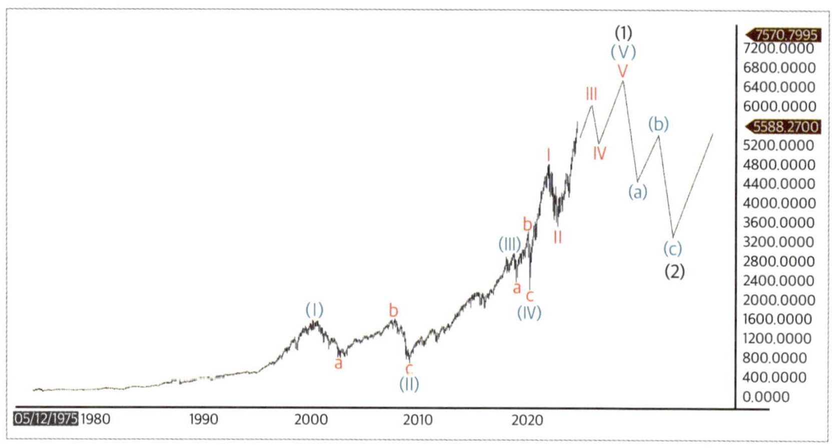

출처: Elliott Wave Forecast

그림 14-5. 엘리어트 파동이론으로 분석한 S&P500지수(1998-2035년): 현재 3파동으로 분석

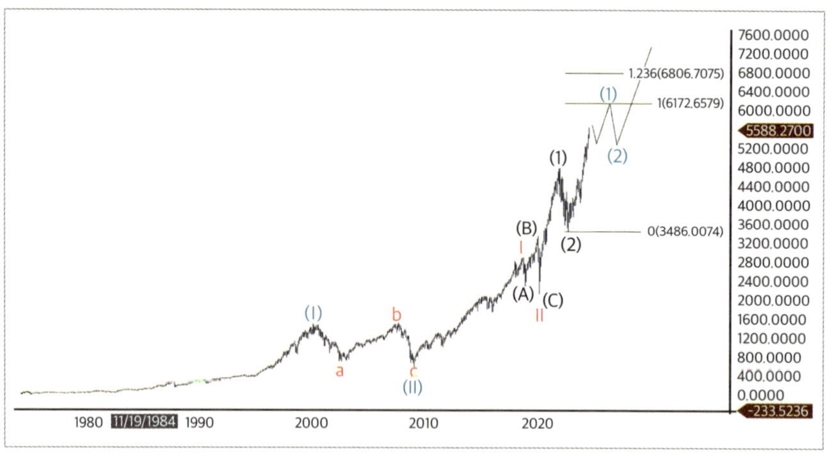

출처: Elliott Wave Forecast

03

일목균형표에 대한 이해

CHART ANALYSIS

일목균형표란 무엇인가

서양에 엘리어트 파동이론이 존재한다면 동양에는 일목균형표라는 도구가 존재합니다. 일목균형표-目均衡表는 1936년 일본 도쿄신문 시황부장이던 이치모쿠산징-目山人, 실제 이름은 호소다 고이치이 개발해서 주가예측에 이용하면서 알려지기 시작했습니다. 이후 1969년에 정식으로 발표되면서 널리 이용되기 시작했는데, "언제 목표치가 달성될 것인가?"하는 시간론을 중심으로 하는 분석방법입니다. 그는 시장의 움직임은 매입세와 매도세 간의 균형이 무너진 방향이라고 생각하여 이러한 균형을 차트로 나타내고자 했고 그 결과로 일목균형표를 개발하였습니다.

엘리어트 파동이론이 '1, 2, 3, 5, 8, 13, 21…' 등 피보나치 수열을 근간으로 하는 데 비해 일목균형표는 이치모쿠산징의 오랜 경험의 결과치인 '9, 17, 26, 33, 42, 65, 76, 129…' 등을 기본(수치)으로 하고 있습니다. 즉 이치모쿠

순열에 해당하는 날에는 주가가 위로 가든, 아래로 고꾸라지든 변화가 발생할 가능성이 크다는 것입니다. 이밖에 대등수치, 기준선, 전환선, 후행스팬, 선행스팬 등 여러 요소를 통하여 향후 주가를 예측하게 됩니다. 엘리어트 파동이론과 이치모쿠산징의 일목균형표를 비교해 보면, 기술적 분석의 최대 단점인 후행성 극복에 있어 엘리어트 파동이론보다 일목균형표가 다소 앞선다는 의견도 있습니다. 물론 결과치를 보면 양쪽 분석이 비슷하게 나오지만, 분석자료에서 도출되는 시간의 개념에서만 보면 일목균형표가 앞선다는 것이 다소 지배적입니다.

일목균형표는 주가 그 자체의 현재성을 알고자 하는 데 초점을 맞추고 있습니다. 여기서 현재성이란 현재 주가 그 자체가 가지고 있는 힘을 가리키는 것으로, 이 현재성이 장래 주가의 방향을 결정한다는 것입니다.

일목균형표의 구성

❶ 전환선

일목균형표에서 전환선은 추세의 전환을 알려주는 선으로, 최근 9일간의 최고가와 최저가의 평균값입니다. 전환선이 하락하다가 상승하면 상승세로 추세가 전환되고, 전환선이 상승하다가 하락하면 하락세로 추세가 전환되는 것을 파악할 수 있습니다.

전환선
= (당일을 포함한 지난 9일간의 최고가 + 당일을 포함한 지난 9일간의 최저가) / 2

❷ 기준선

일목균형표에서 기준선은 추세의 기준이 되는 선입니다. 기준선이 상승하면 추세도 상승, 기준선이 하락하면 추세도 하락세임을 파악할 수 있습니다. 기준선은 최근 26일간의 최고가와 최저가의 평균값으로 주가가 먼저 움직이고 기준선은 주가를 뒤따릅니다. 따라서 주가가 기준선 위에 있으면 상승추세, 기준선 아래에 있으면 하락추세임을 알 수 있습니다.

기준선
= (당일을 포함한 지난 26일간의 최고가 + 당일을 포함한 지난 26일간의 최저가) / 2

❸ 후행스팬

일목균형표에서 후행스팬은 현재의 종가를 26일 전에 기입한 것입니다. 기존의 추세를 확인하는 목적으로 사용됩니다.

후행스팬 = 당일의 종가를 포함하여 당일로부터 26일 전으로 후행시켜서 작성

❹ 선행스팬1

일목균형표에서 선행스팬1(또는 선행스팬 A)은 당일 기준선 값과 당일 전환선 값의 평균을 26일 뒤에 기입한 값입니다.

선행스팬1 = 오늘의 전환선 + 오늘의 기준선 / 2

❺ 선행스팬2

일목균형표에서 선행스팬2(또는 선행스팬 B)는 최근 52일간의 최고가와 최저가의 평균을 26일 뒤에 기입한 값입니다.

선행스팬2 = 과거 52일 동안의 최고치 + 과거 52일 동안의 최저치 / 2

❻ 구름대

선행스팬1과 선행스팬2 사이에서 만들어지는 공간을 뜻하며 구름대(저항대, 지지대)라고도 합니다. 선행스팬1이 선행스팬2보다 높으면 양운, 반대의 경우에는 음운이 형성됩니다. 구름은 추세의 흐름 파악에 도움을 주거나, 저항선·지지선으로 사용됩니다.

구름대 = 선행스팬1과 선행스팬2의 사이

| 그림 14-6. 일목균형표의 구성

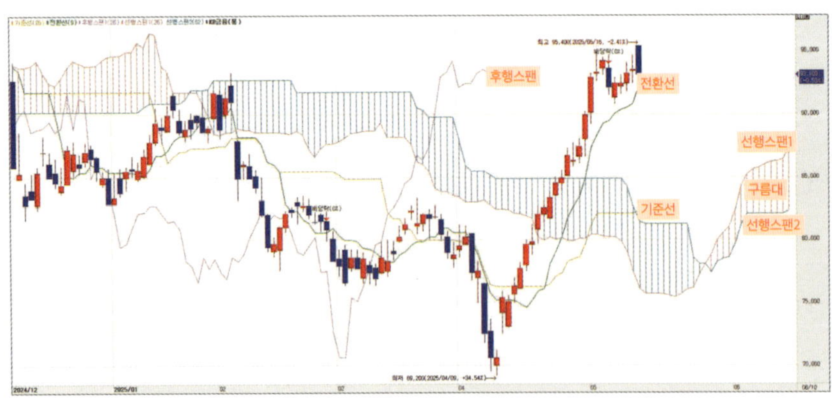

출처: 국내 증권사 HTS

해석방법 및 투자전략

기준선과 전환선의 교차

기준선과 전환선이 교차될 때 매매하는 전략을 사용할 수 있으며, 추세 파악을 선행하는 것이 권장됩니다. 기준선과 전환선의 교차를 이용한 매매전략은 이동평균선에서의 골든크로스, 데드크로스의 개념과 비슷합니다. 전환선이 기준선을 상향 돌파하면 매수타이밍으로, 하향 이탈하면 매도타이밍으로 간주합니다.

다만 이때 기준선의 이동방향을 잘 파악해야 합니다. 기준선이 하향하고 있을 때, 전환선이 기준선을 상향 돌파하더라도 이를 매수타이밍으로 판단해서는 안 됩니다. 기준선이 하향하고 있다는 것은 추세가 하락세임을 의미하기 때문입니다. 따라서 기준선과 전환선의 교차를 매매전략으로 이용할 시에는 추세를 파악할 수 있는 다른 보조지표를 함께 사용한 후 진입하는 것이 좋습니다. 이 방법은 상승추세의 초입에 진입하는 것이 유리합니다.

전환선, 기준선과의 주가관계

전환선과 기준선이 주가 위에 위치하면 저항선으로 작용하고, 주가 아래에 위치하면 지지선으로 작용합니다.

후행스팬과 주가와의 관계

후행스팬과 과거 주가의 교차와 이격을 매매에 활용할 수 있습니다. 후행스팬이 과거(26일 전) 주가를 하향 이탈한다면, 하락추세로 전환되었다고 판단하여 매도타이밍으로 삼을 수 있습니다. 마찬가지로, 후행스팬이 과거 주가를 상향 돌파한다면, 상승추세로 전환되었다고 판단하여 매수타이밍으로 삼을 수 있습니다. 만약 후행스팬이 상승추세일 때 과거 주가와 후행스팬 사이의 간격(이격)이 최대로 벌어졌다면, 단기적인 하락세가 찾아올 수 있습니다. 또한, 후행스팬이 하락추세일 때 과거 주가와 후행스팬이 최대 이격을 보이면 단기 상승할 가능성이 있습니다. 다만, 주가와 후행스팬 사이의 이격이 최대로 벌어졌는지를 거래 시점에서 알 수는 없습니다. 따라서 거리가 가장 멀어지고 가까워졌다는 자신만의 기준을 세워 판단하는 것이 좋습니다.

구름대를 이용한 매매전략

주가가 구름 아래에 있다가 상향 돌파하면 매수, 구름 위에 있다가 하향이탈하면 매도신호로 이용할 수 있습니다. 일목균형표의 구름대는 추세를 나타낼 뿐만 아니라, 지지선과 저항선의 역할을 합니다. 만약 주가가 구름대를 돌파한다면, 추세가 전환되었다고 판단하며 지지·저항선 돌파를 동반하였기에 비교적 높은 신뢰도를 갖습니다. 이를 고려하면 다음과 같은 매매타이밍을 잡을 수 있습니다. 주가가 구름대 아래에 있다가 구름대 상단을 돌파하면 매수타이밍으로 간주합니다. 주가가 구름 위에 있다가 구름 하단을 이탈하면 매도타이밍으로 간주합니다.

기본수치에 의한 매매신호

시세와 상관없이 선험적으로 존재하는 숫자를 탐구해 그것을 시세에 이용하는 것으로 변화일을 결정해 나가는 것입니다. 따라서 이 수치는 다분히 관념적이고 독립적으로 이미 확립된 수치이며 능동적으로 파동을 형성해 가는 시간을 말합니다. 또한 이들 수치를 활용할 때 주의할 점은 이것이 절대적인 수치가 아니라 단지 그 범위에 달하는 시간대를 주시하되 정해진 수치에 맞추어 시세가 변화할 경우에는 예상외로 효과적이라는 점을 염두에 두어야 합니다. 주요수치는 9, 17, 26 등입니다.

주가가 상승세로 전환되는 일반적인 과정

❶ 전환선에 눌린 채 하락을 지속해온 주가가 전환선을 돌파합니다. 주가가 전환선을 안정적으로 돌파하면 기준선까지 접근해 가는 경향이 많습니다.

❷ 이어서 주가가 기준선에 접근 또는 돌파하거나, 전환선이 기준선을 상향 돌파합니다. 주가가 기준선을 돌파한 후 안정세를 보이면 저항대 하한까지 접근하려는 경향이 많습니다.

❸ 후행스팬이 26일 전의 주가를 상향 돌파합니다.

❹ 주가가 저항대 하한을 돌파합니다.

❺ 주가가 저항대 상한을 돌파합니다.

일반적으로 상승장세의 경우 위와 같은 순서로 진행되는 경우가 많은데, 보통 ❷ ~ ❸ 단계에서 본격적인 매수국면이 되는 경우가 많습니다. 하락장세에서는 이와 반대로 진행됩니다. 이와 같은 일목균형표의 경우 자연적인 흐름을 중시하기 때문에 소형주보다 대형주 그리고 개별종목보다는 시장전체의 흐름을 분석하는 데 더 적절합니다.

[그림 14-7]은 현대엘리베이터의 2024년 12월 이후 일간차트입니다. 2025년 4월 초에 일목균형표로 본 전형적인 매수신호들이 나타났습니다. 주가가 전환선을 돌파하였고 이어서 전환선이 기준선을 돌파하였습니다. 또

한 후행스팬이 과거 주가를 돌파하는 등 매수신호들이 지속적으로 발생하였습니다.

그림 14-7. 일목균형표로 본 매수전략의 실제 사례

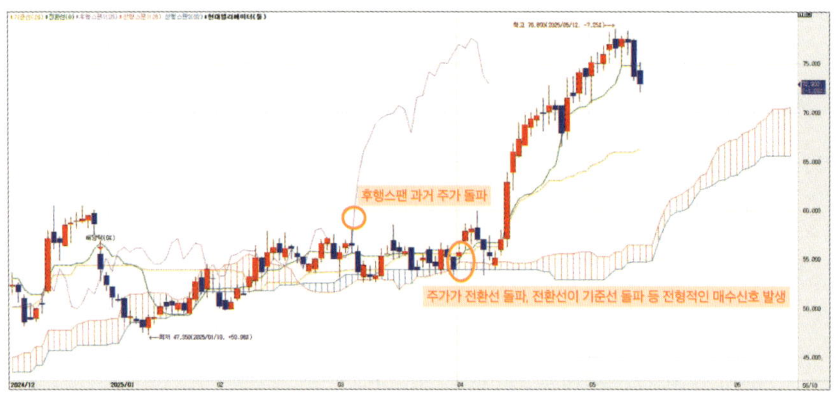

출처: 국내 증권사 HTS

실전 TIP

다음 문항에 답하며 직접투자에 적합한지 알아보세요. '그렇다'가 5개 이상이면 직접투자를 해서는 안 되는 투자자이고, 3~4개이면 직접투자를 해도 좋은 결과를 기대할 수 없는 투자자, 2개 이하이면 직접투자를 해도 되는 투자자입니다.

1. 지금 보유 중인 종목이 3종목 내외다.
2. 나는 주가가 다음 주나 혹은 몇 시간 뒤에 오를 것으로 보고 주식을 매수한 적이 있다.
3. 종목별 투자금액을 결정할 때 해당 종목의 시가 총액이나 기대수익률보다 내가 지금 얼마를 갖고 있느냐에 따라 결정하는 일이 많다.
4. 처음에는 단기에 이익을 실현한 후 빠져나오려 했지만 손실이 나는 바람에 원금을 회복할 때까지 그 종목을 보유하고 있다.
5. 수익이 난 종목을 팔아버렸는데 그 종목 주가가 계속 올라 애를 태운 경험이 있다.
6. '과거 고점에 비해 많이 하락한 종목은 언젠가 과거 주가로 회복할 것이다'라고 예상하고 주식을 산 경험이 있다.
7. 최근 주가가 오르고 있는 종목은 '내가 매수하면 바로 하락할 것 같아 추격 매수하기가 겁난다'고 생각한다.
8. 삼성전자 같은 고가 주식은 매수해 봐야 몇 주 못 사기 때문에 5,000원 내외의 싼 주식에 관심을 많이 갖는다.
9. 전체적으로 수익이 났어도 손실이 난 종목에 계속 신경이 쓰인다.
10. 투자 실패의 원인이 거래 증권사나 담당 직원 때문이라고 생각하면서 이를 교체한 적이 있다.

Chapter

15

이제 거친 바다로 나아가도 될까요?

”

성공적인 투자자는 100번 중 51번 이기고 49번은 잃는다.

- 앙드레 코스톨라니 André Kostolany

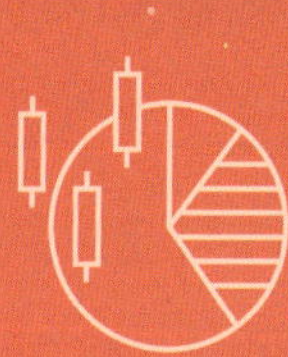

지금까지 초보 투자자로서 투자에 나서기 전에 반드시 알아야 하는 내용을 기술적 분석 방법 중심으로 설명했습니다. 그런데 과연 이를 실전에 제대로 적용하여 사용할 수 있느냐가 관건일 것입니다. 숙지한 내용들은 실전에서 유용하게 사용할 수 있어야 합니다. 우리가 흔히 하는 이야기로 이론과 실전은 다른 경우가 있습니다. 이는 각 상황에 맞춰 적절하게 대응해야 한다는 의미를 포함하고 있습니다. 우리가 지금까지 설명한 내용을 토대로 어떻게 실전에 임해야 하는지를 간단히 짚어보겠습니다.

우량주를 매매하라

예전에 뉴욕에 갔을 때 현지 교민에게 들은 이야기입니다. 처음 이민 왔을 때 누가 마중 나오는지가 중요하다고 합니다. 십중팔구는 마중 나오는 사람의 직업을 따라가기 때문이라고 합니다. 예를 들어 이민을 갔는데 마중 나온 사람이 식료품점을 한다면 그곳에 정착해서 식료품점을 할 가능성이 높다는 것입니다. 왜 그럴까요? 낯선 타국에서 가장 친분이 있는 사람의 조언을 듣게 되고, 결국 직업도 같아진다는 이야기입니다. 제가 증권회사에 처음 들어가 영업점에서 근무할 때 이야기인데, 아침마다 영업회의를 하다 보면 다들 선호하는 종목과 업종이 제각각이고 매매 스타일도 전부 달랐습니다. 어떤 직원은 대형주를 선호하고, 어떤 직원은 중소형주를, 어떤 직원은 기술주 같은 성장주를 선호했습니다. 이 직원들도 처음 주식을 배우던 시기에 각자 사수의 영향을 많이 받아서 그렇게 되었을 것입니다.

여러분들도 처음 시작이 아주 중요합니다. 증권방송에서 유행하는 테마주에 편승해서 매매를 시작하게 되면 앞으로도 계속 그런 유형의 종목에 주목하면서 매매를 하게 될 수 있습니다. 저는 처음 주식투자를 하는 분들께 우량주를 중심으로 매매할 것을 권합니다.

그렇다면 우량주는 무엇일까요. 안정적이고 성장 가능성이 높은 기업들의 주식을 말합니다. 이러한 기업은 일반적으로 대규모 기업이며, 안정적인 수익을 내는 경향이 있습니다. 또한 우량주는 장기적으로 안정적인 수익을 기대할 수 있기 때문에 장기 투자를 할 수도 있습니다. 우량주의 특징으로는 안정적인 주가와 배당금을 지속적으로 제공한다는 점이 있습니다. 또한 우량주는 경기 하락 시에도 일반적으로 다른 주식보다는 낮은 하락률을 보이는 경향이 있습니다.

구체적으로 어떤 주식이냐고요? 한마디로 말씀드리면 투자 의견 매수인 종목입니다. 각 종목의 투자 의견을 각 증권사 홈페이지 리서치 쪽에서 검색할 수 있습니다. 요즘은 네이버에서도 각 증권사 리포트가 올라오기에 분석된 종목들의 개략적인 내용과 투자 의견, 목표주가 등을 볼 수 있습니다.

일차적으로 여러분이 매매할 종목은 각 증권사에서 나온 리포트 중에서 투자 의견 매수 이상의 종목입니다. 투자 의견이 없는 종목은 일단 피하는 게 좋습니다. 나중에 종목을 보는 시야가 넓어진다면 매매해도 좋지만, 처음에는 투자 의견이 매수인 경우에만 매매하길 권합니다.

척후병을 보내라

주식투자 경험이 제법 있는 투자자들은 매수는 쉬운데 매도가 어렵다고 합니다. 돈은 있고, 종목이 정해졌으면 부푼 기대를 안고 과감하게 매수에 들어가는 투자자가 많습니다. 별 고민 없이 한 번에 사는 투자자도 많습니다. 이렇게 한 번에 매수하고 후회한 적이 없을까요? 일단 척후병을 보내서 종목의 움직임에 대한 공부를 해야 합니다. 전쟁에서는 대부대가 움직이기 전에 항상 척후병을 보내서 미리 지형과 지물을 살핍니다. 척후병이 없으면 대부대가 적의 함정에 빠져 몰살될 우려가 굉장히 큽니다. 이는 주식투자에서도 마찬가지입니다. 척후병도 없이 대부대를 보내는 것은 위험할 수 있습니다. 한 번에 매수를 잘못하면 투자금을 다 잃을 우려가 있습니다. 그래서 항상 소액으로 나누어 분할매수와 분산투자를 병행해야 합니다.

필자 주위에도 이러한 방식을 실천하는 투자자가 있습니다. 마음에 드는 종목이 있으면 단 한 주만 사 봅니다. 그래서 이 종목이 시간대별로 어떻게 움직이는지, 기관이나 외국인들은 이 종목을 어떻게 보고 있는지 등을 두고 보는 겁니다. 그런 후에 외국인이나 기관투자자들의 매수세 지속 여부 등을 판단해서 매수 수준과 가격대를 결정할 수 있습니다. 어떤 종목은 오전에 약세로 시작하다가 오후에 강세로 전환하는 종목이 있고, 하루 동안 변동성이 심한 종목이 있습니다. 하루 동안 변동성이 심한 종목의 경우 결코 플러스에 조급하게 따라가면서 호가를 올려서 매수할 필요가 없습니다. 장중 조정을 이용해 마이너스권에서 얼마든지 매수할 수 있습니다. 이러한 종목의 움직임과 특성을 익힌 후에 본격적으로 매수에 나서는 것이 바람직합니다.

월가의 전설적 트레이더인 제시 리버모어Jesse Livermore는 분할 매수전략으로 '피라미드 매수기법'을 제시했습니다. 쉽게 말하면 피라미드(삼각형) 모양 즉, 단계적으로 주식을 매수하라는 의미입니다. 피라미드 매수기법의 단계는 다음과 같습니다.

❶ 1단계

작전장교가 척후병을 보내서 적진을 정찰하고 정보를 수집하듯이 본격적으로 매매하기 전에 정찰대를 먼저 보냅니다. 어떤 주식을 1만주 매수하기로 결정했다면 먼저 2천주를 매수합니다. 주당 100달러에 매수했다고 가정하겠습니다.

❷ 2단계

첫 매수 후 주가가 하락하면 포지션을 청산(매도)하거나 반등하길 기다립니다. 손실이 발생한다면 결코 10% 이상의 손실은 용납하지 않습니다(손절매). 매수 후 주가가 상승하는 경우, 예를 들어 101달러에 새롭게 2천주를 매수해 두 번째 포지션을 만듭니다. 계속 상승하면 104달러 정도에 세 번째 2천주 추가포지션을 만듭니다. 이제 보유 주식은 6천주로 목표한 금액의 60%에 도달합니다. 순차적으로 조금씩 오른 가격에 포지션을 구축해 갑니다. 이는 주가가 올바른 방향으로 가고 있음을 알려주는 좋은 신호입니다.

❸ 3단계

이제부터는 주가가 좀 더 오르다가 조정받기를 기다립니다. 예를 들어 주가는 100달러에서 112달러까지 뛰었다가, 마지막으로 매수한 가격대인 104달러를 깨지 않고 조정 후 다시 상승한다면 106달러 정도에 마지막 매수분 4천주를 매수합니다. 이로써 평균 매수단가 103.4달러에 총 1만주의 포지션을 구축하게 됩니다.

정리하면 처음에 전체포지션의 20%를 매수하고, 두 번째로 20%, 그리고 세 번째로 다시 20%를 매수한다는 것입니다. 그리고 확신이 들 때까지 기다렸다가 마지막 40%를 매수합니다. 이 가운데 첫 번째 척후병이 가장 중요합니다. 첫 번째 거래를 하고 나서 자신의 판단이 옳다는 확신이 생기기 전까지는 절대로 다음 단계의 거래를 시도해서는 안 됩니다. 이렇게 분할 매수를 통해서 시장에 대응하는 것이 바람직해 보입니다.

앞서 이야기한 것과 같이 1주도 좋고, 10주도 좋고 100주도 좋고 척후병을 먼저 보내는 것이 중요합니다. 올라도 좋고 내려도 좋습니다. 오르면 내 생각대로 오르니 조금 더 사봅니다. 내리면 기다려 봤다가 몇 가지 보조지표를 이용하여 매수 신호가 보이면 또 사보는 것입니다. 단기간에 급등하는 폭등주가 아니라면 주식은 오르고 내리기를 반복하기 때문에 얼마든지 저가에 사 모을 수 있습니다. 그러다 거래량이 터지면서 본격적으로 상승하기 시작하면 더 많은 자금을 투입해서 추가 매수를 하면 됩니다.

주위를 살펴봐라

기관과 외국인은 어떤 종목을 사는지 알아보자

주식투자에 있어서 무엇이 제일 중요할까요? 기업의 실적이나 기타 업황 등이 중요합니다. 기술적 지표들이 과매도 상태에서 매수신호를 나타내는 것도 중요합니다. 그런데 이렇게 실적이나 기술적으로 매수신호가 나와도 정작 그 주식을 사 주는 사람이 없다면 어떻게 될까요? 그 주식은 오르지 않을 것입니다. 이런 측면에서 본다면 무엇보다 수급이 중요합니다. 양호한 기업의 실적과 기술적 매수 신호를 바탕으로 누군가 꾸준히 그 주식을 사 줘야 시세가 날 수 있는 것입니다.

수급이라고 하면 개인 투자자, 외국인, 기관투자자 등 매수 주체들의 매매행태(매수/매도세)를 나타내는 것입니다. 무엇보다 시세가 꾸준히 상승하기 위해서 중요한 것이 외국인이나 기관투자자 등 시장을 선도하는 매매 주체들의 지속적인 매수세입니다. 이들이 매수하는 종목들은 공통점이 있는데 대부분 저평가된 우량주이거나 시장을 주도하는 테마주인 경우가 많습니다. 매일 종가에 집계되는 기관과 외국인들의 매매현황을 절대적으로 참고해서 종목을 선정해야 합니다.

표 15-1. KOSPI, 기관 및 외국인 순매수 종목 집계(2025. 5. 15 기준)

번호	투신		연기금		사모펀드	
	종목명	순매수금액	종목명	순매수금액	종목명	순매수금액
1	TIGER	61.13	HMM	128.08	삼성전자(4)	59.09
2	이수페타시스	54.35	한국금융지주	114.59	한전KPS	19.05
3	KODEX	48.58	한미약품	71.75	HJ중공업	14.14
4	두산에너빌리	32.89	이수페타시스	57.80	농심	13.64
5	SOL 미국(9)	26.40	한화시스템	57.16	동원산업	12.01
6	PLUS 국	26.12	한국전력	31.34	한솔케미칼	11.21
7	KODEX	19.75	HD현대	30.92	PLUS K	10.54
8	한국금융지주	13.61	삼성전자	30.40	메리츠금융지	9.43
9	TIGER	13.18	DB손해보험	28.82	LIG넥스원	9.41
10	한미약품	13.17	SK케미칼	23.39	ACE 테슬(5)	9.32
11	카카오	10.36	한화	19.24	HD현대일렉	9.02
12	NICE평가	9.98	한화에어로스	19.17	대웅제약	8.22
13	기아(12)	9.59	롯데쇼핑(12)	18.28	한미약품(6)	8.14
14	유니드	9.42	TIGER	18.08	GS피앤엘	7.50
15	HMM	9.30	삼성E&A	16.76	TIGER	6.97
16	현대건설	8.34	삼성중공업	15.46	크래프톤(4)	6.49
17	현대해상(4)	8.14	대한항공	15.07	현대건설(4)	6.41
18	SBS	8.13	한화솔루션	14.94	한화시스템	6.18
19	한솔케미칼	7.61	CJ	14.33	SBS	5.37
20	LX인터내셔	7.08	유니드	13.71	KODEX	5.33

| 표 15-2. 두산에너빌리티의 외국인 및 기관 매매현황(일별)

종목별 외국인/기관 매매현황(일별) | 관심종목 외국인/기관 매매현황

034020 두산에너빌리티 ⊙수량 ○금액 ○매수 ○매도 ⊙순매수

일자	종가	전일대비	등락률	거래량	개인	외국인	기관계
2025/05/16	34,750	2,800	+8.76	36,831,135	-3,663,093	+2,667,115	+937,339
2025/05/15	31,800	500	+1.60	18,527,715	-1,272,605	+1,205,418	-17
2025/05/14	31,400	1,750	+5.90	29,338,877	-2,249,963	+1,426,306	+654,778
2025/05/13	29,500	700	+2.43	15,124,382	-722,196	+617,668	+123,604
2025/05/12	29,350	1,500	+5.39	26,281,399	-1,647,656	+899,770	+553,495
2025/05/09	27,750		0.00	9,873,221	+793,669	-598,193	-251,106
2025/05/08	27,800	500	+1.83	11,533,846	-52,733	+105,935	-48,617
2025/05/07	27,400	300	-1.08	27,144,622	-4,166,463	+3,510,859	+878,742
2025/05/02	27,500	1,450	-5.01	22,010,938	+1,228,748	-814,625	-320,575
2025/04/30	28,400	500	-1.73	14,756,724	-23,481	+294,475	-345,649
2025/04/29	28,950	650	+2.30	9,326,476	-901,143	+756,683	+84,816
2025/04/28	28,350	450	+1.61	9,625,538	-716,406	+618,795	+102,719
2025/04/25	27,800	900	+3.35	12,588,739	-747,666	+449,204	+389,922
2025/04/24	26,950	1,200	+4.66	12,447,103	-1,811,823	+1,289,750	+700,562
2025/04/23	25,800	150	+0.58	5,045,966	+398,453	-232,793	-121,030
2025/04/22	25,850	200	-0.77	6,178,242	+297,629	-58,969	-214,910
2025/04/21	25,800	150	-0.58	9,719,468	+817,427	-694,670	-17,611
2025/04/18	26,150	1,700	+6.95	15,286,421	-786,849	-537,811	+1,297,837
2025/04/17	24,650	1,300	+5.57	8,698,030	-467,266	-297,551	+751,620
합계	0	0	0	0	-15,226,151	+10,904,917	+4,404,299

출처: 국내 증권사 HTS

이러한 자료는 각 증권사 홈페이지 리서치자료나 HTS, 각 경제신문, 기타 네이버 등 증권관련 사이트에서 볼 수 있습니다. 또한 매수하려는 종목이 있으면 [표 15-2]와 같이 기관과 외국인들의 기간별 매매현황을 살펴볼 수 있으니 가급적 조회하여 참고하여야 합니다.

세상이 움직이는 방향을 읽자

치열한 경제의 현장을 반영하는 곳이 바로 주식시장입니다. 역으로 주식시장의 움직임을 보면 세상이 어떻게 변화하고 있는지 가장 빠르고 정확하

게 알 수 있습니다. 최근에 세상이 어떻게 바뀌고 있는지를 보여준 사례가 있습니다.

테슬라의 시가 총액이 도요타의 시가 총액을 넘어선 것입니다. 테슬라가 주위에 그렇게 많이 돌아다니지는 않지만 어쨌든 테슬라가 전 세계에서 시가 총액이 가장 큰 자동차 회사가 된 것입니다. 이러한 현상을 보고 많은 사람들은 버블이라고 생각하겠지만 주식시장에서는 꼭 그렇지만은 않다고 주가가 말해주고 있습니다. 2015년에도 이와 비슷한 사건이 있었는데, 바로 아마존의 시가 총액이 월마트를 넘어선 것입니다.

나는 느끼지 못하는 가운데 우리 주위에서 벌어지고 있는 현상이 그대로 주식시장에 반영되기도 합니다. 이러한 경제상황과 흐름을 반영하여 주식시장의 주도주는 항상 변화합니다. 공통적인 것이 있다면, 이익증가율이 큰 업종이나 종목, 미래사회의 변화를 주도할 업종이나 종목이 시장의 주목을 받기 마련입니다. 엄청난 수주를 바탕으로 수익 개선이 한동안 지속될 것으로 전망되기 때문입니다. 투자하는 종목의 절반 정도는 시장의 주도주로 편

| 그림 15-1. LG화학의 주간차트: 장기 지지선과 저항선

출처: 국내 증권사 HTS

승하는 것이 좋습니다. 시세는 바로 이러한 종목에서 발생하기 때문입니다. 반면 한동안 엄청난 상승세를 보였던 종목들은 이제는 실적으로 답해야 합니다. 실적으로 답하지 못한 경우에는 가격조정과 더불어 기간조정이 뒤따릅니다. 이러한 종목은 낙폭과대라고 매수하는 것이 아니라 업종이 턴어라운드(기업회생)할 때를 기다려 매수해야 합니다. 우량주라고 무조건 매수하는 것이 아니라 전체적인 업황과 기업의 재무상태 개선 등을 고려해야 합니다. 턴어라운드가 될 때는 기관투자자와 외국인들의 선취매수 가능성이 있는데, 이들이 매수하지 않는다면 주가는 지속적으로 조정받을 수 있습니다(그림 15-1).

주식 매매도 재능이 있어야 한다

주식투자에 성공한 사람들을 보면 부러울 따름입니다. 경제적 자유를 갖기까지 부단한 노력을 한 것에 존경심마저 듭니다. 우러러보게 되는 다양한 방면의 재능이 있는데, 투자 감각도 마찬가지입니다. 이제까지 경험해 본 바로는 타고난 투자 감각이 존재합니다. 부단한 노력으로 어느 정도 실력을 키울 수 있지만, 도저히 투자에 부적합한 분들도 있습니다. 아무리 투자에 대한 이론을 배워도 실전에서 행동하기는 참으로 어렵습니다. 일찍이 어떤 유명한 투자자는 주식을 종합 예술이라 칭했습니다. 정교한 이성과 합리성도 좋지만 그보다 강한 직관과 통찰 그리고, 어떤 예술가적 특성이 있어야 성공적인 주식투자를 해낼 수 있다는 이야기입니다. 대부분의 투자자가 주식으로 큰 손실을 보고 떠나는 이유가 주식에 대한 오해와 무지 때문입니다. 많은 투자자가 주식만 하면 돈을 벌 수 있을 거라고 생각합니다. 하지만 주식의 속성, 아니 정확히 주식시장의 속성에 대해서는 이해하려고 하지 않습니다. 주식투자에 성공하기 위해서 가장 중요한 것은 큰 수익을 내는 것이 아니라 손실을 최소화해야 한다는 점입니다. 여러분이 가진 주식이 50%의 손실을 보았습니다. 그렇다면 원금을 회복하려면 몇 %의 수익을 올려야 할까요? 100%입니다. 손실을 충당하기 위한 수익의 수준은 손실의 수준보다 훨씬 더 커야 함을 의미합니다. 이러한 효과는 손실 규모가 커질수록 훨씬 더 심해집니다. 이를 손익 비대칭성원리라고 합니다.

그렇다면 흔히 알려진 주식투자를 하기 위해서 개인적으로 어떤 것들을 갖추고 있어야 할까요? 바로 '여유'입니다. 이는 경제적인 이야기이면서 동시에 정신적으로 여유가 있어야 한다는 의미입니다. 내가 반드시 필요하거나 절대 손실이 발생해서는 안 되는 돈으로는 주식을 하지 말라는 것입니다. 주식이라는 것은 본질적으로 기업에 투자하는 일입니다. 쉽게 풀자면 투자자는 기업에 돈을 빌려주고 기업은 빌린 돈으로 사업을 해서 가치를 창출합니다. 그리고 그 가치를 나눕니다. 가치가 실제 가격으로 반영되기까진 당연히 시간이 필요하고 사람이 하는 일이니만큼 다양한 변수들과 변동성 추가되면서 가격이 일정치까지 도달하는 데는 수시로 평가손실이 발생할 수밖에 없습니다. 혹자는 이러한 것을 보고 주식이란 공포와 탐욕이 교차하는 고도의 정신력을 요구하는 스포츠라고 표현합니다. 주식투자를 위해서는 자신이 여유 있게 투자할 수 있는 환경을 구축하거나, 혹은 태생적으로 시간 자체를 느긋하게 활용할 수 있는 재능이 필요하다는 이야기입니다.

한 번에 승부를 걸 생각을 하지 말아야 합니다. 꾸준할 수 있어야 합니다. 매번 모든 것을 베팅하는 사람은 단 한 번만 실패해도 이제껏 쌓아 올린 전부를 잃을 수 있습니다. 그래서 선물투자가 위험한 것입니다. 대개 강한 승부사 기질을 갖춘 투자자들은 경우에 따라서 뛰어난 퍼포먼스를 자랑하지만 그런 사람들이 오랜 시간 동안 증시라는 전쟁터에서 살아남기란 쉬운 일이 아닙니다. 주식 재능이라는 것은 '얼마나 더 큰 수익을 내느냐' 이전에 역으로 '얼마나 더 낮은 손실을 입느냐' 입니다. 확실한 타이밍이라 믿고 자신의 모든 것을 투자하는 투자자는 리스크 관리의 실패로 감당할 수 없는 손실에 노출될 수 있습니다. 전설적인 투자자 제시 로리스턴 리버모어Jesse Lauriston Livermore 역시 몇 번에 달하는 성공적인 승부로 개인이 만들어 낼 수 없는 상당한 부를 쌓는 데 성공했지만, 마찬가지로 고작 몇 번의 실패로 자신이 가진 모든 부를 잃어 파산이라는 뼈아픈 상처를 입었습니다.

또 멘탈도 중요한 부분인데, 매우 감정적인 사람이라면 주식투자에 적절하지 않습니다. 남의 성공에 질투심이 많은 사람은 남이 큰 수익을 올리면 질투하고 화내고 뒤늦게 따라 하다가 실패합니다. 무엇보다 본인에게 맞는 투자법으로 꾸준히 하지 못하고 이 사람이 성공한 걸 보고 이렇게 했다가, 또 순식간에 다른 사람 얘기를 듣고 또 다른 방법으로 투자하다가 죽도 밥도 안 되는 결과를 맞이합니다. 감정통제가 안 돼서, 작은 손실에도 아주 쉽게 좌절하는 사람들은 절대로 주식을 해선 안 됩니다. 주식을 사놓고 오를 때는 기분이 좋아서 계속 추격 매수를 하고 막상 주가가 떨어질 때는 욕하면서 이런 쓰레기 같은 주식을 샀다며 감정적으로 매도를 하는 투자자도 있습니다. 감정통제가 되지 않으니 결과야 안 봐도 뻔하지 않을까요. 특히 손해 보는 것을 못 참는 분들도 절대로 주식투자를 시작하면 안 됩니다.

자신만의 원칙을 세우고 그대로 실천해야 합니다. 이곳저곳 기웃거리면서 종목에 관한 정보를 얻어서 투자에 나서면 실패하기 마련입니다. 종목을 연구하고 고민하는 과정은 그야말로 엄청난 노력을 담보로 하는 지난한 일입니다. 주위에 탁월한 수익을 내는 전문가들이 있지만, 남의 말을 듣고 주식을 사서 그렇게 된 게 아닙니다. 스스로 연구하고 자기만의 방식을 터득하여 그 경지에 이른 사람들입니다. 스스로 자기만의 매매원칙을 세우고 투자에 나서야 합니다. 그리고 지나치게 욕심을 부려서는 안 됩니다. 주식투자로 인생을 바꿔보겠다는 생각보다는 은행 이자보다 1~2%만 더 수익을 내겠다는 가벼운 목표를 가지고 시작해야 합니다. 자주 수익을 내고, 이러한 것이 쌓이면서 어느 순간 부가 축적되는 것이지, 대박이란 기회가 결코 쉽게 오지 않는다는 것을 명심해야 합니다.

그럼에도 불구하고 본인이 직접 주식투자에 나서는 것이 적합하지 않을 경우가 있습니다. 가령 매일 시세를 면밀히 관찰할 수 없는 직장인이거나 HTS를 접속하는 순간 자동으로 매매를 해야 직성이 풀리는 스타일, 주식시장에서 발생한 손실을 인정하기 힘든 경우, 감정적인 매매를 하거나 미수 매매로 그동안 본 손실을 만회하려는 스타일 등입니다. 이럴 경우에는 주식형 펀드 등에 가입해서 직접투자와 어느 정도 거리를 두는 편이 더 나을 수 있습니다.

왜 이론과 실제가 안 맞을까?

주식시장에서 이론만 가지고 성공할 수 없는 이유가 있습니다. 물론 주식에 대한 기본적인 이론들은 반드시 숙지하고 있어야 합니다. 그 이론들이 주식시장 안에서 좋은 기준이 되어 줄 수 있기 때문입니다. 하지만 그 어떤 이론도 주식시장에서 우리의 생명을 보장해 주진 못합니다. 내가 이론상 철석 같이 믿었던 지지선이 가볍게 뚫리는 순간을 목격하기도 하고, 엄청난 순이익 증가를 발표한 기업의 주가가 기대와는 다르게 폭락하는 것을 경험하기도 합니다. 모두 당황스럽기는 마찬가지입니다.

주식시장을 경험하면 할수록 이론과 다르게 정말 많은 변수가 있음을 깨닫게 됩니다. 이것이 주식시장에서 이론만 가지고 성공할 수 없는 주된 이유이기도 합니다. 따라서 주식시장 밖에서 배운 이론보다 더 중요한 것은 주식시장 안에서 많은 변수를 직접 경험하는 것입니다. 다양한 변수들을 경험하다 보면 확고한 나만의 원칙이 있어야 함을 깨닫게 됩니다. 그러한 원칙 없이는 수많은 변수를 감당해 낼 수 없기 때문입니다. 주식시장의 특성은 끊임없이 바뀝니다. 이제껏 높은 확률을 보여줬던 이론도 끊임없이 바뀌는 주식시장의 특성에 따라 어느 순간 더 이상 높은 확률을 보여주지 못하기도 합니다. 그렇기에 주식시장의 흐름이 어떻게 바뀌고 있는지에 대한 꾸준한 관찰이 필요합니다. 이것이 가능해야 주식시장의 흐름에 역행하는 것이 아닌 그에 맞게 순응하는 대비와 대응을 할 수 있습니다. 이 모든 것을 이론으로 배우는 데에는 명확한 한계가 있습니다.

주식시장에서는 이론가격과 실제 가격 간의 차이, 즉 괴리가 발생합니다. 행동재무학이라는 관점으로 주식시장에서 이런 현상이 나타나는 이유를 살펴보겠습니다.

❶ 주식투자자는 이론가격을 참고하여 투자에 임합니다. 이론가격은 기업의 내재가치를 계산해 적정 주가를 산출한 것입니다. 그러나 실제 주식투자시 이론가격이 안 맞는다는 것을 알 수 있습니다. 예컨대 현재 실적이 예상치보다 좋은 경우, 투자자들은 너도나도 매수에 동참할

것입니다. 그 결과 순간적인 오버슈팅이 발생합니다. 또한 주가가 계속 오르면 내재가치와 상관없이 시장의 관심이 뜨거워지는데 이는 군중심리가 깃든 버블효과로 볼 수 있습니다. 정기적으로는 내재가치에 수렴하겠지만, 시장 참여자들 사이에 정보의 비대칭이 존재하는 동안 주가의 오버슈팅 원인이 확실히 설명되지 않을 것입니다. 따라서 지속적인 괴리 현상이 발생합니다.

❷ 투자자들은 이익 실현을 짧게 가져가는 경향이 있습니다. 손실을 피하고 이익을 확정하려는 심리가 작용하기 때문입니다. 대부분 투자자의 투자심리는 이렇습니다. 이익이 난 주식은 금세 팔고 손실이 난 주식은 주가가 다시 상승할 수도 있다는 희망을 잃지 않은 채 원금이 회복될 때까지 보유합니다. 이런 현상이 나타나는 이유로 두 가지를 생각해 볼 수 있습니다. 첫째는 객관적인 시각으로 주가와 시장 상황을 판단하지 않고 자신의 매수단가에 따라 판단하기 때문입니다. 둘째는 특히 손실 난 주식의 경우 정확한 정보를 가지고 있지 않기 때문에 매도 후 다시 오를 거라는 막연한 기대심리가 작용하기 때문입니다. 이익 실현은 짧게, 손실은 길게 가져가는 성향은 전망이론으로도 설명할 수 있습니다. 즉 이익에 대한 효용은 이익이 커질수록 작아지고 손실에 대한 효용은 손실이 커질수록 커지기 때문에 손절매도를 못 한다는 것입니다.

❸ 투자자들은 자신의 투자 성향에 따라 매수 및 매도 결정을 내립니다. 기본적으로 투자하려는 기업의 상태를 봐가며 매매해야 하지만, 실제 투자시에는 투자자 자신의 상황이나 성향에 따라 매매하는 경향이 많습니다. 개인 투자자일수록 이런 투자 성향이 강합니다. 가령 주가의

전망과 관계없이 자신의 원칙에 따라 이익과 손절 가격을 정한 투자자가 있다면, 그리고 시장에서 이런 투자자가 많다면, 주가는 한동안 내재가치와 괴리가 발생할 것입니다.

4 개인 투자자들은 고급 정보를 얻기가 힘들다고 생각합니다. 이를 역이용해 SNS나 기타 온라인 매체를 통해 정보를 전달한 후 빠른 매매를 유도하는 투자 형태가 많습니다. 최근에는 이러한 현상이 너무나 많아 시장이 혼탁한 느낌이 들기도 합니다. 사정이 이렇다 보니 순간적인 주가 버블이 나타납니다. 종목 추천을 받을 경우 주가는 매수세가 활발할 때가 많습니다. 따라서 큰 고민이나 검토 없이 주식을 매수하게 되어 매수세가 더욱 활발해집니다. 종목의 규모가 작을수록 이런 움직임이 계속될 수 있으며, 이는 이론가격으로 설명할 수 없는 부분입니다.

CHART ANALYSIS

참고문헌

국내 서적

- 김성우, 《금융시장예측》, 한국경제신문사, 1997년
- 김정환, 《기술적 분석 뛰어넘기》, 대우증권, 2006년
- 김정환, 《초보자를 위한 주가차트 보는 법》, 이레미디어, 2010년
- 김정환, 《차트의 기술》, 이레미디어, 2013년
- 니시노 타케히코, 전양주 역, 《거래의 신, 혼마 무네히사 평전》, 이레미디어, 2013년
- 니콜라스 다비스, 권정태 역, 《나는 주식투자로 250만불을 벌었다》, 국일증권경제연구소, 2021년
- 리처드 탈러, 박세연 역, 《행동경제학》, 웅진지식하우스, 2021년
- 마이클 코벨, 박준형 역, 《왜 추세추종전략인가》, 이레미디어, 2014년
- 반 K. 타프, 조윤정 역, 《자신만의 방식으로 투자하라》, 이레미디어, 2011년
- 버프 도르마이어, 신가을 역, 《거래량으로 투자하라》, 이레미디어, 2018년
- 스티브 니슨, 조윤정 역, 《스티브 니슨의 캔들차트 투자기법》, 이레미디어, 2008년
- A. J. 프로스트, 로버트 R. 프렉터 주니어, 김태훈 역, 《엘리어트 파동이론》, 이레미디어, 2011년
- 윌리엄 J. 오닐, 김태훈 역, 《윌리엄 오닐의 성공 투자 법칙》, 이레미디어, 2021년
- 조셉 E. 그랜빌, 김인수 역, 《그랜빌의 최후의 예언》, 국일증권경제연구소, 2000년
- 존 머피, 최용석 역, 《금융시장의 기술적 분석》, 국일증권경제연구소, 2000년
- 존 볼린저, 신가을 역, 《볼린저 밴드 투자기법》, 이레미디어, 2021년
- 증권연수원, 《기술적 분석》, 한국증권연수원, 2004년
- 토마스 N. 불코우스키, 조윤정 역, 《차트 패턴》, 이레미디어, 2018년
- 토마스 K. 카, 신가을 역, 《추세 매매 기법》, 이레미디어, 2009년
- 켄 피셔, 라라 호프만스, 이건, 백우진 역, 《주식시장은 어떻게 반복되는가》, 에프엔미디어, 2019년

해외 서적

- Abe Cofnas, "Sentiment Indicators", New York, Bloomberg Press, 2010
- Achelis, Steven B, "Technical Analysis from A to Z", Chicago, Probus Publishing, 1995
- Adam Grimes, "The Art and Science of Technical Analysis", Hoboken, New Jersey, John Wiley & Sons, 2012
- Al Brooks, "Reading Price Charts Bar by Bar", New Jersey, John Wiley & Sons Inc, 2009

- Brian Shannon, "Technical Analysis Using Multiple Timeframes", Centennial, Life Vest Publishing, Inc, 2008
- Blau, William, "Momentum, Direction, and Divergence", New York, John Wiley & Sons, Ins., 1995
- Bulkowski, Thomas N., "Encyclopedia of Chart Patterns", New Jersey, John Wiley & Sons Inc, 2021
- Charles Dow, Richard Russell, Charles Carlson, Paul Shread, "Dow Theory Unplugged", London, W&A Publishing, 2009
- David Carli, "Trading with the Trendlines", Independently Published, 2020
- Edwards, Magee, "Technical Analysis of Stock Trends", New York, St.Lucie Press, 2018
- Equis International, "MetaStock Manual", Salt Lake City, UT., Equis International, 2003
- Fred McAllen, "Charting and Technical Analysis", South Carolina, CreateSpace, 2012
- Jason Perl, "DeMark Indicators", New York, Bloomberg Press, 2008
- Jeremy du Plessis, "The Definitive Guide to Point and Figure", United Kingdom, Harriman House, 2012
- J.M. Hurst, "The Profit Magic of Stock Transaction Timing", Englewood Cliffs, Prentice-Hall, Inc., 2000
- John J. Murphy, "Intermarket Technical Analysis", Hoboken, New Jersey, Wiley, 2009
- Muphy, Juhn J., "Technical Analysis of Futures Markets", New York, New York Institute of Finance, 1986
- Prechter, Robert R. and Frost, Alfred J., "Elliott Wave Principle", Gainesville, Georgia, New Classics Library, 1995
- Pring, Martin J., "Market Momentm", New York, McGrowHill, Inc., 1993
- Pring, Martin J., "Technical Analysis Explained", New York, McGrowHill, Inc., 2001
- Robert W. Colby, "The Encyclopedia Of Technical Market Indicators", New York, McGraw-Hill Education, 2002
- Rolf Schlotmann, Moritz Czubatinski, "Trading: Technical Analysis Masterclass", Tradeciety, Independently Published, 2019

주식, 코인, 원자재 차트분석에 바로 써먹는
차트투자 처음공부

초판 1쇄 발행 2026년 3월 20일

지은이 김정환
펴낸곳 ㈜이레미디어

전 화 031-908-8516(편집부), 031-919-8511(주문 및 관리)
팩 스 0303-0515-8907
주 소 경기도 파주시 문예로 21, 2층
홈페이지 www.iremedia.co.kr
이메일 ireme@iremedia.co.kr
등 록 제396-2004-35호

편집 장아름 | **디자인** 유어텍스트, 이소연 | **마케팅** 연병선
재무총괄 이종미 | **경영지원** 김지선

ISBN 979-11-93394-89-2(04320)
ISBN 979-11-91328-05-9(세트)

- 가격은 뒤표지에 있습니다.
- 잘못된 책은 구입하신 서점에서 교환해드립니다.
- 이 책은 투자 참고용이며, 투자 손실에 대해서는 법적 책임을 지지 않습니다.

당신의 소중한 원고를 기다립니다. ireme@iremedia.co.kr